清太宗皇太极
the Emperor QingtaizongHuangtaiji

孝端文皇后
the Empress Xiaoduanwen

正红门
Zhenghongmen Gate, or Main Red Gate

隆恩殿
Long En Dian Palace

宝顶和月牙城
Tumulus and Crescent Moon Court

世界文化遗产：沈阳昭陵历史丛书
主　编　江　涛　　副主编　刘佳力

沈阳昭陵史话

李凤民　著

东 北 大 学 出 版 社
· 沈 阳 ·

图书在版编目（CIP）数据

沈阳昭陵史话 / 李凤民著．— 沈阳：东北大学出版社，2014.6
（2025.7重印）
ISBN 978-7-5517-0654-4

Ⅰ.①沈…　Ⅱ.①李…　Ⅲ.①陵墓—介绍—沈阳市—清前朝
Ⅳ.①K928.76

中国版本图书馆 CIP 数据核字（2014）第 143345 号

出 版 者：东北大学出版社
地址：沈阳市和平区文化路 3 号巷 11 号
邮编：110004
电话：024—83687331（市场部）　83680267（社务室）
传真：024—83680180（市场部）　83680265（社务室）
E-mail：neuph@neupress.com
网址：//www.neupress.com
印 刷 者：三河市天润建兴印务有限公司
发 行 者：东北大学出版社
幅面尺寸：145mm×210mm
印　　张：8.875
字　　数：254 千字
出版时间：2014 年 8 月第 1 版
印刷时间：2025 年 7 月第 3 次印刷
责任编辑：刘振军　潘佳宁　　责任校对：叶　子
封面设计：刘江旸　　责任出版：唐敏智

ISBN 978-7-5517-0654-4　　定　　价：45.00 元

晒晒本书最新视点

一、昭陵创建历史分两期

崇德八年（1643 年）至顺治八年（1651 年）为第一期；第二期是顺治八年（1651 年）福临皇帝“亲政”，按明朝皇陵制度对昭陵实施大规模改建和增建。这次增修用时将近四十年。昭陵现行面貌主要是“清承明制”的结果。

二、昭陵效法明朝皇陵制度最早

史界普遍认为，关内的孝陵（顺治皇帝陵）是最早效法明朝皇陵修建的，福陵和昭陵改制仿自孝陵。现在看来此说法“满拧”。

三、“特异”选址方式

昭陵选址因受“八旗方位”制约，首先被限制在太宗皇帝领有的正黄旗地范围内；在此“框架”进一步确定以“龙脉”与“皇寺”交汇点作为“风水宝地”中心，起造皇陵。这样的选址方式在中国陵墓史上独一无二。

四、地宫形制特殊

昭陵早期地宫修在隆恩殿内；现在的地宫是康熙二年（1663 年）增建，而且可能只是一座单室宫殿，里面不存在墓道之类的设施，与明陵以及关内清东西陵迥然有别。

五、地宫葬帝后四人

此前我们仅知昭陵地宫葬太宗文皇帝及孝端文皇后。现已确知，元妃和继妃也葬于其中。

六、贵妃园研究新发现

此前我们仅知贵妃园葬有贵妃、淑妃及庶妃，现在确知，太宗的两位侧妃也葬于其内，她们的名字分别是：德尔吉按巴福晋、纳纳合福晋。再有，著名的宸妃可能是光绪后期日本修“南满铁路”前归葬昭陵贵妃园的。

七、神功圣德碑迟修原因在于吴三桂谋反

昭陵改制于康熙十六年（1677 年）基本告竣，只剩神功圣德碑虚位待修，原因是碑石出自“蜀地”，时逢“三藩之乱”中途搁浅。直至康熙三十年（1691 年）左右始告完成。

八、昭陵“御厕”是“绝版”古迹

昭陵更衣亭的“御厕”，在明清皇陵绝无仅有。

九、昭陵曾有喇嘛庙

此庙后被并入太宗避痘所（又称“御花园”），敕名长宁寺，成为盛京“四塔七寺”之一。盛京古景“御园春望”，“御苑松涛”指的是这座寺庙。

十、昭陵有座伪满“溥仪行宫”

现在的沈阳市昭陵管理中心办公楼原是张学良“长官别墅”人所共知；然而，日伪时期这里曾是“溥仪行宫”却鲜有所闻。

序

沈阳昭陵作为世界文化遗产，其声名已为海内外越来越多的人们所熟知。

值此《沈阳昭陵史话》付梓之际，谨向此书成功出版表示热烈祝贺！

清王朝发祥于东北，是我国历史上第二个统一中国的少数民族王朝。和汉族一样，满族也是一个历史悠久的民族。据文字记载，夏商周时期称为肃慎；汉唐时称为挹娄、勿吉、靺鞨；宋明时代又称为女真。公元 1583 年，努尔哈赤“起兵”创业，统一女真。1616 年建国称“汗”。1635 年，皇太极称帝，改国号清，改族名为满洲。1644 年，清军入关，逐步占领中国全境。中华民国成立后，满洲族改称满族。在这一片富饶的白山黑水之间，遗留下大量的满族民众、生活、交往、争战、宫殿、陵墓等历史遗迹。

清昭陵是关外三陵中最具代表性的帝王陵寝，满语称“额尔登额蒙安”，是清太宗皇太极与皇后孝端文博尔济吉特氏的合葬陵，也是我国现存最完整的古代帝王陵墓之一，记录着清朝和民国年间三百余年的沧桑历史。由于我国东北广大地区长期远离中华文明的中心，因此在政治经济文化等方面所受到的关注较小，历史文化传承资料遗失较多，造成今天关外陵寝史学研究力量薄弱的局面。

《沈阳昭陵史话》是作者近几年最新的研究成果，并且以引人入胜的故事形式系统生动地叙述了昭陵的历史沿革、典章制度、人物传记和奇闻趣事，见解新颖突出，史料独特充分，如昭陵选址传说、修陵物料来源详述、后宫佳丽埋香地、永伴君王陪葬墓等篇目，相当一部分观点在史学界首次提出，解答了多项悬而未决的历史谜团，填补了关外清陵史学研究的空白。

《沈阳昭陵史话》的出版，将会加大文化遗产历史内涵的挖掘，进一步推动清文化知识的宣传，激发青年一代学习、研究中国历史文化的浓厚兴趣，进而加深人们对清昭陵的关注和认识，从中增长知识，陶冶情操，对于传承优秀民族文化成果，打造沈阳清文化品牌，促进区域文化产业发展必将起到积极作用。

本书是《世界文化遗产——沈阳昭陵历史丛书》之一，希冀几年之后陆续完成这套《丛书》，谨序。

沈阳市北陵公园管理中心主任　江　涛

2014 年 5 月于沈阳昭陵

前 言

——昭陵古今历史扫描

提起沈阳昭陵，可以说无人不知无人不晓，特别是 2004 年被联合国科教文组织授予世界文化遗产“桂冠”之后，昭陵这个响亮名字让世人如雷贯耳。近几年的相关资料显示，昭陵旅游者当中不同肤色、不同语言人士的数量与年俱增，足资说明。

昭陵自清崇德八年（1643 年）建造至今，已历经三百六十多个春秋。其中，前二百多年一直是封闭的禁区，除了少数官员、差人、士兵在此看守，从事各种管理事务差事之外，其他无关之人均不得越雷池一步。例如，《秋日望昭陵》一诗：“龙蟠翠嶂郁召尧，路夹苍松白玉桥，十二羽林严侍卫，风嘶铁马白云霄。”写得生动，形象，有气势，是昭陵历史上的名诗佳句。然而，该诗作者——清初道士苗君稷——却一生无缘于这块禁地。1912 年民国政府成立之后，昭陵始得解禁，平民百姓方可自由游览于陵区内。不过，人们对昭陵历史的了解直到 20 世纪四五十年代还局限在口头传说范围，七八十年代始有学者利用历史文献史料研究撰写文章和书籍。所以，昭陵历史虽然悠久，但对它的历史研究却很“年轻”。加上历史资料有限，发掘艰难，昭陵历史上有些问题一时还难以搞清。本书是在研究基础上撰写的通俗读物，对一些问题只写了研究结论，相关史料、相关研究论证过程另有论文支持。

笔者和大家一样，也是读者，所以最了解读者的愿望和要求——希望在开篇之前首先知道全书主要内容，以便取舍，以节省宝贵时间。为此，本书前言主要是对全书内容作一概括。

昭陵是大清第二代开国君主太宗皇太极和皇后博尔济吉特氏的陵墓。陵址位于沈阳市皇姑区泰山路12号，俗称“北陵”。向以历史内涵丰厚，陵宫建筑宏伟壮丽，古松群世界独一无二等特色著称于世。陵园古松参天，浓荫蔽日，金瓦红墙，斑斓耀目，陵山起伏，玉带缠腰，绿波如镜，清碧绝尘。充分显示了皇家陵园富丽堂皇的非凡气势，以及“风水宝地”特有的庄严肃穆和神秘。让人向往，令人流连……

昭陵这个名称是效仿“贞观之治”开创者唐代英主李世民的陵墓，其意为“彰明”“显扬”；译成满语是“额尔登额蒙安”，语意是“光耀之陵”。从陵号效法唐太宗一举，可表明，清初立意之深长。

昭陵的范围据历史档案记载：东起二台子，西至小韩屯，南起保安寺，北至三台子。“二台子”为今日的大东区二台子街道；“小韩屯”位于陵西约七里，今属北陵乡；“保安寺”的认定有两说，一是指今和平区南湖街道办事处附近原有的保安寺，一是指北市场群众电影院前身的保安寺。本书认为后者的可信度大；“三台子”位于陵北约五里，今属皇姑区三台子街道办事处。按照这个范围推算，昭陵的东西与南北均在二十里以上，周长约八九十里。

昭陵的方位按“风水”术语是“子山午向兼壬丙艮龙”，也就是南北正向略偏东南。古代帝王选择“风水宝地”都是“普天之下莫非王土，率土之滨莫非王臣”，在国土上（主要在京畿附近）“自由海选”，而昭陵的选址却并非如此，昭陵地势基本是“平圹无垠”，只在它的北部有一道比较低矮的“漫冈”，与“风水”要求条件有一定差距。那么，盛京地带佳山胜水不少，为何要选择这处“风水”条件并不理想的地块作为“万年吉地”呢？对此民间有种种传说和猜想，例如，有人说，这是因为皇太极的爱妃（宸妃）“葬在城北，后人深知帝妃的生死恋情，遂于宸妃墓近地起陵，使他们生死相依”。其实，这话只是猜测而言之，真正的原因在于清代特有的八旗制度。按照八旗方位制度，昭陵这一带是皇太极自家的“一亩三分地儿”，他的陵墓只能修在自家的土地上。至于“风水”条件不理想，可以人工培补，隆业山就是为弥补其在“风水”上的“先天不足”而人工堆积的假山。

昭陵之水称做“玉带河”，位于陵寝前约一公里。有人说此河是浑河故道，后来向南滚动，成了今日的浑河。但是从明代沈阳地图看，此处并无河流，可能原来这里有“牛扼湖”，修陵时在此基础上进行了人工开拓。“玉带河”乃是皇陵的专用名词，因其环陵而过形如“玉带缠腰”而得名。清朝末年奉天水利局为发展水稻种植，对这条玉带河进行重新挖掘，称为“水利局河”，简称“水利河”。

昭陵在崇德八年（1643 年）创建之初只修了一座享殿（隆恩殿前身），殿内用砖石砌造一座简单的地宫，将太宗皇太极、孝端文皇后，还有元妃和继妃四位帝后们的“宝宫”奉安其内。又于隆恩殿外修方城以之护卫，方城之后堆积一座假山，方城之前立有石像生，仅此而已。如果不是清朝入关，或者是只按清朝统治者最初的设想，昭陵很可能永远就是这样一个面貌。然而清朝入主中原之后，使统治者们大开眼界，因见前朝陵墓辉煌庞大，典制崇隆，相形之下不免产生“自惭形秽”之感，有失其作为中原王朝的体统。遂于顺治八年（1651 年）以福临皇帝“亲政”为契机，效尤明朝皇陵制度对昭陵实施大规模改建，增建地宫、宝城、月牙城、明楼、神功圣德碑、正红门及红城、石牌坊等。同时将太宗文皇帝及孝端文皇后等“宝宫”从隆恩殿奉移到新修的地宫。至此形成今天的昭陵。

昭陵建筑占地十六万平方米，其布局大体分为陵宫及宫外两个区域。陵宫区就是大红门及红城以内，包括石像生、华表柱、果房、茶膳房、涤器房、仪仗房、神功圣德碑亭、隆恩门、方城、隆恩殿、东西配殿、配楼、焚帛亭、大明楼、月牙城、宝城、宝顶以及隆业山。方城威严屹立，城墙高大坚固，南北城楼、四隅角楼，极为壮观；宝顶高八米，直径八十余米，其下是神秘莫测的地宫；神功圣德碑有一怪异现象：每遇阴雨，碑阴（背面）会显现出好像关公关圣帝君的身影，“老沈阳”称其为“神碑”。其他如石像生被称为“十二羽林”，站班松被称为“八大朝臣”等。

宫外区包括下马碑、神桥、石牌坊、省牲厅、更衣厅、蛇神庙、钟亭。其中，更衣厅的“净房”最有特色，它是专为皇帝祭陵预备的厕所，厕台用整块大理石铺就，中间凿有“落花生”形状的蹲便池，新奇罕见、绝无仅有，堪称“绝板”古迹。

此外，在红城西北约二百米处有“懿靖大贵妃园寝”，是太宗皇太极后宫佳丽们的埋香地，共有十一座丘冢，现今丘冢基本完整，这在关外三陵中独一无二。另在陵园东西两掖，还有功臣武勋王杨古利、贞臣安达里与敦达里以及奶妈坟等三座陪葬墓。其中，安达里和敦达里是生殉墓，这种制度是奴隶制时代的遗风，他们为“忠君”和博取身后功名利禄殉主尽忠，这样的残酷现象令今人不可思议。陵宫四周还设有一批安全设施和禁地标志。例如鹿角木，青、白、红三色界桩，界牌。鹿角木在陵前三面遮挡；红桩距红墙一里外，白桩在红桩二十丈外，青桩在白桩十里外；界牌设在四面要路之上，上面写有警告文字。诸如：“红桩之内寸草为重，白桩之内禁止行走，青桩之内禁止樵采、采石、开窑烧炭，违者按律治罪”。清代流传这样的民谚：“动了皇陵一根草，官司吃不了；动了皇陵一棵树，脑袋保不住”，说明陵禁之森严。

昭陵的管理机构有总管衙门，掌关防衙门，四品官铃记衙门。负责安全保卫，统辖八旗官兵，祭陵、修缮，备制岁修物料以及陵上杂差等事务。守护昭陵官兵有皇亲国戚，也有世袭武官、御前侍卫等贵族，其中世袭侍卫共两位，一位是博尔济吉特·阿尔萨兰，另一位是莫尔济吉特·商熙。他俩本是太宗皇太极生前随驾侍卫，顺治元年（1644 年）“随龙入关”。不久，主动奏请回归盛京世守昭陵，这个要求得到福临皇帝嘉许，赐给他们俩二品世职，而且“世袭罔替”永不降封，祖辈相传。他俩的主要职责是每当大祭时，穿上铠甲，佩上腰刀，立于隆恩殿内神牌两侧，继续为太宗护驾，人称其“白大侠”与“莫小侠”，这在明清皇陵中是鲜有的特例。昭陵还有一大批官奴——食辛者库人。这些人原本是身份显贵的高官眷属，只因家主犯罪而一落千丈沧为食辛者库人，昭陵有食辛者库人二三千之多，他们主要从事祭品制作、看守贵妃园等杂差。昭陵青桩界内有一批村庄，例如，陵堡子（东营房）、陵窝铺、西营房、御花园，侯家岗子等。陵堡子位于昭陵东南约二里，是总管衙门、掌关防衙门所在地，如同福陵的前陵堡，陵窝铺是四品钤记衙门所在地。这些村子也是八旗官兵、皇亲国戚、食辛者库人的居住地。清代中期之后，由于各陪葬墓坟丁（看坟人）人口繁衍，渐成村落，在青桩界内又增加上岗子、奶妈坟、罗家坟等一些村子。

昭陵每年举行大祭六次，小祭二十四次，其他名目的祭祀不定数。礼仪烦琐，形式僵化，祭品丰奢。据说每年花费白银至少五万两。其他费用尚不在其列。其中，中元大祭仅鸡蛋一项就要用去将近两千枚。

昭陵地广林密，加之近三百年的长期封禁，自然生态极佳。民间相传，这里有“百泉、百花、百果、百鸟、百兽”，古人认为“泉不及百者不能作为陵地”。苗文华在《北陵志略》中说：“百花之中有金钟梅一种，历年必须进贡圣上。此花虽小，其味甚香，形状亦佳；百果之中只少花红一种；百鸟之中最大者有鹏鸟，每于夜间见之；百兽之中尚有白狼一条；百泉之最大者名为大泉眼，天虽大旱此泉不涸，其水之甘，八王寺不及焉。”所谓“百”数可能是夸大和附会，但是这里的植物、动物比其他地方丰富确是事实。例如，1985 年辽宁中医学院曾对这里的药用植物做过调查，共搜集到标本 89 科共 328 种之多。近年在小韩屯又发现大型温泉，都表明昭陵地区的特殊生态。清末民初有人将昭陵的景观概括为“昭陵十景”。还有人将其中的“昭陵红叶”列入“沈阳八景”，苗文华在《北陵志略》中说：“隆业山一带秋多红叶，每当晚霜初降，新鲜夺目。”常有文人雅士莅此观光览胜，吟诗酬唱，为昭陵留下许多诗词佳作。

光绪二十六年（1900 年），沙俄侵略军占领盛京。光绪三十一年（1905 年），日、俄两国为争夺我国东北权益在盛京地区展开一场激战，史称“奉天日俄会战”，昭陵是战场之一，守陵官兵多人遇难。例如，八旗正兵高海山因阻止俄军入陵，被俄兵抢去武器和坐骑，惨遭残害；尚茶人梅玉林、尚香人梅文衡，因拦挡日兵进入祭祀现场搜索俄兵，双双被杀在隆恩门；八旗防御锡特恒额为抗议日军亵渎皇陵以死相抗等可歌可泣的事迹，无不体现中华民族面对外国侵略者宁死不屈的爱国主义精神。

1912 年 1 月 1 日中华民国临时政府成立，清政府被推翻。不久，袁世凯窃取中华民国大总统职位，他对逊清施以优待条件：准许溥仪“小朝廷”继续存在，每年给其四百万两银洋供养费用，对其陵庙派兵守护。然而连年战乱使国库入不敷出，袁世凯的承诺无法兑现，昭陵亦因政府无力修缮而致残破凋零，不堪入目。当时辽中县有位名叫解丕显（字“御风”）的文人写了这样一首《游北陵》诗：

涉足昭陵户与庭，辉煌炫目未曾经。
莓苔满径无人管，杨柳山中犹自青。

这是当时昭陵凄凉景况的真实写照。1925 年三陵衙门撤销，辽宁省公署将昭陵移交省警务处管理，警务处差派苗文华为昭陵监视员，又调集四乡警察巡查看守。1927 年沈阳市区扩大，将昭陵纳入市政范围。市长李德新接受苗文华建议，为“壮东亚之光”，将昭陵辟建为“北陵公园”，正式向游人开放。同时制定“完美之计划，宏其规模，巧为点缀，使奂世界之大观，垂万世之伟绩”。

1931 年“九一八”事变后，日本帝国主义侵占沈阳。刚刚起步的北陵公园宏伟建设计划化为泡影。国民党统治时期昭陵则成了国民党军队的兵营。

1948 年 11 月 2 日沈阳解放，昭陵和其他著名历史文物古迹一样，受到了国家的重视和保护。1963 年 6 月，昭陵被列为辽宁省级文物保护单位，1982 年 2 月国务院公布其为全国重点文物保护单位。早在 20 世纪 50 年代初有关部门就已制定《北陵公园总体规划》，即以昭陵为中心，在保持北部古松林貌为静区的原则下，重点开发南部，将其建成综合游览区。多年来经过不断修缮和建设，古陵已再现其昔日辉煌，古松林也得到了很好的保护，并将北陵建设成了“全市规模大、景点多、环境美、设施全，既有文物景观，又有现代园林风貌的大型休息公园”（《沈阳市城建志》，第419页），每年接待海内外宾客多达数百万人次。

我国自1985年加入《保护世界文化和自然遗产公约》，到20世纪末已有29处历史古迹和自然风景区被列入《世界遗产保护名录》。由于荣获“世界遗产”桂冠会极大地提高其自身及其所在城市的知名度，并由此创造出巨大的社会效益和经济效益，所以，当今世界各国凡具备条件者都在争先恐后“申遗”。2001年初，沈阳市政府根据市人大代表的议案开始改造北陵公园环境，拆除所有与昭陵环境不符的游乐和服务建筑设施。有的新闻媒体戏称这次拆迁为“变脸”。2003年，沈阳市政府决定将北陵环境改造与申报世界文化遗产相结合，启动“一宫两陵”（故宫、福陵、昭陵）“申遗”程序。并根据“申遗”标准对昭陵进行了新中国成立以来规模最大、最彻底的一次修缮，恢复了昭陵的历史原貌。同年9月11日接受了联合国专家的检查。2004年7月1日，世界文化遗产委员会在我国素有天堂之誉的苏州举行第28届会议，会议通过评审一锤定音——沈阳昭陵被正式列入《世界文化遗产名录》。

古陵清风当年事，“世遗”珍护后人责。昭陵有说不尽的历史，有讲不完的人文掌故。本书以历史顺序为“经”，以历史典制、事件、故事为“纬”，展示昭陵的古往今来，讲述昭陵丰富多彩并具有知识性和趣味性的历史往事，以助于人们对昭陵的深层次解读，对历史文化名城沈阳以及中华历史文化的进一步了解，提升爱国热情，发挥聪明才智，为祖国书写新的历史。

昭陵全图（清乾隆时期绘制）

目　录

上篇　清代昭陵

下篇 百年昭陵

上篇　清代昭陵

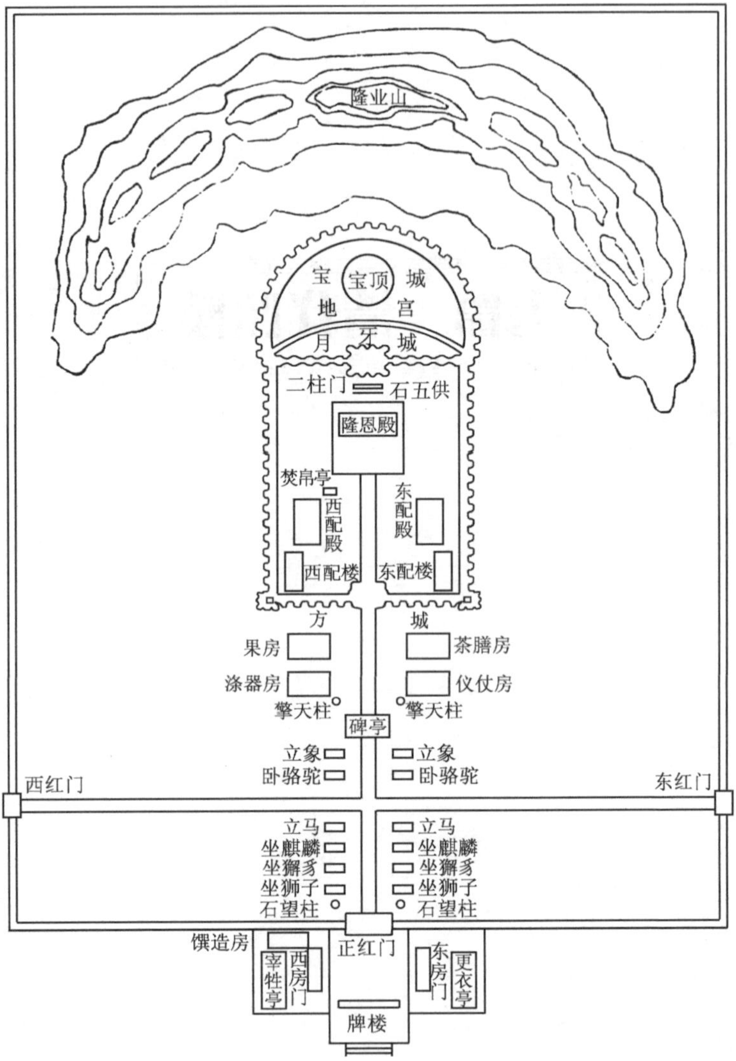
隆业山
宝顶
宝
城
地
宫
月
牙
城
二柱门
石五供
隆恩殿
焚帛亭
西配殿
东配殿
西配楼
东配楼
方
城
果房
茶膳房
涤器房
仪仗房
擎天柱
擎天柱
碑亭
立象
立象
卧骆驼
卧骆驼
西红门
东红门
立马
立马
坐麒麟
坐麒麟
坐獬豸
坐獬豸
坐狮子
坐狮子
石望柱
石望柱
馔造房
正红门
宰牲亭
西房门
东房门
更衣亭
牌楼

图 1

一、昭陵选址传说

古人修建皇陵时考虑的最重要因素是选择“风水宝地”，昭陵当然也不例外。那么，昭陵这块“万年吉域”是怎样选出来的？当年在未修建皇陵之前这里既没有“辉煌炫目”的建筑，也没有大片大片的古松密林，可能是到处长满荒草的旷野，或许是种满大豆高粱的农田，怎么就独具慧眼地相中这块地方把皇陵修建在这里？盛京周边佳山胜水不少，为何偏偏选中这块“风水”条件并不理想，甚至不得不人造假山来补充“风水”的地方作“风水佳域”？……凡此种种，几乎是所有关注昭陵的人都会提出的问题。可以说这些问题“击中”了昭陵的“软肋”。因为有关昭陵选址内情，清朝官书向来守口如瓶、避而不谈。给人的印象是朝廷对太宗皇帝驾崩毫无准备，不得不临时“抱佛脚”确定陵址，匆忙抢建享殿，因而选址一事成了昭陵历史上最大的谜题。但是，民间却对此流传着各种各样的传说。

（一）仙女河选址

据说，皇太极最初想把昭陵修在沈阳城西的仙女河畔。仙女河本是一条涓涓细流，原名细河，发源于盛京城西揽军屯，向西流经杨士屯、大潘、彰驿一直到辽中县黄腊坨汇入浑河，全长五十一公里。传说皇太极在此巧遇七仙女，所以将此河定名为仙女河。

关于皇太极巧遇七仙女以及要在仙女河修建皇陵一事，民间有这样一段传说：那是天聪七年（1633年）的某一天，明朝大将孔有德率领妻儿老小以及他的一万多名官兵，从山东登州乘船横渡渤海来到盛京归降后金。太宗皇太极闻奏十分高兴，决定亲自率领八旗诸王及将士前往浑河迎接。当皇驾离开京城行走至仙女河边时，皇太极突然看见芦苇丛里有七位模样俏丽、身穿绫罗的美女，正当皇太极面对美女若有所思的时候，只见其中一位美女起身向皇太极行礼，口称："尊敬的国汗，我们本是天上的仙女，今日下凡欲与国汗定亲，八年后的今天到此与你完婚，百年之后我们一起到天堂永世相伴。"皇太极听罢龙心大悦。可是，仙女接着又说："只是有一个条件：国汗必须在此地找到一百个泉眼，缺一不可，切记！切记！"说罢，七仙女踪影皆无。皇太极当即传旨：留下一队人马在此寻找百泉！同时又决定把自己的陵墓也修在仙女河边。

奉旨寻找百泉的八旗官兵在仙女河畔扎下大营，开始对周围十里地方展开排查。他们到处寻觅、到处挖掘，辛辛苦苦整整挖了将近八个年头，眼看着规定的日期就要到了，可挖到的暗泉只有九十九处，剩下最后一个泉眼却怎么找也找不着。官兵们各个都心急火燎，因为如果不能按时交差，肯定要受到严厉的惩处。当地住着一个姓叶的老人，看到八旗官兵整天在周围东找西挖不知道干啥，心中很是奇怪。有一天，一个旗兵到老叶家寻找吃的食物，老叶趁机向旗兵问起此事，旗兵看周围无人便悄悄地把奉旨寻找一百个泉眼，以及皇上要在此地修建皇陵的秘密告诉他。哪知道这个姓叶的老者乃是皇太极的仇人，这个信息给他提供了报仇的机会。

原来，老叶是海西叶赫部酋长金台石的后裔。金台石不是别人，他是努尔哈赤的大舅哥，皇太极的亲舅舅。不过，叶赫部虽然与建州是姻亲关系，两部却一直为仇作对。原因是努尔哈赤在统一女真的过程中一直把叶赫部列为兼并目标，而叶赫部也是野心勃勃，早在努尔哈赤刚刚起兵之际，他们为慑服建州曾多次以武力相加，特别是万历二十一年（1593 年）九月的"九部之战"，叶赫部调集海西、蒙古等"九部"大军共三万多人马，分三路入侵建州，双方在古勒山展开大战，结果"九部"敌军尽为努尔哈赤所败。从此，叶赫为了抵御努尔哈赤积极向明朝方面靠拢，而明朝为镇压努尔哈赤的叛逆也大力支持叶赫部。因此，叶赫与努尔哈赤两家一直是势同水火的冤家对头。天命元年（1616

年）努尔哈赤在建州自立后金国称王称汗，更不把叶赫部放在眼里。天命四年（1619 年）三月后金取得萨尔浒大战胜利，六月和七月先后夺下辽北两座重镇——开原和铁岭，叶赫部从此孤立无援。同年八月，努尔哈赤决定征服叶赫部。叶赫部有东、西两城，金台石驻东城，东城以土石修成十分坚固，努尔哈赤令士兵在城下挖洞，又用火药将城墙炸开缺口，八旗兵蜂拥而入。金台石见内城陷落，立即率领家小登上内城制高点——八角楼，顽强抵抗。这时皇太极奉旨前来劝降，金台石对其外甥皇太极说："如果你们答应恩养我，我就投降，否则我宁肯死在家里。"皇太极回答说："生杀大事唯听父汗之命。"金台石决定派亲臣阿尔塔什面见国汗努尔哈赤，想试探一下底细再作回应，努尔哈赤一见阿尔塔什十分恼怒，操起鸣镝（一种圆头带响没有杀击力的箭）射向阿尔塔什，以示对叶赫贝勒的愤慨。金台石听说后不得不放弃投降的打算。接着皇太极又将金台石之子德尔格勒找来相劝其父，金台石依然不从，他决定放火自焚，结果自焚未果而被俘，最后被绞杀。叶赫部东、西两城被攻占后，努尔哈赤下令将叶赫部男女老少及牲畜、财物全部掠走，又把叶赫城拆掉焚毁。从此，强盛一时的海西叶赫部消亡。老叶在后金大军围困叶赫城的紧急时刻，奉酋长金台石之令冲出重围脱逃，准备伺机报仇。

老叶逃离叶赫城后，几经辗转来到盛京城西的仙女河边，见这里人烟稀少土地肥沃，遂在此开荒种地打猎捕鱼过起了隐居生活。时间一晃过去十多载，当年后金剿灭叶赫部的惨痛景象在他的心里依然记忆犹新，他不忘家仇旧恨，一直等待时机报复。当他得知皇太极要在仙女河寻找百泉修建陵墓的消息后，认为报仇时机已到，决心要把这第一百个泉眼找到、堵上，不能让仇家皇太极得逞。于是他偷偷地寻找起泉眼来，他凭借对地理环境熟悉的优势，很快找到了这个暗泉，为了不使旗兵们发现，他把自己住的马架子推倒，搬到泉眼上重新翻盖，又将泉眼隐藏在自家的炉灶下。这个办法果然奏效，八旗官兵们直到撤走也没有找到这个泉眼。

皇太极因为未能实现对七仙女的承诺，在失去了七位艳妃的同时，也失去了这块风水宝地，最后不得不另往它处重新找寻陵址①。

（二）老金台选址

皇太极自仙女河选址不得后又传旨给工部，命工部继续寻找“风水宝地”。工部大臣奉旨带领官员及风水先生在盛京周围到处查看，访问寻找高人，希望找到理想佳域。有一天，有人向工部大臣报告说：城北三十五里的蒲河岸边有块“百泉”之地。工部大臣立即把这个喜讯奏禀皇太极，皇太极闻奏甚表喜悦，决定亲自前往蒲河勘查，他带上八旗诸王及大队护卫，还有风水先生等一起来到蒲河。只见此地背靠一道山冈，冈上还有一座名为“老金台”的明朝烽火台，冈下地面平整开阔，树草丰茂，林中泉水潺潺，百鸟飞鸣，前临大河，确实有几分气势。皇太极随即传旨在此寻找“百泉”。同时，调集仙女河原班人马前来探查，好让他们戴罪立功。

这批在仙女河寻找百泉长达八年的“专业队伍”，尽管已经有着丰富的找泉经验，可毕竟是巧妇难为无米之炊，他们尽管经过千辛万苦，而最终的结果却与在仙女河一样，依旧是只有一泉之差，皇太极闻奏大失所望，只好下令将老金台放弃。

不过，这块风水地最后还是被派上了用场，时过二十几年，皇太极的继承者顺治皇帝将老金台赐给了营建昭陵有功的大臣钟奈，从此人称此地为“昭君坟”。这是另外一个话题，此处不去细说②。

---

① 据《北陵与仙女河的传说》编写。原传说刊载《沈阳于洪资料本》，讲述者：于福原。搜集整理者：胡廷烈。

② 据《昭君坟》编写。原传说刊载《沈阳新城子资料本》。讲述者：那绪忠。搜集整理者：吴丕石。

（三）乌鸦选址

民间相传：今日昭陵陵址乃是“神鸟”乌鸦所选。据说，有一次皇太极领兵袭击宁远城，结果中了袁崇焕的埋伏，清军损伤大半，皇太极也不得不落荒而逃。祸不单行，皇太极逃跑过程中又遇马失前蹄，被摔于马下。这时袁崇焕的追兵离他越来越近，皇太极正在绝望之时，不知从哪儿飞来一群乌鸦纷纷落在他的身上，把他遮盖得严严实实。明军追赶到此处以为乌鸦群聚之地不会有人，所以对其未予理会，继续向皇太极坐骑奔跑的方向追去，皇太极因此得救。

皇太极因为乌鸦救驾有功封乌鸦为“神鸟”，并下令说：“今后有擅自射杀乌鸦者，定斩不赦!”他言出必行，有一次，某太监手持一食盒在皇宫内院行走，忽听天空有乌鸦乱叫之声，太监抬头看时，不巧一滩乌鸦屎落在了他的脸上，太监心生怒气，放下食盒拣起一块石头向乌鸦打去，此情此景被皇太极看个正着，皇太极当即传旨，将太监责打一百皮鞭；还有一次，刚刚入宫不久的宸妃在关睢宫廊下焚香弹奏七弦琴，优美的旋律吸引了许多乌鸦前来静听，这时，皇太极乘坐轻步舆进入宫院，听到了琴声也看到了落在树上的乌鸦，他认为这是吉祥之兆，遂决定当晚召关睢宫宸妃侍寝，宸妃从此得宠。

由于受到皇太极的特殊保护，乌鸦为感恩而为皇太极选择了陵址。民间传说：皇太极晚年曾派人四下探查风水宝地，可是，看了不少地方却没有一处令他满意。为此，他内心十分郁闷。有一天，皇太极为了散心，带领后妃、皇子及皇女等人来到盛京城北打猎，行走途中忽然见到一只白兔在草丛里窜蹦跳跃，皇太极立即取出弓箭准备射获，可就在他搭箭弯弓的一瞬间，小白兔却不知去向。皇太极正在疑惑时，忽然听到前方有乌鸦阵阵鸣叫之声，随即向前方望去，只见远处有一大片松林，松林前面有一大群乌鸦，它们相互挤压叠落成一座高丘，皇太极这才恍然大悟，遂手提宝弓指着松林对皇子们说：“这片松林就是朕的万年吉地。”

十几年后，皇太极以宝弓指过的松林就成了今天的昭陵[①]。

(四) 卧龙冈选址

民间相传，皇太极继仙女河、老金台选址不得之后，又不知经过几番周折，“上天不负苦心人”最终在城北十里卧龙冈找到了“风水宝地”。

所谓“卧龙冈”是沈阳城北一道东西漫冈，这道冈脊来脉于福陵天柱山，中间经过东山咀子、二台子、上岗子，至塔湾截止，全长约三十余里。其中城北十里这段漫冈，不仅有“百泉”，还有“百花、百果、百鸟、百兽”。古人选择陵址的规定是不及百数者不能作为“风水宝地”，所以，这里可以说是最佳的“万年吉地”。据说这里的“百泉”当中最大者名叫“大泉眼”，此泉天寒不冻，天旱不涸，而且水质甘甜可口，胜过盛京第一泉——八王寺井水；“百花”当中有一名品叫金钟梅，其花虽然不大但味道却异常芳香，被朝廷列为贡品；“百鸟”当中最大的一种叫鹏鸟，此鸟个头硕大，视力也极强，每于夜间从远处飞来觅食，守陵官兵常在夜晚见其身影；“百兽”之中有十分罕见的白狼……于是，皇太极就将这座“百泉”之地作为“万年吉地”，开始动工兴建昭陵……[②]

以上民间传闻虽然“美丽动听”，但只不过是古人在茶余饭后的谈资，并非信史。

① 据《昭陵的由来》编写。原传说刊载《沈阳皇姑资料本》，搜集人：孙庆忠，高景和。

② 据苗文华《北陵志略》编写。

二、昭陵选址揭秘

近年，笔者在研究盛京八旗方位的过程中对昭陵选址问题终于有所发现：原来问题的“症结”出自八旗制度。早期八旗制度规定，一国之“汗”与八旗诸王同是旗主，旗主只能占有属于本旗的一方水土。太宗皇太极是正黄旗主，所以他的“风水宝地”只能在正黄旗这个“小范围”内选择。在此基础上进一步以境内的“龙岗”与他敕建的寺庙“皇寺”两者交叉点作为“穴口”起造皇陵。这种“特异”的选址方式为历史罕见，下面我们从“风水”概念切入正题。

（一）“风水”的几个概念

为了便于说明昭陵选址问题，首先解释一下有关“风水”的几个概念。所谓“风水”，说来并不神秘，最初它只是古人出于生存需要对居处环境的选择方式。后来，又把它从“阳宅”延伸到了“阴宅”——墓葬。然而，自从阴阳五行、太极八卦以及天人合一等理论与“风水”融合之后，“风水”就变得神秘莫测、令人望而生畏了，因为在封建统治者看来，“风水”的好坏会关乎人的吉凶祸福，会影响到子嗣传承，甚至还会关系到朝代更替、国运兴衰，所以一直受到重视和推崇。

有关“风水学”较早的文献是晋朝一位名叫郭璞的人写的《葬经》，郭璞对“风水”提出这样一个经典定义：“葬者，乘生气也。气乘风则散，界水则止，古人聚之使不散，行之使有止，故谓之风水。”所谓“生气”，先秦时期的《吕氏春秋》早有解释：“生气方盛，阳气发泄。”清朝人范宜宾又进一步解释说：“（风水）以得水之地为上等，以藏风之地为次等。”根据这些说法，“风水”的选择当是选择避风、聚水，能得到生气之处方为好的葬地。风水家们又说，寻找“生气”也就是“理气”，要从“龙”“砂”“水”“穴”等几个具体方面去选择。

所谓“龙”，指的是山脉。比如，把山的走向称为“龙脉”，把山从头到尾的走向称为“来龙去脉”，等等。陵墓选址首先讲究陵山的来龙去脉，“来龙”是指该陵山的“龙”来自祖陵，与祖陵一脉相承，不能是孤立无源的“龙”。另外，最好还要求在“龙”之后有“靠山”（即祖山）、“少祖山”等几重山脉，在陵墓之前还要有“案山”“朝山”“照山”等与龙脉、陵山相配套，组成一个完整的“风水”系统。

所谓“砂”，是指陵墓两旁的小山，又称“护砂”。并按“左青龙，右白虎，前朱雀，后玄武”的“四象”方位称呼左护砂为“青龙砂”，右护沙为“白虎砂”。这些“砂”实际的作用是烘托陵墓和陵山。

所谓“水”，是指陵区附近的河流。风水术有“未看山先看水，有山无水休寻地”之说。可见“水”对“风水”条件选择至关重要。对水法的基本要求是“水随山而行，山界水而止（《曾氏地理指蒙》山水会遇，页39）。

所谓“穴”，又叫“葬口”，是陵墓的中心点，也可以是“金井”的位置。穴址的选定比较复杂，风水学上讲究“三年寻龙，十年点穴”，是“阴宅地理上紧要玄昏，差以毫厘，谬以千里”。龙穴的选定要使龙脉、龙虎砂、水口、方位、后靠、前照、前案等所有风水条件“处处合法相应”（《周易阴阳宅》，页93）。对以上龙、砂、水、穴的根本要求是：“龙要真”“砂要秀”“水要抱”“穴要的”。此外还有“望气”“择吉”等择地条件，不过这些都是理想化模式。

清初，满族贵族和汉族一样重视阴、阳宅的“风水”。例如，万历三十一年（1603年）时任明朝建州左卫都督的努尔哈赤在建造赫图阿拉城之前，特地向朝廷请求差派风水师给他“相地”（《建州闻见录》，页41）。寻找好的地点筑城，选择最佳地势修筑大衙门。后来这座城池成为后金开国都城（今辽宁省抚顺市新宾县永陵镇老城）。同年，努尔哈赤爱妻叶赫那拉氏（即皇太极生母）病故，宰牛、马各一百，以四婢女殉之，在院内停放三载之后选择“念木山”（《大清太祖武皇帝实录》卷2，页2）安葬；还有，天命九年（1624年）努尔哈赤建都东京城之后，选定“东京城东北四里之杨鲁山”为其已故父母、祖父母等人的陵地，在此营“建寝殿”（《大清太祖高皇帝实录》卷9，页6）。派族弟铎弼等人前往老家赫图阿拉奉迁二祖等人“灵衬”安葬，定名东京陵。顺治十三年（1656年）六月，内大臣鳌拜根据钦天监官员的勘察结果：“兴京皇陵风水实系第一福地，请仍迁景祖、显祖陵”（《大清世祖章皇帝实录》卷102，页8）于兴京祖陵，遂又于顺治十五年（1658年）将东京陵二祖重新迁回赫图阿拉（今永陵），这些都是清初皇帝首重“风水”的例子。

（二）昭陵“特异”选址方式

1. “八旗方位”限制陵址范围

八旗，是清代特有的寓军政民于一体的组织形式。当时，上自皇帝、亲王、贝勒，下至官员、百姓、奴仆，各有自己的旗籍，每个人都被打上旗籍“烙印”，这称为“建旗辨色”；所有土地、房屋、牲畜、财物也统统按八旗分配。每旗土地各据一方，本旗之人只能在自己的旗地上盖房、耕作、修墓，不许越界侵占他旗土地，这叫“八旗方位”制度。由于清初八旗制度具有原始“军事民主”性质，“汗”王与八旗旗主在领地占有、财物分配等这类原则问题上只是“八家”中的一家，待遇一律平等，没有任何特殊。所以当时有人说太宗皇太极：“有人必八家分养之，地土必八家分据之。即一人尺土，贝勒不容于皇上，皇上亦不容贝勒，事事掣肘，（皇太极）虽有一‘汗’之虚名，实无异正黄旗一贝勒也。”（《天聪朝臣工奏议》，页30）这些话虽然现在听来对皇太极近乎挖苦，但在清初也确实如此。举几个例子：天命四年（1619年）三月，努尔哈赤取得萨尔浒大战胜利后，命人将所得的战利品分成了小山一样高的“八堆”，每旗分给一堆，太祖的正黄旗也只分得了其中的一堆；崇德七年（1642 年）十月，西藏达赖派来一批喇嘛朝觐清太宗，“弘扬佛法”，与清朝建立友好关系（沈阳的东西南北四塔四寺就是他们出主意修的）。这批尊贵客人在盛京住了四个多月，每天由“八家”轮番接待宴请，皇太极的正黄旗也作为“八家”之一照样按规定招待这批宾客。还有，如果国家举行集体宴会，宴会所有食品也要由八家均摊，比如宴会需用八瓶酒，则每家出一瓶；宴会需要八头牛，则每家各出一头。清初这些制度在今天看来似乎有些不可思议，但是当时就是这样。

盛京八旗方位是按盛京通向抚顺、京都、辽阳、铁岭四条主要干道作为分界，皇太极的正黄旗地是在地载关门（小北边门）外的铁岭大道以西，至外攘关门（大西边门）外的京师大道以北之间，南起盛京外城，北抵铁岭等城边界，呈扇面形向北及西北方向辐射，长约四五十里的范围。昭陵选址当时就被限制在这片区域内。

再有，皇太极的正黄旗地在天聪元年（1627 年）已经确定，而且是他亲自主持和参与的。所以，皇太极生前已经明确了自己陵址的范围。

2. 以“龙脉”与“皇寺”交汇点为陵址中心

昭陵选址的第二步是在正黄旗地这个“框架”内选择“风水宝地”。这个问题经过风水师反复勘察，甚至很有可能是按太宗皇帝的旨意，最后确定以“龙脉”与“皇寺”南北交叉点作为他的陵墓中心，在这个中心点上建造皇陵。

我们先来说沈阳北部这条“龙脉”。沈阳地区总的地貌呈东高西低。东部有大片山丘，西部是辽河、浑河冲积平原。东部山地是长白山吉林哈达岭的余脉。此脉由沈阳、抚顺交界的观音阁一带入境，在沈阳东北部形成辉山、棋盘山、天柱山等大小数十座山峰。其中，天柱山海拔 65 米，清太祖努尔哈赤的陵地即选址在此。天柱山“后龙”向西延续，在沈阳市区北部形成一条冈脊，冈脊有几个较高的凸起，由东向往西依次为东山咀子、毛君屯、二台子山、望花、上岗子、三台子山，由此转向西南，抵塔湾山戛然结穴。再往西则是一片低洼平地。境内的河流以浑河为主河，浑河由清原、抚顺西流，经天柱山前，至沈阳城南转而西南流，经辽阳汇太子河于三叉河。此外，还有蒲河、马官桥河、细河等多条支流。城内有“七十二泡（又称地煞），城外有三十六池（牛轭湖）”（清·刘世英：《陪都纪略》天时地利）。昭陵在北部的冈脊之上，东与上岗子，北与三台子山为邻。此地为一低矮的漫冈，沈阳人谓之“龙脉”。

再来说皇寺。皇寺又叫实胜寺，位于盛京外攘门外三里，占地七千多平方米，坐北朝南，外有木牌楼，内有山门，钟楼、鼓楼、天王殿、大殿、玛哈噶喇佛楼等建筑。主要建筑的屋顶全部是黄琉璃瓦绿剪边，式样与盛京宫殿相似，表明它的特殊地位。寺内供奉玛哈噶喇金佛及《蒙文金字写本大藏经》等法物。玛哈噶喇金佛是蒙古各部最信奉的神偶。此佛是元世祖忽必烈时期一名高僧用黄金千两铸造的，是蒙古部众最崇奉的“战神”。明朝后期此佛归察哈尔部林丹汗所有，林丹汗特别在都城为它修建了一座“金顶白庙”。这尊金佛与《蒙文金字写本大藏经》还有“元传国玺”被蒙古各部奉为“三大法宝”。皇寺是太宗皇太极征服察哈尔林丹汗缴获蒙古“三宝”后所建。

察哈尔林丹汗是元世祖后裔，他的部落在漠南蒙古中最为强盛。漠南蒙古与大清国土相连，蒙古又是大清实现征明战略的“征抚”对象，所以皇太极多次对林丹汗用兵，天聪八年（1634年）夏，林丹汗在后金大军追逐下逃至青海大草滩不幸染时疫亡故。他的八大福晋（妃子）以及察哈尔部众纷纷归附后金。林丹汗有一侍从喇嘛名叫墨尔根颇有政治头脑，他见察哈尔大势已去，决定归顺后金，遂以象征吉祥的白骆驼驮载玛哈噶喇佛和《蒙文金字写本大藏经》以及其他宝器，从千里之外的白城来到盛京，时为天聪九年（1635年）十二月。皇太极闻报遣官相迎。可是，当白骆驼走到距离盛京城只有三里的地方突然跪地不起，尽管喇嘛们诵经作法也无济于事，白骆驼终因劳累过度再也未能从地上爬起。墨尔根喇嘛说这是金佛“生根”之地，奏请太宗皇帝就地修庙，供奉金佛。

回过头来再说传国玺，就在墨尔根喇嘛从白城动身归顺大清之时，太宗皇太极也已得知林丹汗病故的消息，但皇太极知道林丹汗身后还有太子额哲，太子手中还有“传国玺”，必须将其太子及传国玺缴获，否则察哈尔可能会东山再起。于是，皇太极派贝勒多尔衮领精兵万人前往察哈尔驻地寻找太子额哲，最后将额哲及其母妃俘获，而且从他们手中得到了“传国玺”。

由于皇太极修建玛哈噶喇佛堂（后改建成玛哈噶喇佛楼），以及得到承天受命的“传国玺”，因而博得蒙古各部的一致拥戴。遂于崇德元年（1636 年）四月去“汗”号改称皇帝，去国号后金改称大清，正式建立大清国。

崇德元年（1636 年）七月，皇太极又决定在玛哈噶喇佛堂近旁盖建一座规模更大的实胜寺（皇寺），“三年乃成”。寺成之日皇太极亲自前往拜祭，“行三跪九叩头礼”，并进献金银及各种宝物。实胜寺从此成为太宗皇太极“还愿”的愿堂和敕建寺庙。由于玛哈噶喇佛楼、实胜寺在清初历史的独特作用，以及它与皇太极本人的特殊关系，所以在营建昭陵时将它作为昭陵“风水”的“前照”和“前案”。

3. 堆积陵山培补“风水”

昭陵选址的第三步是在享殿之后以人工方式堆修陵山。此山全长一百一十五丈，高六丈一尺，“子山午向”，取正南正北方位，山上结有五峰，以中间之峰为最高，其左右各有四个凸起，东西走向，其两端各向南弯曲，形如弯月，势如卧龙，呈“龙蟠凤翥”之势。顺治七年（1650 年）修成，顺治八年（1651 年）被尊封为“隆业山”。此山堆积一律用的是“客土”，不准在皇陵范围内取土，已免使皇陵的“风水”遭受破坏。这些客土取自陵西八里之外（笔者推测可能取自陵西丁香屯一带）。据说拉运客土使用的全部是牛车。牛车虽然承重，但行速极慢，往返十六里路程，估计每车每天最多拉运两趟，每次运土量也不会超过千余斤。按每天出动牛车百辆计算，陵山之土至少也得拉运五年以

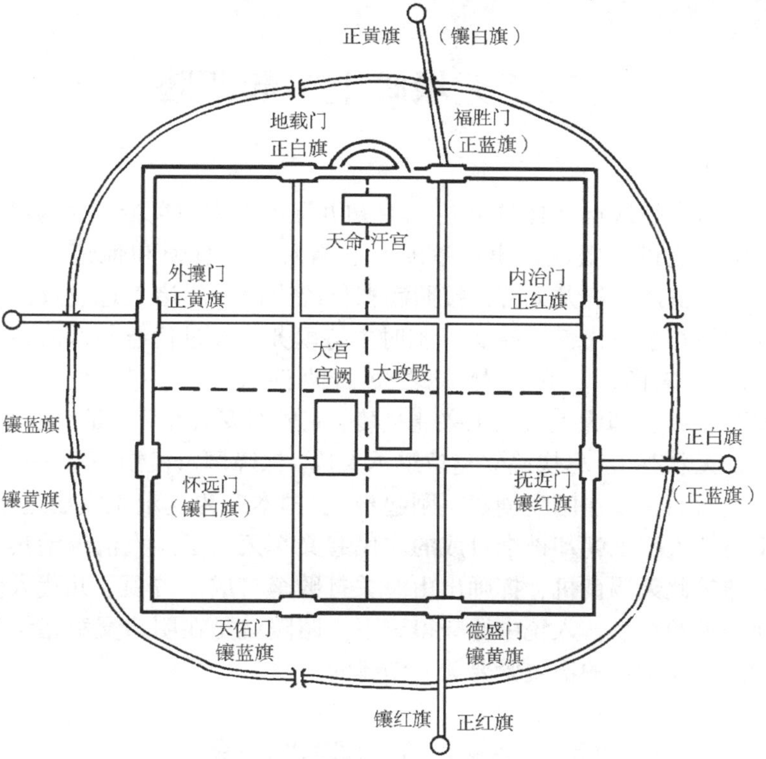

图2　盛京八旗方位图

上。可见修建此山之艰巨。顺治八年（1651 年）皇帝福临亲政，在仿照明朝皇陵制度改建昭陵的同时，又诏封祖陵陵山，封昭陵山号曰“隆业山”。

另外，古人有自然崇拜观念，认为山有山神，水有水神，陵山则有“后土之神”，并修有山神庙，昭陵当然也是如此。还有，“后土之神”不仅掌管陵山本身，还掌管皇陵内外全部土地。所以，皇陵在大修，或者是入葬、迁葬等凡是有关动土的事项，都需要首先拜祭山神，然后才能施工。不仅如此，国家在都城设置“风雨山川坛”，供奉包括各个陵山在内的所有名山大川之神。每逢祭祀大典也按时设供祭祀。

三、“无垠旷土”起昭陵

清崇德八年（1643年）八月初九深夜，太宗皇帝在大内清宁宫突然崩逝。噩耗传出，举国上下陷入一片哀悼和惊慌气氛当中。大清诸王群龙无首，按照满洲传统当由八旗诸王地位仅次于国君的礼亲王代善“挑头”临时主持国务。经过代善与八旗诸王们的紧急商讨，确定燃眉之急的两件大事：一是“入土为安”——立即为太宗动工兴建皇陵，完成奉安大礼；二是“国不可一日无君”——尽快确立皇位继承人选，保障国家机制正常运行。

然而，就在昭陵创建刚刚起步、“国本”更迭艰难完成之际，腐朽的大明王朝却被李自成的农民起义军灭亡了。大清统治集团随即趁此天赐良机，挥师出山海关打败李自成，占领了几代人梦寐以求的燕京，入统中原夺得天下。昭陵就是在明清交替错综复杂充满戏剧性的历史紧要关头创建的。

（一）太宗“大丧”与“国本”之争

关于太宗皇太宗极驾崩一事，权威的《大清太宗实录》是这样记载的：

“（崇德八年八月初九日）亥时（晚九时至十一时之间），上（皇太极）无疾端坐而崩。”

意思是说，皇太极生前身体健康，是突然辞世归天的，而且还是“端坐而崩”①，走得十分庄重安详。

---

① 古代出于对帝王的尊崇，体现其至高无上，在表述其行止方面有许多专用词汇。如，皇帝身体不适、患病，不能如常人用“病”等词语表示，而要用“圣躬违和”或“不豫”，正如皇帝之丧不能用“死”而用“驾崩”或“宾天”一样。古以天子死曰驾崩，或晏驾，或升遐；诸侯曰薨，大夫曰卒，士曰不禄，庶人曰死。佛道羽化，仙去，圆寂。

其实，这些不过是御用史官"为尊者讳"惯用的笔法。因为古人的封建观念认为皇帝是"真龙天子"，他们的生死都与常人有别。比如，《大清世祖实录》对庄妃生世祖福临的记载：当庄妃怀孕时，"有红光绕身，衣裙间如有龙盘旋状，女侍皆惊，以为火，近视之不见，如是者屡，众皆大异"。庄妃在产前又出现异象，产前她做了一梦，梦见一神人抱一子授给她说："此统一天下之主也。"庄妃接过其子放在膝上，小孩却不见了，庄妃受惊而醒，遂将梦中所见讲给身旁的太宗皇帝，太宗说：这是"异祥，（是）子孙大庆之兆。"第二天当庄妃分娩时，"红光昭耀宫闱，经久不散，香气弥漫数日"。

太宗身体状况的历史真相是，他在辞世前四年（当时四十八岁）就已不断出现病情。下面从《大清文皇帝实录》摘出他"圣躬违和"的几件实例足以说明。

崇德五年（1640 年）七月二十日太宗"圣躬违和"，前往鞍山温泉浴治。鞍山温泉就是今天的汤岗子温泉，此泉历史悠久，曾有不少帝王到此沐浴，据说包括唐太宗李世民，清太祖努尔哈赤也多次到此洗浴。

崇德六年（1641 年）八月十一日松山大战，皇太极决定率军亲征，可是临期却"圣躬违和"，鼻中流血不止，不得不推迟出征日期三天，可三天后病情仍不见好转，他只好在胸前挂一个瓷盅，以接鼻血，带病出征。

崇德七年（1642 年）十月二十日，以"圣躬违和"，发布大赦令，把包括"重辟"等死刑犯在内的全部犯人押至皇宫大清门前，命启心郎索尼宣布大赦圣旨，将这些人全部宽免释放。

崇德八年（1643 年）皇太极宾天当年，"圣躬违和"的次数愈加频繁。例如，正月元旦圣节，按礼他应在大政殿接受诸王大臣和朝鲜使节的祝贺。可是他却闭门不出，仅命诸王大臣至堂子庙行礼；三月十七日，他再次发布大赦令，将死罪以下犯人全行宥之；四月一日又传旨：向盛京所有寺庙进行祈祷，乞求神灵佑护，并向寺庙施舍金银。其中，仅铁岭一地大小二十座寺庙施舍白银七百两。在此期间，皇太极又听从西藏达赖喇嘛所派的伊拉克三胡克图活佛的意见，在盛京东西南北建“镇方”四塔和四寺，以镇压邪祟，“虔祝与圣寿”。然而，所有这些措施最后还是未能挽救他的生命。

图3　清宁宫南榻——太宗皇太极晏驾处

就在治理国丧的紧要关头，一场“国本”之争也在剑拔弩张、惊心动魄地进行：太宗辞世第五天（八月十四日），八旗诸王们便急不可耐地召开会议议定皇位继承人。这时，太宗所属两黄旗大臣派出他的全副武装护军将会场包围起来，并声言誓死拥立太宗之子继统皇位，绝对“不可改变宫殿瓦色”。当时最有实力成为继承人的有三位，即：礼亲王代善、睿亲王多尔衮、肃亲王豪格。而代善年逾花甲，无心争位。这样，皇位人选主要集中在多尔衮与豪格两人身上。多尔衮是镶白旗主，与正白旗主多铎是亲兄弟，所以他有两白旗势力；豪格是正蓝旗主，又是太宗次子，他实际受到两黄一蓝三旗的支持。但是他与多尔衮关系不睦。多尔衮在与会之前曾找到两黄旗大臣，探听两黄旗对他的态度，结果却遭到了冷遇，又虑及豪格在这些方面的优势强于自己，聪明的多尔衮经过反复思索和权衡之后提出了一个新的方案：由太宗六岁的皇九子福临继承皇位，又提出福临年幼，暂以郑亲王济尔哈朗与他为摄政王辅佐幼主，待幼主成年当即归政。这个办法既满足了两黄旗大臣立皇子的愿望，又使他的政敌豪格的打算落空，而自己又取得了摄政大权，真可谓“一箭三雕”。豪格听了这个方案暗气暗憋，代善与诸王们都表示首肯，方案顺利通过。八旗诸王随即举行“立誓告天”典礼。可是，两天之后，代善的子孙硕托与阿达礼却违背誓言，提出改立多尔衮的请求，结果被以叛逆罪处决。八月二十六日，幼主福临在笃恭殿继位登基。同时确定年号为“顺治”，以翌年为顺治元年。大清政权就这样完成了新老交替。

（二）昭陵创建

1. 三十天建成享殿

工部贝勒大臣在接受修建皇陵的任务之后立即着手制定修建方案、包括陵墓具体位置、陵图、享殿式样、司工大臣名单，等等。方案呈请礼亲王代善等八旗诸王审定后，开始调集司工官员、风水师以及工匠；调运修陵所需各种物料，开始在盛京城北十里修造皇陵，工地按部就班、紧张有序地开始施工。

先是确定享殿位置，平整地块，开挖沟巢，夯打地基，沏筑石墙石础，树立殿柱、上梁等，经过全体匠役昼夜不停地轮番紧张施工，仅用三十多天时间，便将一座面阔三间、进深两间，顶铺黄色琉璃瓦的享殿建成（今隆恩殿前身）。

九月二十日出殡，奉移梓宫至陵墓。《大清世祖实录》记载了这次出殡盛况：在发引之前，诸王、两黄旗大臣、侍卫，还有已经出过痘疹的公主、和硕福晋、格格等到崇政殿大行皇帝①梓

① 大行：大行者不返之也，皇帝崩未有谥故称大行，皇帝崩后三年之内的称呼。《逸周书，谥法》：谥者行之迹。是以大行受大名，细行受细名。天子新崩称大行，言其有大德行，当受大名。

宫前举哀。礼亲王代善主祭，向大行皇帝献祭酒，诸王等先后行跪礼，学士詹霸恭代嗣皇帝宣读祝文：

孝子嗣皇帝福临，敢昭告于皇考神位之前曰：我皇帝升遐，倏愈旬月，哀慕无穷，典仪有恪。兹者山陵告成，恭奉梓宫敬安陵寝。谨告。

然后，以卤簿仪仗鞍马二十匹，驮载大行皇帝生前御物的马六匹，空马百匹，驮御幄骆驼二十头，空驼二十头为前导。大行皇帝梓宫由大清门抬出，送葬队伍中，未曾出过痘疹的公主、福晋、格格则在福胜门（大北门）以北恭候，固山额真、昂邦章京、尚书以下牛录章京以上大小官员，以及他们的福晋（命妇），还有外藩蒙古王公集中在边门以外恭候。送葬队伍到达山陵之后，将大行皇帝梓宫奉安在享殿正中，又在殿前设一“焚榻”，把太宗皇帝生前的衣冠袜履，弓箭刀枪等各种生活御物、还有帐篷统统付诸一炬，将这一百二十六匹马和四十头骆驼全部宰杀，“食其肉葬其皮”，以供大行皇帝在所谓“另一世界”继续享用。今天我们所以很难得见皇太极生前遗物，原因就是清初奉行这种满洲旧俗。

顺治元年（1644 年）五月十七日又在享殿增设了宝位神牌，以便祭祀。增设宝位神牌，还举行了礼仪，《清初内国史院满文档案译编》简称《译编》记载：

昭陵宝位告成礼，摄政和硕郑亲王以下，牛录章京以上各官前往宝位前奏曰：顺治元年甲申五月十七甲辰吉日承袭皇位孝子福临于皇考宽温仁圣皇帝神位前跪奏曰：“以特修之神位告成，移放皇考神位礼，备祭品以通魂”。颂文毕，摄政和硕郑亲王跪神位前敬酒三盅；诸官皆跪，行三叩头礼，由内大臣侍卫安放于宝座。皇福晋，固伦公主和硕福晋以下多罗格格辅国公之妻以上俱托饭桌备用之桌，并牛、羊肉，皇福晋跪，奠酒三盅，众人皆跪行三叩头礼。续由摄政王跪宝位前奠酒三盅，诸官皆跪行三叩头礼。此次祭品有凉帽，沙披领一套，袍服一套，靴袜两双，染三色整匹纸五万，元宝五

万，牛一，羊八，烧酒、黄酒十坛，计饭桌二十一。收元宝纸钱后，诸王，福晋皆出。(页 17，18)

上文中的“神位”即墓主神牌，“宝位”即安供神牌的宝座，也就是说此时享殿内除了安奉太宗梓宫之外，又增设了以便祭祀太宗的宝座神牌。

2. 地宫修在享殿里

顺治元年（1644 年）八月初九这天是太宗皇帝驾崩一周年，古代礼制称作“小祥”祭日。按太宗葬礼计划，这天是升化太宗梓宫的日子。《大清世祖实录》对这次大礼作了如下记载：

顺治元年八月甲子（初九）小祥，致祭大行皇帝。是日，摄政和硕郑亲王济尔哈朗，奉上（嗣皇帝福临，下同）率和硕亲王以下、牛录章京以上齐诣殡宫；皇太后率众妃及公主、格格、和硕福晋以下镇国将军、固山额真、尚书等命妇以上俱齐集、陈设祭物、行三叩头礼。祭毕，执事官于殿西设卤簿仪仗。和硕郑亲王济尔哈朗奉上，率众官等、皇太后率众妃举哀，跪几筵前三爵，行三叩头礼，昂邦章京、尚书、内大臣等恭奉龙舆由中道出，和硕郑亲王济尔哈朗奉上，率众官跪献三爵、举哀；皇太后率众妃俱举哀。酉刻（午后五至七时之间）恭捧宝宫安奉。(页 82)

这段话修史官员出于“为尊者讳”作了修改，所以必需稍加解释：升化太宗梓宫这天参加葬礼的共分男女两拨，因为“男女授受不亲”。男队由摄政王济尔哈朗恭奉小皇帝福临为首，其下是和硕亲王至牛录章京以上这个级别的所有官员；女队则由皇太后“哲哲”率领，其下有太宗各位妃子、女儿，再是和硕亲王、镇国将军、固山额真、尚书等官员的命妇（妻子）。他（她）们先后来到昭陵享殿太宗梓宫之前，摆设祭品行祭礼。与此同时，执事官员们在享殿以西摆列金瓜、钺斧、朝天镫、旗、幡、伞、盖等一长队卤簿仪仗，为太宗梓宫出行做准备。紧接着在参祭者的悲哀声中，官员大臣们抬起太宗梓宫从享殿明间大门走出，将其抬至享殿西侧一块净地上举火焚化，当然也少不了萨满和喇嘛们的参与——跳神和诵经。天近黄昏时分，升化礼毕，将遗骨盛入宝宫（骨灰装置）之中。然后，将其宝宫安奉于享殿地宫之内。关于在昭陵享殿修地宫一事，早期《大清世祖实录》本来是有明确记载的，可是到了乾隆时期由于此事属于满洲旧俗，与中原文明有所差距，便将其删除隐去不录。今天我们查看这些《实录》可以明显看出其中作弊的痕迹。不过，有些早期史料还是保留下来只言片语，请看下面这条记载：

> 一行拣验礼：亲王以下，佐领以上；固伦公主和硕妃以下，县主、奉国将军淑人，都统、尚书命妇以上，于阶西齐集。皇后，公主等诣升化处举哀，恭行拣验奉安神案上，皇后跪奠酒三爵，内大臣，辅国将军捧宝位，由中阶升至殿内，奉安正中位上，举哀毕，随将宝位周围盖砌，恭献祭品奠酒行礼毕俱退。

这段话没记录时间，结合《大清世祖实录》得知是八月九日与十一日两天，从太宗被升化至安奉宝宫于地下的情况。请读者们注意，其中这句话最关键——“宝位由中阶升至殿内，奉安正中位上，举哀毕，随将宝位周围盖砌”。这就是说，先安奉宝位，然后在宝位周围用砖石“盖砌”成墓室。此语披露出在享殿建造地宫的史实。不过这句话也存在不合情理之处。试想，“宝宫”被认为是极其圣洁之物，将其供奉于正位之后，再临时由工匠在其四周建盖墓室，似乎不无亵渎之嫌。况且是八月九日升化，直到十一日才安奉地宫，中间为什么空出三天？所以笔者推测，这三天时间很可能是修建地宫的时间。也就是说在八月九日太宗梓宫被抬出享殿举行升化礼的同时，工匠们进入享殿开始施工修造地宫。地宫可能是在地面上用砖石“盖砌”的，至于地宫形状，按常理大约是方形、坡顶，如同“丘子”状的墓室，另在一侧开门。

此外，当时关外已有兴京二祖陵，东京二祖陵，沈阳太祖陵，加上这座昭陵共四座，前两座是在享殿之后设一坟院，将宝宫埋入坟院地宫，享殿设宝位神牌，享殿开有后门，祭祀时可打开后门，面对神牌及宝顶祭礼；而太祖陵与昭陵有些相似，宝宫与神牌都在享殿，祭礼都在享殿举行。由此看来，昭陵与福陵这种独特葬式很有可能就作长期打算，不再另辟坟院了。

3. 大清迁都后昭陵地宫两次开启

(1) 大清迁都

就在昭陵享殿建成后不久，明朝政局急转直下、危在旦夕——李自成领导的农民起义军于崇祯十七年（顺治元年，1644年）正月在西安建立“大顺国”，定年号为“永昌”。接着，李自成率军东征，一路势如破竹，于三月十九日攻占燕京，明帝崇祯闻变自裁于煤山，明朝灭亡。密切关注明朝势态的大清，很快得知李自成占领燕京的消息。在此重要关头，大臣范文程上书奏称：应趁李自成立足未稳，急速发兵夺取明朝天下。摄政王会议采纳了他的意见，由摄政王多尔衮率兵紧急入关；摄政王济尔哈朗在家“守摊”，陪侍幼主福临料理国政。

四月九日，多尔衮率精兵二十万离开盛京，多尔衮在进军途中向明朝降将洪承畴征询出师策略，同时又招降了明朝山海关总兵吴三桂，四月二十一日清军与吴三桂在山海关大败李自成，李自成逃回燕京，在皇宫匆匆举行登基典礼，尽搜宫中财宝、纵火烧毁宫殿后急速西遁。五月初二多尔衮夺取燕京。当时民间流传一首歌谣说：“朱家面，李家磨，做成一个大馍馍，送给对巷赵大哥”。这是民间对明清及大顺争夺天下的诙谐比喻。意思是说李闯王得明朝天下，却将天下拱手送给了清王朝①。实际上大清与李闯王的争战进行得很激烈、很严酷。

多尔衮占领燕京后，立即遣官向世祖福临奏报“底定燕京捷音”；六月十一日多尔衮与诸王大臣定议应建都燕京，遣辅国公吞齐等人“齐奏迎驾”。

摄政王济尔哈朗接到捷报后，一方面料理太宗葬礼，一方面

---

① 这首民谣流传在清初，说明明末清初关内明人已知晓大清统治者爱新觉罗氏的汉意为“赵氏”了。这可能是满族改汉姓的最早例子。

作好迁都的各项准备，八月九日太宗“小祥”，举行周年升化礼，三天后在昭陵享殿内修成地宫，将太宗“宝宫”奉安地下，并议定陵号为“昭陵”。国丧大礼既成，八月二十日摄政王济尔哈朗奉皇太后及皇帝起驾迁都，告别祖宗发祥之地前往燕京，迁都队伍浩浩荡荡长达十几里，这支“长龙”经过将近四十天的长途跋涉始抵燕京，九月十九日皇驾由燕京正阳门进入宫殿。至此，大清经过几代人奋勇拼搏、前仆后继，终于实现入统中原的伟大夙愿，掀开大清历史的崭新一页。

昭陵在大清迁都后继续进行修建，至顺治八年（1651 年）第一阶段告成。这个时期昭陵的主要建筑有陵山、享殿、东西配殿、方城、石像生、下马石狮、下马红桩、喇嘛庙，等等。不过，此时的享殿还比较简陋，不存在丹陛月台，基座也很低矮；方城没有角楼；石像生基座也很小。但这些却显示了满洲建筑特色和满洲丧礼旧俗。

（2）奉安“香册”“香宝”开启地宫

古代皇陵都要在安奉“宝宫”（或“梓宫”）的同时恭设香册和香宝。这些册宝是陵主身份的凭证，或者说是陵主在“另一世界”行使权力的凭据。如同皇帝生前使用宝玺是一个道理。由于陵墓用的册宝都是由檀香木制成的，所以称其“香册”“香宝”。这项册宝制度始于何时尚待考证。陕西省考古所最近发掘唐齐陵（李隆基长子李琮之墓）时发现了谥宝和哀册（此册宝可能为石制）；数年前北京明定陵在发掘时发现了檀香木香册和香宝；清官书记载安奉皇帝梓宫同时恭送册宝的记载那就很多了。

昭陵在初创之时因恪守满洲旧俗，尚没有安供册宝的规制，所以顺治元年（1644 年）八月十一日安奉太宗宝宫于地下时无安供册宝之事。然而清朝入关之后，许多事体均要效法明朝制度，所以在昭陵安供香册、香宝之礼被提上日程，随即派工匠刻制册宝，由大臣撰写册文宝文，然后派大臣将册宝恭送至盛京，十二月十六日将香册、香宝送往昭陵，安供于太宗宝宫一侧。

再有，香册、香宝是陵寝的大事，朝廷对于撰修册宝者都要给予奖赏。例如，顺治二年（1645 年）九月二十四日朝廷向撰修福陵、昭陵香册、香宝的大学士范文程、谢升二人各赏银一百两，及锦缎等物。

(3) 孝端文皇后与太宗皇帝合葬开启地宫

顺治七年（1650 年）二月二日，孝端文皇后与太宗合葬昭陵地宫。

孝端文皇后本名“哲哲”，姓博尔济吉特，生于明万历二十七年（1599 年）。父亲是蒙古科尔沁部大领主“莽古思”。万历四十二年（1614 年），哲哲刚满十六岁就远嫁皇太极为妻。迎娶之际皇太极率领部下从赫图阿拉城（今新宾县老城）出发，北行三百余里到达辉发部（今吉林省辉南县境内）扈尔奇山城，在那里杀牛宰羊举行隆重的迎亲仪式和结婚仪式。天聪元年（1627 年）皇太极继承汗位，封哲哲为“大福晋”。所谓大福晋，即主持家政的主妇，管理后宫的一切事务，包括对其他侧福晋及庶福晋（妾）的管束。有时皇太极外出打猎也要携哲哲出行。皇太极坐殿，哲哲有时与他左右而坐。哲哲之所以受到如此重视，获得大福晋的尊贵地位，并不完全是由于皇太极对她的倾心，主要还是她出身于蒙古大领主世家。清初婚姻制度非常重视门第高低。天聪初年哲哲的母亲从科尔沁来盛京看望女儿、女婿，皇太极均以大礼相待。崇德元年（1636 年），皇太极建国大清，改“汗”号为皇帝，按古代制度要分封后妃，大福晋哲哲被封为中宫皇后，又称国君福晋，居中宫——清宁宫，成为主持宫闱、赞襄朝政的天下第一国母。在册封大典上，皇太极授给她象征地位等级的“册文”“金印”以及仪仗銮驾等物。这些是皇后外出时为显示地位和威严随驾仪仗队使用的各种器物。

崇德八年（1643 年）世祖福临继承皇位，尊哲哲为皇太后。大清国迁都燕京，皇太后定居于紫禁城。顺治六年（1649 年）四月十七日，皇太后驾崩，寿五十一岁，遗体火化后运回盛京，于顺治七年（1650 年）二月二日与皇太极“合葬”于昭陵享殿。孝端文皇后生有三女：皇二女固伦温庄长公主，皇三女固伦端靖长公主，皇八女固伦端贞长公主。

4. 陵松采自辽南千山

昭陵陵松就是严格遵循古代制度栽种的。这些古松栽植于顺治七年（1650 年）春季，秧苗是从辽南千山挖取的黑松。栽树过程中曾发生过一桩不大不小的事件，就在树苗栽完的第二年开春，守陵官兵发现，树苗只有一部分存活，其他都成了死秧，需要重新挖取补栽。为此，主动向主管工程的工部尚书星纳请示，而星纳竟然下令停止补栽，不仅如此，星纳还将修陵工匠撤走五百人，调往别处施工。致使陵树及修陵工程都受到影响。顺治皇帝闻知，命令刑部对星纳进行严审，刑部判处星纳革去世职及牛录官衔，没收家产一半归官以抵偿损失。星纳对判决不服，跑到皇宫门前敲击“登闻鼓”告御状，顺治皇帝命部臣对此案进行重新审理。星纳本是有功之臣，他的功劳很多，其中最大的一件是崇德六年（1641 年）松杏之战时俘获了明朝经略洪承畴（洪承畴后来降清并成为大清入关的重要谋臣），星纳的世职都是战功所得。清朝典制规定，战功所得世职只有在军前犯法才能撤免，而在部院行政工作中违法犯规不可议及世职，所以星纳在被重审时胜诉，官复原职。星纳遂将已调出之工役重新调回昭陵，对所缺失的秧苗即时派人前往千山挖取补栽，昭陵修建工程得以继续进行。

（三）昭陵早期其他情况

1. 昭陵早期有陵碑

笔者推测，昭陵在崇德八年（1643 年）创建之时曾经立有一座体积不大的陵碑，作为皇陵标志。顺治八年（1651 年）“清承明制”按明朝皇陵制度改革昭陵。明朝皇陵一般要立两座碑，一是“神功圣德碑”，再是明楼“圣号碑”，而且这些碑体庞大，雕造十分精致。而昭陵早期这甬陵碑体制与明陵相差甚殊，遂在昭陵改制时将此碑毁弃。一个明显的例子是福陵，福陵在创建之初也是这样，现今福陵西红门外的龟石（俗称“神龟流泪”）就是福陵早期陵碑的碑座，原碑碑身被毁掉下落不明；再一个根据是清初满族有立墓碑习俗。例如，崇德二年（1637年）太宗曾为武勋王杨古利立碑；还有一个例证，太宗生前侍卫阿尔萨兰由京都回盛京看守昭陵，恰遇昭陵立碑，他见众工为碑身无法安设而为难，遂奋不顾身使出自己浑身之力，将碑身安设妥当，使在场所有官员工匠惊奇不已。阿尔萨兰于顺治七年（1650年）去世，他所立之碑当是昭陵早期陵碑无疑。只是，昭陵早期这甬陵碑被彻底毁迹，未留下任何蛛丝马迹，不像福陵尚留下碑座。

2. 特殊的祭祀与守护方式

昭陵早期祭祀很特殊：从祭祀时间来说，顺治元年（1644年）至二年（1645年）这段时间实行的是“每日献祭”，即每天祭祀一次；从顺治三年（1646年）正月十五起始改为“月祭”，即每月祭祀一次。从祭品来说，无论是日祭或月祭，都要在神位之前供上各种金银祭器，饭菜和果品，还供上盛满清水的脸盆、香蜡以及用于防卫的弓箭撒袋等物，以供“太宗神魂”享用。祭祀时可能举行满族传统的萨满祭祀，所以使用乐器，还要从喇嘛佛堂请来太宗生前供祭的“金佛”“金塔”，由喇嘛诵经。祭祀礼成，金银祭器则存放于城外有人看守之处，每次祭祀现取现用，用毕送还。脸盆及香蜡等祭物装入箱内，置于殿内一侧；弓箭撒袋则挂于享殿之内。其他祭器，包括乐器平时放在东配殿。主祭者为盛京礼部笔帖式，祭礼时参祭士兵在红桩处下马步行入陵，官员在石狮子处下马步行。

另据史料记载，主祭者因缺少祭祀礼服，特委托进京的官员向摄政王多尔衮奏请。摄政王赏给他夏天穿的缎制夹披领以及冬天穿的羊皮里团龙镶边披领各一件。

昭陵的守护制度起初也比较简略，顺治三年（1646年）之前由两黄旗各牛录抽调护军二十名临时组成护陵队，他们白天在城门两旁站岗，夜晚关闭城门，在城内值宿，环城巡逻打更送筹。顺治三年（1646年）由于金银祭器不在陵内存放，二十名护军被调回各自牛录。昭陵守护工作改由“玛法”（老人）担任。

3. 昭陵早期修陵官员

早期修陵的官员很多，但大都成了“无名英雄”，现从故纸堆中东鳞西爪索隐钩沉地归纳如下几位，以存历史，以记他们的功劳。

（1）总督造官钟奈

钟奈，又译作“宗鼎”“昭奈”“钟内”“钟诺依”等名，姓乌拉那拉氏，是海西乌拉部首领满泰族裔，他与太宗皇太极有亲戚关系，属于“皇亲国戚”，而且还在太宗驾前当过一等侍卫。其人擅长工事，对建筑颇有几分研究，多次主持重要工程。如崇德元年（1636 年）修建皇寺，被太宗皇帝委任为皇寺工程总管，由于他工作兢兢业业，而因功受赏，其名见载《莲花圣土实胜寺碑》；再是崇德八年（1643 年）主持昭陵修建，成绩显著，顺治五年（1648 年）八月因功被授为拜他喇布勒哈番世职（四品世职），并且在昭陵建成后，被任命为昭陵第一任总管。大约在顺治十二年（1655 年）去世，顺治十三年（1656 年）世祖皇帝为他赐碑，但是在赐碑第二年有人揭发他生前犯有大罪，因而受到追查和惩处。至于具体所犯何罪未见记载。《满洲名臣传》叶克书传有这样的旁证史料，叶克书本是盛京总管，钟奈犯罪之事叶克书明明知道，却故意视而不见，为此以“坐不举”之罪被罢官并革去世职。从叶克书“坐不举”的严重后果推测，钟奈的罪过必定是人命关天的大罪。

钟奈之墓位于盛京城北三十五里（今新城子区虎石台镇前屯村），据说这块墓地曾经是太宗皇太极选择过的“风水宝地”，后被顺治皇帝赐给了钟奈。墓地原有顺治十三年（1656 年）赐立九眼透龙碑一甬，人称其墓曰“昭君坟”。今前屯村之那姓者为其后人。

（2）昭陵工程总理事官臧国祚

臧国祚是汉人，生卒年及籍贯均不详。他原先是明朝辽东边军中的普通士兵。天命五年（1620 年）后金占领辽沈时，臧国祚见明朝大势已去，遂剃发降顺，从此成为八旗之下的普通壮丁，在八旗充当苦差。臧国祚为人聪颖乖巧，擅长工艺制作，特别是在铸造和工程建筑方面均有一定研究。所以他很快在八旗壮丁中崭露头角。天聪五年（1631 年），太宗皇太极为改善军事装备，提高八旗士兵的作战能力，决定自行铸造红衣大炮。臧国祚由于"擅于铸炮"被从八旗下选拔出来，与另一些擅长于铸炮者祝世昌、祝世荫等人一起从事火炮试造，结果大功告成。皇太极遂以臧国祚造炮有功授予他"备御"世职，并且可以子孙袭替。天聪七年（1633 年）建立汉军旗，臧国祚归入八旗汉军旗籍。这时皇太极出于建国需要，大肆兴工修建盛京城池，建造宫殿、衙署，修整桥梁道路等。臧国祚又转而在营造事业上大显身手。崇德元年（1636 年）大清建国。皇太极钦命臧国祚主持修建盛京城南白塔河桥和城北蒲河桥。这两条道路是通往朝鲜和蒙古的必经之路，军事意义十分重大。臧国祚接受委任后仅用一年多时间即将两桥先后修成。由于两桥造得坚固、精美，受到皇太极的赞赏。皇太极亲自为蒲河桥命名"永济桥"，为白塔河桥命名"白塔桥"。臧国祚也因此功而由备御晋升为三等甲喇章京。皇太极见其在修造工程上成绩卓著，又有相当的组织能力，遂任命他为盛京工部理事官，主管国家各项工程修缮。崇德四年（1639 年），汉军八旗扩编成黄、红、白、蓝四旗。臧国祚被编入红旗，成为红旗甲喇章京。同年，臧国祚又受命承担修造盛京城西永安桥和塔湾无垢净光舍利塔两项工程。因工程完成得十分出色，太宗皇太极以他对"所委之事，竭力勉为"为辞，又将他从三等甲喇章京升为二等甲喇章京。崇德八年（1643 年）八月，太宗驾崩，工部派出堪舆家选定陵址始造昭陵，臧国祚又责无旁贷地出任昭陵工程的"总理"，统领千百名工匠、壮丁日夜奋战在昭陵工地。顺治二年（1645 年），臧国祚已是"总理盛京城守兼管重修舍利塔寺、督修皇陵章京"职位的显赫大员了。地位与后来的盛京将军几乎相近。顺治五年（1648 年），昭陵工程初具规模，臧国祚再度升迁，由二等甲喇章京世职升为一等甲喇章京，同时，他又以修福陵有功被赏"银五十两，马一匹，朝服一袭，貂帽一顶，靴一双”。正当他红极一时之际，一场大祸却从天而降：顺治八年（1651 年）七月一场大雨过后，由他主修的昭陵隆恩殿突然发生渗漏，致使殿内陈设的祭器甚至“宝宫”受到污染。臧国祚因此险些丢掉性命，最后被革掉一切官职，由其自己花钱赎身，才免遭为奴的下场。一代有功之臣仅仅因为督修不慎导致隆恩殿渗漏，落得如此悲惨的下场，令人为之惋惜。如今，三百多年过去了，臧国祚早已不知身归何处，而由他督修的永安桥、塔湾舍利塔、福陵、昭陵等历史遗迹依然完整保存，仿佛向人们昭示臧国祚及其合作者对于古都盛京不可泯灭的功勋。

（3）监工章京周元勋

周元勋，汉人，是臧国祚修昭陵的得力助手。他们两人已多次合作，例如，崇德六年（1641 年）修永安桥时，臧国祚为督造官，周元勋为“催工章京”；顺治元年（1644 年）修福陵、昭陵，臧国祚为“总理章京”，周元勋为“监工章京”。周元勋由于在工程修造上有功而多次受到升赏。顺治八年（1651 年）三月，以修昭陵有功受赏银五十两，羊皮袍一件，以及帽、靴等物。但是，就在臧国祚因隆恩殿渗漏获罪的同时，周元勋也以“迟误陵工”之罪锒铛入狱，并险些丢掉性命。最后从宽发落，“籍没”为奴，他和全家老小全都沦为只靠苦力换取口粮的一无所有的“食辛者库人”。

（4）昭陵监修官莫谭

莫谭（又作茅坦），满洲正黄旗人。顺治初年与臧国祚、周元勋等人一起主修昭陵，莫谭任“监修”。顺治八年（1651 年），昭陵竣工，被授“拖沙喇哈番”（半个牛录或半个前程），并获得朝衣、鞍马等赏赐。然而令人疑惑不解的是，莫谭身为昭陵监修官之一，在隆恩殿发生渗漏一案中竟然没有受到任何处分，是不是刑法对待满汉官员有别，还是其他什么理由，不得而知。

此外，参修昭陵的人员还有满辟、白尔赫图、督工章京刘可佐、王连续、郝进举等大小官员，也都因有功得到过赏赐。

4. 陵名效仿唐陵

顺治元年（1644 年）八月初九日太宗升化大礼后，摄政王多尔衮与济尔哈朗根据内国史院大臣的奏议，为太宗宝宫“荐名昭陵”。换而言之，当时的“昭陵”仅仅指的是太宗的“宝宫”，后来则成为整个太宗皇陵的名称。这种作法与永陵、福陵以及关内各清陵的命名有点不同。

昭陵的命名经过是这样，首先是由睿亲王多尔衮、郑亲王济尔哈朗两王摄政内阁命内国史院草拟名号。内国史院奉旨后再将所拟名号呈报摄政王，由摄政内阁审定后再奏请顺治皇帝钦定，由于此时顺治皇帝尚未亲政，这项所谓的“钦定”当然只是走走过场。内国史院是清入关前掌管内阁事务的重要衙门，具体掌管记载太宗起居诏令，收藏御制文字，用兵行政事宜，撰拟祭天祝文，告庙祭文，庆贺表文等文秘事务。内国史院当时聚集着国内一批最有学问的人，其中的佼佼者是大学士刚林，此人姓瓜尔佳氏，满洲正蓝旗人（后入正黄旗），天聪三年（1629 年）进入文馆任笔帖式，天聪五年（1631 年）考中举人，天聪十年（1636 年）成为内国史院大学士，成为皇太极、多尔衮时期深受信任而红极一时的满洲文臣。但是，天有不测风云，顺治七年（1650 年）多尔衮死后，刚林因受多尔衮“谋逆”案的牵涉而被捕入狱，接着又说他在编修《太祖皇帝实录》时，受多尔衮指使对多尔衮之母——大妃乌拉那拉氏殉葬太祖一事做了篡改，刚林因此罪竟被处决。刚林才华横溢，一生写了许多重要文章。例如，盛京皇寺及四塔的汉文碑文都出自他的手笔。昭陵陵号也一定是以刚林为首大学士们所拟定。可是他最终却成了宫廷斗争兄弟“阋墙”的牺牲品。

清代对陵号有避讳制度。所谓避讳制度就是对皇帝、八旗诸王等权贵的人名一律不准重名，重名者必须即时更改，否则要治罪。例如，清太祖努尔哈赤等十二位皇帝的名字，还有多尔衮、代善、多铎等这些八旗王爷的名字，史书上见不到与其重名者（有者可能当时已被饬令更改）；避讳的另一个方式是对皇帝的名字在书写时必须采用缺笔的办法，即将原字少写一笔，这叫“避圣讳”。陵名的避讳也是禁止重名。陵号确定之后，要周知各州府县大小衙门，命其对管内所有地名、人名仔细核查，如发现有与陵号相同者必须避讳，立即更改。

“昭陵”有汉、满、蒙三种语言称呼。按照古代谥法来解释，“昭”字的含义是“圣文周达”“明德有功”。按《说文》对“昭”字的解释是：“日，明也”。引申意义又有“彰明”“显扬”“光明”等，满语的语音是：“额尔登额蒙安”，清史专家关嘉禄先生以满文语音直译成汉语是“光耀之陵”（“额尔登额”是光耀之意；“蒙安”是陵）（蒙语语音未明）。总的来说，把“昭陵”解释为“光耀之陵”也好，“光明之陵”也罢，满汉语言的意思基本是一致的，都是彰显太宗皇太极一生文德武功，使他的功德、名声永远传扬后世。

昭陵陵号光彩夺目，恰如其分。那么，这个陵号究竟是刚林等人的独创，还是引经据典，有其他什么来源？对此，前人有多种说法。例如，日本学者认为出自“昭穆制度”。“昭穆制度”属于古代宗法范畴，此法主要用于宗庙祠堂，陵墓等祖宗位序尊卑的排列，其作法是：以辈分最高的祖宗居中立祖，其下各辈按“左昭右穆”分列两旁，形成“人”字形（或雁行）排列。不过昭陵的陵名与“昭穆制度”无关，清朝在关外有三座祖陵，即永陵、福陵、昭陵。三陵辈分最高者是永陵，其次为福陵，再次是昭陵。三陵如果按“昭穆制度”排列，应当以永陵居中，福陵为“昭”在永陵之左（东侧），昭陵为“穆”在永陵之右（西侧）。然而事实是：永陵在沈阳之东二百五十里，福陵在沈阳东二十里、昭陵在沈阳北十里，三者根本构不上所谓的“昭穆”关系。

乾隆皇帝认为昭陵陵号仿自唐昭陵。唐昭陵位于今陕西省礼泉县境内，是太宗李世民与文德皇后之陵，始建于贞观十八年（644年），建成于贞观二十三年（649年）。乾隆皇帝多次在诗文中表达过他的这一看法。不仅如此，他还认为昭陵石马（即所谓“大白”“小白”）也是效仿唐昭陵的“六骏图”，他在御制《昭陵石马歌》中的“图唐六马皆曲肖”一语即包含此意。“六骏图”刻的是唐太宗李世民生前的六匹宝马良驹，其马多次在战场上立功，刻其图以志念。

皇太极与李世民同为第二代君主，庙号也同为“太宗”。李世民被历代统治者奉为帝王楷模，他在位二十三年，礼贤下士、纳谏兼听、国富民强，史称“贞观之治”，为盛唐时期经济文化的高度发展奠定了基础。乾隆皇帝将太宗皇太极与唐太宗相提并论，是他出于维护大清长治久安的政治目的。

四、“清承明制”改昭陵

顺治七年（1650 年）十二月初九日清廷突发一桩大事：摄政王多尔衮在一次边外打猎时不慎从马上跌落，不治身亡。这时，年仅十四岁的少年皇帝福临决定结束亲王摄政历史，自己亲理朝纲。顺治八年（1651 年）元月十二日，福临英姿勃勃地登上太和殿宝座，接受诸王大臣上表称贺，举行亲政庆典。在庆典大礼上福临传旨恩赐王公大臣、满汉官员，颁诏大赦天下。

就在福临亲政不久，礼部尚书向皇帝呈奏一本，奏请对关外祖陵按明朝皇陵制度重行修缮和改建。这道本章内容如下。

> 礼部奏：皇上敦明孝道，仿古追尊祖宗大礼俱已举行，祖陵应照帝王陵重新修缮，建立碑碣，设官员并守陵人户，仍定祭祀礼仪，以彰孝思。(《大清世祖实录》卷 57)

“圣天子孝为天下先，首重山陵”。由于事情关乎“敦明孝道”“以彰孝思”并且关乎祖宗陵寝，所以福临阅罢本章当即用朱笔在上面批了四个大字：“命速举行”。各衙门随即“奉旨”按职“分行”：钦天监负责勘察昭陵“风水”；工部拿出改建设计方案，负责采购修建物料，调集能工巧匠；户部开始筹措钱粮款项；吏部拣选修陵官员，开始对祖陵进行修缮，立碑，设官守陵，完善祭祀制度，

当时清朝“祖陵”有四处：分别是兴京二祖陵（今新宾永陵)，辽阳东京二祖陵，盛京福陵及昭陵。礼部官员所以奏请对“祖陵应照帝王陵重新修缮”，原因在于清朝取代明朝成为中原统治王朝，而祖陵与明朝皇陵比较起来却十分简陋，与大清国的地位有些不相称，必须按中原皇陵制度重行改建，与中原制度“接轨”。

昭陵这次改建持续的时间很长——从顺治八年（1651 年）议

定，直至康熙二十七年（1688 年）修建神功圣德碑，前后持续将近四十年。这次改制是清朝在皇陵制度上接受中原文化，完善国家礼制的一个重要开端。有的著作认为清朝皇陵改制始于关内第一陵世祖章皇帝的孝陵，这种说法有误。

当然，昭陵改制实际只是因地制宜地按明朝皇陵制度增建改建，与明陵相比无论从规模还是建筑体量方面都还是很简约。

图 4　清东陵石坊

（一）昭陵与明陵主要规制比较

明朝皇陵分布在安徽凤阳，江苏盱眙、南京以及北京十三陵四个地方。凤阳和盱眙两陵与清代永陵有些相似，是追谥先人的陵墓；南京孝陵是大明开国皇帝朱元璋之陵；明朝其他皇帝除了建文帝因被永乐皇帝篡位而下落不明之外，都丛葬在了北京十三陵。

十三陵以明成祖朱棣的长陵规模最大，在建筑形制上最具代表性。此陵首建于永乐八年（1410 年），竣工于宣德二年（1427 年），总体建筑布局分为神道前导和陵宫两大部分。

前导部分由石牌坊、大红门、神功圣德碑亭、石像生、龙凤门组成。石牌坊为长陵神道的起点，以白石雕刻，造型为五门六柱十一楼，高约十二米，面阔约二十九米，是我国最大的石坊；大红门，门为单檐庑殿顶，红壁黄瓦，石刻冰盘沿，下辟三门。门前左右各立两座下马碑，上刻“官员人等至此下马”八个大字；神功圣德碑亭在大红门以北，平面为正方形，亭高二十五点一四米，四面各辟一门，内树神功圣德碑一甬，碑高七点九一米，龟趺龙首，地趺刻水波漩流，碑身刻文歌颂成祖皇帝文德武功。碑亭四隅各立一座白玉华表柱，柱顶端各有坐龙雕像；石像生，位于碑亭以北，由石人石兽石柱左右排列组成，其中石人十二尊（内有四位勋臣雕像），石兽十二尊（内有象、狮、獬豸、骆驼、麒麟、马），石柱二座；龙凤门，又名棂星门，共三道，每道有木门厅两扇，每道门大额枋正中部位各饰一火焰宝珠。前导部分实际是整个十三陵共用。

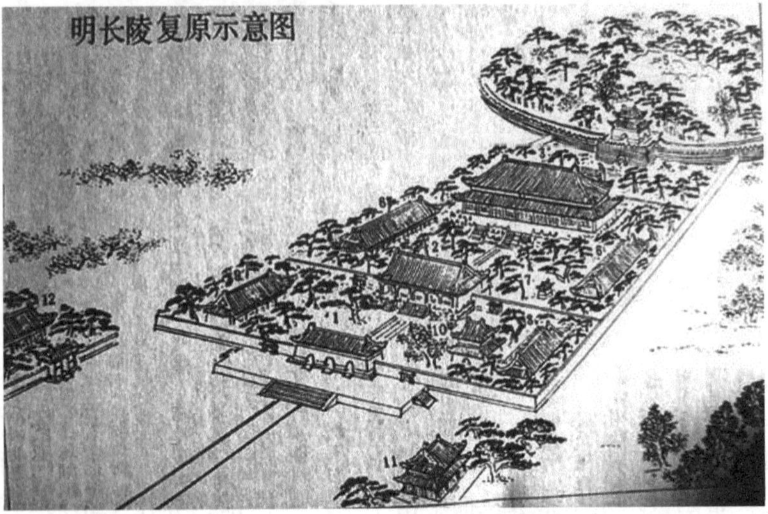

图5　明长陵示意图

陵宫部分平面呈前方后圆。方形陵院前后共三进，步入陵门为第一进，内有神厨，神库，碑亭；步入祾恩门为第二进，内为祾恩殿，祾恩殿相当于清陵的隆恩殿，只是体量庞大，用材名贵，作工精密细腻，豪华无比。其体量为面阔九间，进深五间，总面积将近两千平方米。殿高二十五米有余，所有梁、柱、枋、檩，使用的是金丝楠木；步入内红门为第三进，内有棂星门和石五供。再往后就是圆形的宝城，宝城直径将近四十米，高七点三米，周围雉堞林立，内有一点九米宽的马道，中央封土隆起如山，其内为玄宫。宝城前部有方城，城高十二点九五米，上面建有明楼，内树圣号碑，碑首篆额"大明"二字，碑身刻"成祖文皇帝之陵"七字。整个皇陵规模极其庞大，气势极其恢弘。

昭陵从崇德八年（1643 年）至顺治八年（1651 年）的修建结果大体是这样：北为隆业山，隆业山前为方城，方城内正中是隆恩殿，两侧有配殿、配楼。方城之前为石像生，狮子、獬豸、麒麟、骆驼、马、象各一对，擎天柱四、望柱二（此项望柱可能是第二期增修）。石像生之前为下马石狮。再南为红桩。方城附近还有一座规模不大的喇嘛庙，仅此而已。

昭陵与明陵比较起来，在前导部分仅有石像生，缺少石牌坊，大红门，神功圣德碑；在陵宫方面前半部与明陵有许多不同，而后半部的宝城、方城、明楼、石五供以及棂星门则完全缺失。两相比较相差甚远，也可以说天壤之别。

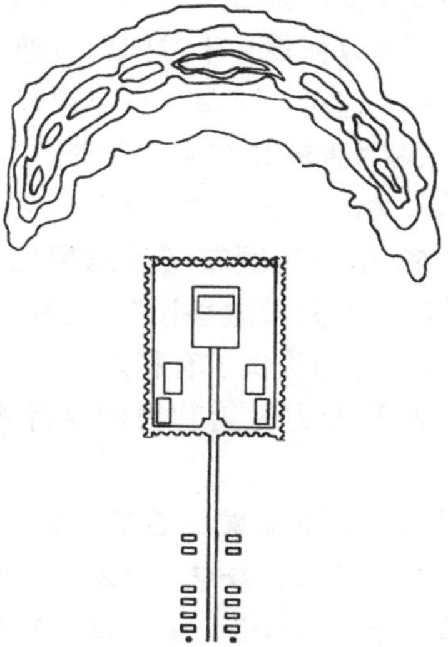

图 6　昭陵第一期修建示意图

（二）昭陵改制

1. 从关内调派匠役

顺治八年（1651 年）开始的昭陵改制，是在前一阶段基础上按明朝皇陵模式进行重建。由于工程项目繁多，工程量十分巨大，需要大批能工巧匠、数以万计的青壮劳力。需要无以计数的各项建筑材料，需要大批“钱粮”，这对入主中原不久、百废待兴的清朝政府来说，无疑是一项重大压力。

关于修陵工匠，本来燕京是人才荟萃之地，各个工种的行家里手不乏其人。但因连年明清战争，社会动乱，许多匠人走死逃亡不知去向。经过清政府广泛征募，并给予优厚条件，终于从全国各处征得一批工匠。从现存昭陵石坊的风格及精雕细刻来看，显然是出自“南匠”之手，说明这次招揽的工匠中有不少是来自苏杭等处的南方雕刻高手。

关于普通劳力，本来在盛京就地可以征募，但因顺治元年（1644 年）盛京人口大都“随龙”进关，关外已经是人丁稀少，田园荒芜，没有闲丁可以征集。不过问题也随之出现转机，由于关外大批良田被荒弃，这对“国课”是一项很大损失，加之关内各省人多地少，农民生活极其贫困。于是，清政府作出两个决定，一是号召随军入关的盛京人“返乡”，再是鼓励民人出关垦荒，顺治十年（1653 年）还颁布《辽东招民开垦例》。由此山东、河北等地开始向关外大量“移民”。辽民“返乡”以及关内“移民”也为昭陵征集劳力提供了有利条件。

清廷在招募工匠和劳力时给其很优厚待遇，对此《大清会典》有两条记载：

> 顺治十年议准：雇募发往盛京修陵匠役，准骑马，除每名月给家口银三两，每口日给米一升外，到日仍支官粮。又议准：修陵匠役冬时各给皮袄靴帽；
>
> 又议准：福陵、昭陵洒扫人役配与家室，仍给牛

> 畜；凡部拨木匠，铁匠，油匠，镟匠，瓦匠，裁缝等匠，每名每月给银五钱，如工多日促酌量雇募，用过钱粮年终报部。(《康熙会典》卷 141 盛工部)

这仅仅是“发往盛京修陵匠役”史料的零星记录。从中可以看出，朝廷为“雇募”修陵匠役，每名匠役月“给家口银三两”“每口日给米一升”。这些银米足以使匠役家属过上温饱的日子，让匠役们无后顾之忧；再有，匠役本人每月“给银五钱”，这样的工资标准也不算低。还有就是为了抵御北方冬季寒冷天气，每人发给棉衣棉裤，再有，对长期在昭陵从事洒扫等固定差役，要分给其房屋、土地、牛具，有的还配给妻室。再是对于从京都调派招募的工匠，沿途给予“准骑马”的特殊待遇。从京都皇华驿启程到达盛京，共计一千四百六十里，沿途设有二十三座驿站，匠役们可以沿途换乘各驿站的驿马，而且一路食宿也都由驿站供应，这样不仅免除步行劳苦，行进速度也加快许多，伙食待遇也都即时保障。可以说他们从燕京一路风光地抵达昭陵工地。

2. 改制主要工项

(1) 拆除方城北墙

使隆恩殿与隆业山之间的二千余平方米地块连成一片，以便在这个狭窄空间起造地宫，宝城、月牙城、明楼、石五供。由于方城与隆业山已经就秩固定，无法再行迁动，所以这里地面尽管狭隘紧凑也只能因地制宜、因陋就简。

(2) 改修地宫

康熙二年（1663 年）九月，工匠们按“风水师”杜如预和杨宏量事先勘定的地宫“穴位”，作为“金井”中心点，开始用石块砌造墓室，在地宫“穴口”上砌金井，金井之上修太宗宝宫台座，其右为孝端文皇后宝宫台座，另在其后部位修元妃、继妃宝宫台座。还有摆设香册香宝台座。地宫修竣后，于同年十一月将太宗皇帝、孝瑞文皇后、元妃、继妃纽祜禄氏四位宝宫，以及香宝香册等随葬品，从隆恩殿地宫奉移到这座新建地宫。然后，举行祭礼，祭礼礼成将地宫永久封闭。这座墓室可能近似一座石砌“小型隆恩殿”，里面不存在什么墓道之类。不像明陵及清东西陵玄宫那样有“三主两配”，或前、中、后三室，深入地下十多米，玄宫连同墓道前后长七八十米的地宫作法。相形之下昭陵地宫规模较小，构造很简略，很“特异”，在明清皇陵中绝无仅有（详情请另见考证）。地宫建成后，其上以土覆盖堆造宝顶，宝顶之外修一后圆前方的宝城。康熙六年（1667 年）宝顶及宝城、月牙城竣工。

（3）修明楼、石几筵及二柱门

康熙三年（1664 年）在修宝城的同时，修造北部城墙及中心城台，城台之下修有洞门，城台之上树立圣号碑，圣号碑上起造大明楼。明楼之南修石几筵及二柱门。由于此地仄窄紧凑，石几筵，二柱门及隆恩殿之间的间距显得颇为狭窄。

（4）重修隆恩殿

太宗帝后等从宝宫移出隆恩殿后，原来的地宫完成历史使命而被拆除，在隆恩殿改设暖阁、神牌、宝座、宝案。康熙六年（1667 年）又按照改修方案重修隆恩殿，这次重修主要是增华隆恩殿，加高隆恩殿台基，增修设丹陛月台。“翡翠玉拜垫”“白宝石台阶”“蓝宝石”“金矿石”栏杆等名贵石材就是在这个时候从云贵或缅甸等地运来装饰在月台之上的。

（5）修隆恩楼及四角角楼

康熙六年（1667 年）宝城竣工的同时，又在方城四角各增阔一座城台，城台之上各修一座角楼；康熙十六年（1677 年）在隆恩门之上修建隆恩楼。

（6）修建正红门、东西红门及红城

在宝城、明楼、隆恩殿、方城角楼、隆恩楼等主体建筑修建的同时，在陵区四周开始修建红墙，正红门和东西红门。

（7）修石牌楼

在修建正红门同时，又在正红门前挖以深坑，内树柏木为“地钉”，其上以石为基础修建一座大型台基，台基之上修建一座四柱三间雕造精美细腻的石牌楼。

(8）其他各工

加高石像生基座。由于昭陵整体改制后，原来的石像生显得格外低矮，必须增加基座才能使其与整体建筑比例相协调；还修建了备制祭品的省牲厅和更换祭服的更衣亭；顺治十三年（1656年）奉旨，在昭陵周围树立界标，禁止军民等进入陵区打柴、放牧、采集山货，违者罚处。

3. 杜如预和杨宏量看"风水"

(1）查看昭陵"风水"经过

昭陵改建主要是重修地宫，重修地宫必须查看"风水"，选择"金井"的最佳位置。这项职责例来由钦天监承担。

钦天监是国家专门掌管天文气象、编制历书、为祭祀大典和重大工项选择良辰吉日，以及为皇陵选择"风水"等重大事务的衙门。衙门总管官名为监正。这个官职最初是由西洋人汤若望担任，后来改为满、汉各一人。副管名为监副，也是满、汉各一人。其下设时宪科、天文科、漏刻科、主簿厅等部门。其中，漏刻科专门掌管候时（即时辰）及选取"风水"。所谓"漏刻"是当时采取的计时方法，"漏"是漏壶，"刻"是刻箭，其法有泄水和受水两种，泄水型漏壶是在壶的下方开有一小孔，再将标有刻度的木箭竖立在木板之上，随着漏壶中水的不断流出及水位不断下降，木箭也随之下沉。这样，人们只要查看露出水面部分的木箭刻度，就可以知道当时的时刻了。现今北京故宫博物院还收藏有清代大型三级漏壶。以漏刻定时再通过钟鼓楼进行传报。漏刻科的官员有五官挈壶正、满、蒙、汉共四人；五官司农一人；博士、天文生、阴阳生二十六人。

顺治八年（1651年）议定改建昭陵后不久，钦天监监正汤若望"奉旨"选派"风水师"前往昭陵承差。汤监正从漏刻科选择了两名最精通"堪舆术"的"风水师"，一名是漏刻官杜如预，一名是五官挈壶正杨宏量担此重任。杜、杨二位接到圣旨后，首先由兵部开具出关"火票"，办理"给驿"手续，经过半个多月的长途跋涉抵达盛京。随即在盛京礼部和工部官员陪同下来到昭陵勘察“风水”，他们在原有“龙脉”与“皇寺”交叉点为昭陵“风水”中心的基础上，摆罗盘，立标尺，围绕昭陵山水四处查看，仔细选择和比较，最终在隆业山前选定“子山午向，兼壬丙艮龙”（即偏东南五六度）作为新修地宫和金井朝向的具体位置。

（2）看“风水”有功免受酷刑

杜、杨二人在选择昭陵“风水”后不久，却因“排教案”被拟处“凌迟”。然而就在他们完全绝望的时候，朝廷查出他们为昭陵选取“风水”的大功而将其宽释。

“排教案”是康熙初年（1662 年）发生的一场轰动朝野、震惊中外的大案要案，此案的目标直指以汤若望为首的西洋传教士①。案件发起人是徽州杨光先，幕后操纵者实际是内大臣鳌拜。此案的经过是这样：先是顺治十六年（1657 年）五月，杨光先写出第一篇驳斥西洋新历的文章——《摘谬论》。文章指责西洋新历存在十大谬误；紧接着他又写出《辟邪论》三章，批驳基督教教义；第二年又写出《正国体呈》一文，控告汤若望，说汤若望借西洋新法阴行邪教。只是当时汤若望正在得宠，礼部对杨光先的各种上书均未受理。

顺治十八年（1661 年）福临皇帝驾崩。这对汤若望有如天柱倾倒；而对杨光先却时来运转，康熙三年（1664 年）杨光先上书参劾汤若望。他在《请诛邪教疏》一文中指责汤若望是“借历法以藏金门”，窥伺朝廷机密；又指责汤所修《时宪书》的封面上所书“依西洋新法”五字，是暗窃正朔之权，以尊西洋，明示大清奉西洋正朔。这可是桩天大的政治事件，因为在古代，“正朔”

① 汤若望，出身于德国贵族，生于明万历二十年（1592 年），明天启二年（1622 年）来华传教。清朝定鼎中原百业待兴，因汤若望精通天文历法，很快受到清廷倚重，成为钦天监的主管官员（掌印监正）。康熙五年（1666 年）病逝。杨光先生于明万历二十五年（1597 年），原籍徽州翕县，新安卫副千户。他好学，对兵书以及天文、星占、历法、卜算等方面学问多有涉猎。他为了博取忠直敢言的名声，在大清一统天下不久，从江南来到京师。对汤若望及其所奉之教深恶痛绝，随即转而向汤若望发难；鳌拜姓瓜尔佳氏，满洲镶黄旗人，因作战勇敢屡建战功，从一等侯升为二等公；福临皇帝去世前，遗命中确定鳌拜为四辅政大臣之一。

是国家政权的代表，归属哪个国家即得奉行哪个国家的“正朔”。所以奉行西洋“正朔”就等于大清隶属了西洋；杨光先状告汤若望的另一个罪名是，在给荣亲王选择安葬日期未用“正五行”，而是用了“洪范五行”，致使陵山山向、葬期俱犯“忌杀”。接着，杨又为汤罗织了三大罪状：一是潜谋造反；二是邪说惑人；三是历法荒谬。当时康熙皇帝年幼，朝政由辅政大臣鳌拜等人把持。由于汤若望等西方传教士涌入中国，带来了西方先进文化，致使清朝某些传统祖制和旧章受到冲击，所以受到以鳌拜为首的一批保守势力的极端反对。因此，杨光先发难汤若望正好迎合了鳌拜等人的利益，受到鳌拜的大力支持。正因为如此，鳌拜下令将钦天监监正汤若望以及其他相关官员，包括杜如预、杨宏量等人在内，全部拘捕。

“排教案”直接由鳌拜控制下的议政王大臣会议进行审理。审讯过程中汤若望、杨光先“各言己是”，各执一词，相互指责。由于“历法深微，五行玄妙”，到底谁是谁非，对于满洲贵族出身的议政王大臣们来说，谁也不懂。最后，议政王会议给汤若望等人定下两项莫须有的罪名：一是大清江山本是万世不朽“历祚无疆”，而汤若望所编年历却只有二百年，汤若望显然是反大清、诅咒大清的逆臣；二是为荣亲王园寝的山向和葬期的选择上犯了“忌杀”。荣亲王是顺治皇帝第四子，出生仅三个月连名字都未起就夭折了，只是此子的母亲是顺治皇帝最宠爱的董鄂妃，“子以母贵”，所以这个未活过百日的婴儿竟破例被追封为荣亲王，并在清东陵黄花山下给他修建了一座颇具规模的荣亲王园寝。更为严重的是，就在钦天监给荣亲王园寝看完“风水”之后不久，其母董鄂妃告别人世，接着世祖皇帝驾崩。所以，鳌拜等人把皇帝、皇妃的死硬说是荣亲王园寝山向和葬期犯“忌杀”的结果。这些罪名按大清法律都是大逆不道、十恶不赦的大罪，都要被处以“凌迟”。果然，案件审理结果是拟将钦天监监正汤若望、漏刻官杜如预、五官挈壶正杨宏量、历科李祖白、春官正宋可成、秋官正宋发、冬官正朱光显及中官正刘有泰八名主犯全部处以“凌迟”；南怀仁、得类思等七名罪犯判处斩刑。古代司法有“秋审”制度，即除了“斩立决”的罪囚即判即决之外，其他死囚均要等到立秋之后执行。所以，汤若望等一批罪犯在判决后均被押进刑部死牢，只等秋后“上路”。

说来奇怪，就在判决公布的当天，北京连续发生种种奇异现象：先是水井突然喷水，各种禽畜惊慌失措东突西窜，接着发生强烈地震，一霎时山摇地动房倒屋塌，百姓惊恐万状。鳌拜等人因为心怀鬼胎，所以面对这一异象十分惶恐，他们认为这是上天对他们所做的警告和惩罚。因此在地震发生第二天就匆忙把南怀仁、得类思等七名斩犯释放。然而余震仍然接连不断，市井百姓纷纷指责说：“这都是鳌拜做了损，造了孽，招致了天怒……”面对天怒人怨，鳌拜进退维谷。这时，孝庄太皇太后看了议政王大臣的本章，嗔怒地对鳌拜说：“先帝当初十分信任汤公（汤若望），难道你们都忘得一干二净？先帝自称汤公为玛法（满语：老人。这里为“爷爷”的意思。），今天你们如此大胆包天想处死汤公，先帝在天之灵能容忍你们吗？”鳌拜等人听罢，诚惶诚恐连称知罪。随即传谕将汤若望释放。对其他七名“凌迟”罪犯也做了改判：将李祖白、宋可成、宋发、朱光显及刘有泰等五人降等改判为斩刑；对杜如预、杨宏量两人因为他们曾为永陵、福陵、昭陵选择“风水”有功，无罪开释官复原差。

4. 圣德碑迟修在于“三藩之乱”

对于昭陵神功圣德碑的建成时间，现在通称是康熙二十七年（1688年）。其实这个说法出自《大清昭陵神功圣德碑文》落款——“康熙二十七年（1688年）十二月初五日孝孙嗣皇帝玄烨谨述”。不过落款只是碑文撰写时间，不是整个修建工程竣工的时间，因为碑文撰写后还需要“书丹”“勒石”，立碑，修建碑亭等多道工序。据此推测神功圣德碑的实际竣工时间大约是在康熙三十年（1691年）。

神功圣德碑是明陵的主要制度，昭陵在“清承明制”时肯定把它列为改建计划的一部分。可是昭陵改建工程在康熙十六年（1677年）基本陆续告成，唯有神功圣德碑这项要工却足足延后了十多年，这是为什么呢？说起来这事与清史上最大的一次动乱

——“三藩之乱”紧密相连。

所谓“三藩之乱”是指以平西王吴三桂为首，还有靖南王耿仲明之孙耿精忠，平南王尚可喜之子尚之信三位藩王的“反清复明”动乱事件。吴三桂、耿仲明、尚可喜这些人本是清朝开国有功之臣，清朝统一之后将其分封在两广、云南、福建为藩王，他们各踞地盘各拥重兵。其中吴三桂拥兵一万二千名，耿精忠、尚之信各拥兵六七千人，而且在财政方面独立，不受户部管束，本省财政收入国家不得收取，国家每年还拨给他们大量军饷；对于人事任免他们也是独立的，不受吏部管辖，已经势成尾大，迥然一个“独立王国”。特别是吴三桂，早有谋反之心，他暗中加紧派兵守关，操练军马，修造器械，潜积硝石硫磺，广积财货，待机而动。康熙十三年（1674 年）吴三桂以“反清复明”为借口实则想另立天下，起兵谋反。耿精忠、尚之信依令而行。这次动乱持续了八年时间，波及江南十几个省，康熙皇帝多次派重兵进剿，而且还两次御驾亲征，最后才将“三藩之乱”平定。

昭陵神功圣德碑命运多舛，历尽坎坷。此石出产自“蜀地”大山之中，采集此石过程中不知工匠们付出多少血汗，历经多少艰险。“蜀道难，难于上青天”。石坯采出之后将它运出大山，恐怕又经过难上加难，险上加险。然而碑石在运输过程中又遭遇一场更大的风险——“三藩之乱”，动乱中运石工匠及督运官兵走死逃亡，碑石被丢弃在荒郊野外无人问津长达数年。直至动乱过后，朝廷才开始寻找这甬宝石，由于当年的运石官差不知去向，朝廷只得另派人寻得此石，重新组织人力运输，又经过将近四年的艰苦历程，大约在康熙二十六年（1687 年）才将这块碑石运抵盛京昭陵，此时据离采石时间已过去了十二个年头。

5. 修陵物料来自四面八方

修陵需要大量优质建筑材料，这些建材的来源经过严格选择后固定其产地。

琉璃砖瓦：昭陵所用琉璃构件，一律由盛京工部管辖下的海州析木城黄瓦窑烧造。此窑在明末原是侯家私窑，产品不过是盆、碗等日用器具。天命五年（1620 年）海州被纳入后金版图之

图7 昭陵神功圣德碑碑亭

后，侯家窑窑主向努尔哈赤进贡其烧造的绿釉陶器表示归附，受到努尔哈赤的称赞，封他为五品备御世职。从此，这座侯家窑就成了清朝第一座“官窑”。天命六年（1621 年）努尔哈赤在辽阳营建东京城建盖八角殿，所用的大批琉璃龙砖彩瓦，就是由这座窑提供的。清迁都沈阳后，修建盛京皇宫也由此窑烧制琉璃砖瓦，并从此成为定制，凡是盛京坛庙、陵寝、宫殿所需琉璃构件均由此窑供应。黄瓦窑隶属盛京工部。五品官侯家在盛京有官邸，常驻盛京。每遇陵寝或宫殿琉璃瓦件损坏需要修补时，五品官要亲到现场查看，由匠役量明尺寸，看好花纹，然后送往海城如式烧制。《陪都纪略》说：“工部官窑，琉璃瓦料，牛庄烧造，难于运脚”。此处的“牛庄烧造”一句是指海州窑，因为砖瓦烧完之后要由牛庄上船，从辽河入浑河水运到沈阳码头，再由马车拉到昭陵工地，运输十分麻烦。所以又有“难于运脚”之说。黄瓦窑的存在历史很长，据说，直至伪满洲国时期还专门为修三陵烧过一次琉璃构件。此后告废。

石灰：顺治八年（1651 年），昭陵草创时规定，所用的石灰从盛京城南百里的辽阳附近山场烧制。乾隆二十四年（1759 年）改由本溪窑子峪山场供给（今本溪以东水峪附近）。乾隆三十一年（1766 年）盛京工部奏报，本溪窑子峪出产的石灰含沙量大，灰性不黏，工程不易坚固。为此，又选择辽阳大砬子山场（本溪窑子峪山场西南二十里）开窑烧灰。乾隆后期及以后各朝修陵使用的石灰均是这里出产的。

木植：陵寝修建所用木材量很大。这项木料分为大料、小料两类。大料来源于辽东各山场，采伐后利用浑河水利运到沈阳城东的“木厂”。《陪都纪略》有：“浑河木厂，山东大行，旧门西关，椽枋柱梁”，说的就是木厂当年经营的繁盛情形。至于小料则由工部从盛京木市临时采办。

土：昭陵用土量不小，但是不准在陵寝范围内挖取，因为这样会破坏昭陵“风水”。用土必须用“客土”（即远离昭陵地方的土）。顺治八年（1651 年）规定，昭陵修建用土要到陵西四里以外的地方挖取（“五行生克”有“土生金”之说，在西方取土可能与此相关）。

青砖青瓦：昭陵用的青砖青瓦数量也很大。烧造砖瓦也有固定地点，不得乱挖土乱设窑。顺治八年（1651 年）规定，修昭陵用砖在陵南八里设窑。盛京大西边门外原有许多窑址，可能是当年修昭陵始设的。

石料：修建陵寝石料的用量也不小。这些石料分为大石料、小石料及碑石、龙趺石等。石料产地也有规定。大石块料，如，台基、丹陛台、阶条石等采自易州（今河北省易县）南山；小石料，如，柱础等采自梨花峪及沈阳城南六十里的香炉山、瓢杓屯等处；碑石及龙趺石出自顺天府（北京）房山大石窝；至于隆恩殿月台用的各种名贵石料，如翡翠石等各色宝石则产自云贵以及缅甸等国的贡品。

（三）喇嘛庙改长宁寺

昭陵在创建之初，曾在陵寝近旁建有一座小型喇嘛庙，用来供奉太宗皇帝生前拜祭的佛像、金塔等物，主持喇嘛法名叫恩噶王罗卜藏德尔登。他是太宗生前的随侍喇嘛。太宗皇帝晏驾安奉昭陵，太宗佛堂以及德尔登喇嘛也随之移至昭陵。昭陵每次祭祀，德尔登喇嘛均要前往诵经作法。顺治皇帝亲政后加封德尔登“头等侍卫品级”。顺治十三年（1656 年）德尔登喇嘛以寺庙所在地“人多杂乱，不洁净”为由上奏世祖皇帝，请求将佛堂迁往环境条件清净的“御花园”。世祖皇帝恩准了他的请求，同时，给这座新建庙宇赐名为“长宁寺”，继续为昭陵作佛事。

“御花园”位于盛京外攘门（小西边门）外西北五里，昭陵前偏西，有关这座“御花园”的性质，人们一直以为它是太宗皇帝观花赏景、休生养息的“花园”或“离宫”。例如，《沈阳古迹名胜纪略》一文称：御花园是太宗皇太极供御之花园也；还有人认为这是皇太极“避暑”之地，并说“每年夏季七八月（皇太极）都要带着皇妃、太子等人到御花园，名曰避疸，实则是嫌皇宫闷热而去避暑”，等等。

其实，这座“御花园”确切的作用是太宗皇帝的“避痘所”，所谓“痘”，即“天花”，它是清初一种肆虐东北、朝鲜等地的传染病，由于此病传染速度极快，又缺乏有效的治疗药物，死亡率极高，令人“言痘色变”。尤其是盛京城，由于人口众多，流动性大，常常是痘疫高发区。由于此病无法可医，一旦疫情发生，人们采取的唯一抵御办法就是“避痘”，即远离病人，逃离疫区。国家甚至颁发这样的禁令：如果发现病情，立刻将疫区内所有“生身”之人（指未出痘者），无论男女老少一律驱赶到偏远之处躲避；对于不及时向官方报告疫情、隐瞒疫情等“讳痘之人，则论以死罪”。

太宗皇太极虽然身为一国之君，面对残酷的痘疫也是束手无策，朝鲜史料记载了这样一件实例：崇德二年（1637 年）十月二十二日，皇太极率军回归盛京，礼部大臣按照以往制度，事前通知朝鲜王太子（被皇太极作为“人质”羁留在沈阳朝鲜馆）出城迎驾。可是，恰在这时皇太极又得知盛京城发现疫情的报告，他赶紧传谕取消一切迎驾礼仪，然后，他在城外一直等到深夜，才悄悄入城驾还皇宫。可见，皇太极对痘疫畏惧之甚。不过，与常人不同的是，他在远离城区环境幽雅的地方建造了一座舒适的“避痘所”，他可以在发现疫情之始，躲进“避痘所”趋避，这座“避痘所”在清朝官书档案中本是秉笔直书并不避讳的。《盛京刑部档》崇德三年（1638 年）记载了这样一件事。

“避痘所”本来是皇家禁地，可是看守分得拨什库（职名“领催”）约拜，竟然把他的一名叫关扎的蒙古朋友领进“避痘所”，这件事被查出之后约拜被打三十鞭；“避痘所”主管牛录章京伊希达也因管理不严受到牵连被罚。

朝鲜史料有时直呼其名“避痘所”，有时又称其为“别馆”，意思是宫殿之外的行宫，由于“避痘所”是皇太极经常驻跸之“行宫”，这里必然设有供他料理朝政，生活起居，读书学习，供佛拜佛的一整套设施。崇德八年（1643 年）八月九日皇太极驾崩之后，“避痘所”被封存，只派李氏夫妇在此看守，直至顺治十三年（1656 年）昭陵喇嘛庙归并于此，正式将其改建为喇嘛庙。

由于长宁寺风景甚佳，被古人列入“盛京十六景”及“盛京十景”，景名分别为“御园春望”及“御苑松涛”。其中《御园春望》一诗曰：

郁郁山陵望，青青景物幽。晴云当槛落，春水伴宫流。

象巍吞千障，龙蟠控九州。乾坤钟王气，满目瑞烟浮。

清代昭陵每年八月初九与四月十七日，是太宗文皇帝及孝端文皇后的忌辰，举行忌辰大祭之日。届时长宁寺喇嘛必至西配殿举行诵经法会。太宗生前的御用金塔据说沈阳解放前夕还存在，以后下落不明；长宁寺在沈阳解放之初被废弃，“文革”中被拆毁。如今，其处虽为高楼大厦所取代，但仍以“御花园社区”为名。

五、昭陵建筑“聚焦”

昭陵工程浩大，规模宏伟壮阔，建筑美轮美奂，令人叹为观止，其整体布局分为陵宫与宫外两片区域。“陵宫”是指红城以内的建筑，其范围南起正红门，北至隆业山，南北长约五百米，东西宽约三百米，四面红墙环绕。以神道为中轴，正红门、神功圣德碑、隆恩门、隆恩殿、明楼、宝顶南北一线贯穿；东西配殿、配楼、茶膳房、果房、仪仗房、涤器房、华表、石像生、东西红门分列两翼。中轴突出，两翼对称，前朝后寝，高低错落，等第分明。宫外指红城之外。以宫前区为中心，前有石牌坊、神桥，左右有更衣厅、宰牲厅、下马碑。从前四周还设有鹿角、红、白、青界桩、界牌，形成一座南北、东西各二十余里的庞大禁地。现聚焦其中主要建筑鉴赏如下。

（一）陵宫建筑“分镜头”

1. 红城、大红门及东西红门

红城：因墙体两面均以红土刷墁得名；又因为红城所护卫的是风水禁地，其墙又称为“风水红墙”。此城坐北朝南，呈长方形，墙垣四面总长四百九十五丈九尺（均为清营造尺，每尺合三二厘米）。墙高不等，其中，南墙高度为九尺八寸，东、西、北三面围墙均高七尺七寸。红城辟有三门：南墙正中为大红门，东西红墙各辟一门。

大红门是昭陵总门户，全高八点七七五米，宽十五点九九五米，建筑形式为单檐，歇山式。顶上满铺黄色琉璃瓦。大脊正中原有黄色琉璃烧制的宝瓶一只，目的是取“保平”的谐音：保护皇陵平平安安，并且又有装饰作用，不知何年此宝瓶被拆除不存。檐下斗拱很像木结构，实际由砖垒砌雕刻。门有三个拱形洞门。洞门的上部有石券脸，上面雕有二龙戏珠纹。券脸下部的“下碱”部位刻有“寿山福海”及松树、宝瓶、荷花等吉祥图案。门楣正中各有一块长方形石雕门额，门额光素无字。门洞中部有对开的两扇木门，木门外披麻搂灰。上面有六角形兽面“铺首”及门钉。门洞两壁各有一圆洞，孔洞口缘也是用石料精心雕琢而成的，其作用是穿门杠的洞口。大红门下部是汉白玉须弥座式台基。台基前后有台阶三路，护栏上石雕亦非常精美袖壁。大红门东西两侧各有一座琉璃袖壁，长七点一五米，高五米。所谓“袖壁”，与照壁在样子上一致，只是不在门的正中，而在门的两侧，如同衣服的袖子。袖壁正中有一如意形琉璃图案，学名叫“盒子”，上面镶着五彩琉璃云龙，龙的形态生动逼真。袖壁给孤寂的正红门增添了许多生气。大红门辟有三座拱形洞门，正中一间叫“神门”，是所谓太宗皇帝和孝端文皇后“神灵”出入的门户，此门平日不开，只有大祭时开启，但也只许抬祭品和送祝版的官兵从此门进陵，其他人一概不许通过，所以人们对此门怀有忌讳。“神门”东侧叫“君门”，是皇帝祭陵时行经之门；西侧叫“臣门”，是祭陵大臣出入之门。

东、西红门位于东西红墙前半部，均为一间，也是拱形洞门，门高七点四七米，形式与作法同大红门相似，门环是六角形，下部设有须弥座及护栏。门上刻有松、云、海水、江涯、宝瓶、荷花、莲藕等吉祥图案，是守陵官兵及夫役出入陵宫的门户。但在实际使用上并不完全遵守这个规制。比如，皇帝东巡祭陵，皇帝与后妃还有王公大臣，并不从前面的君门和臣门出入，而走东、西红门。

2. 神道、华表及石像生

神道，又名“参道”，是指从“神门”向北直至隆恩殿前用石板铺成的三条笔直石路。它的功用也和“神门”一样，被认为是陵主“灵魂”出入的专用道路和门户。因为古人认为陵墓主人有“灵魂”存在，而且每天夜晚子时要在隆恩殿举行“朝会”，

图 8　昭陵大红门

即所谓“万年龙虎抱，夜夜鬼神朝”等说法。

明清帝王陵墓的“神道”修设，一要取陵墓正中，二要在神道上设有一座建筑物将神道隔断，也就是说不能从神道这一端直接看到另一端的隆恩门，寓意风水“一眼望不断”。为此，有些皇陵要在神道中间修设“影壁山”或“龙凤门”以阻隔和遮挡。但是，昭陵的作法与明陵不完全相同，昭陵在神道上不设“影壁山”或“龙凤门”，改设神功圣德碑碑亭。神道也和神门同样神圣不可侵犯，除了大祭时抬祭品、送祝版和祝帛的官兵可以暂时行走之外，平时这是一条“禁行路”。不准任何人行走，特别是神功圣德碑附近的神道，据说有“横走罚，竖走杀”“马走削蹄”的规俗。不过这项规俗并不见于《大清律》，大清刑法对于在宫殿御路上行走的惩罚是“直行御道者杖一百”。所谓“杖刑”就是用大荆条抽打，但是清代的杖刑一般都改用“板责”，“杖一百”折成板为四十大板。这个数目在板责中是最高的，再多可能有生命危险，所以将它作为板责的极限。但是“四十大板”也足以使受刑者皮开肉绽。宫殿“御路”和陵墓“神道”只是阳宅、阴宅之别，所以两者惩罚制度应该是一致的。

华表，又名“擎天柱”“万云柱”，是一座圆形或六角形柱体石雕，其结构由底座、柱体、云板、天盘、柱顶、护栏等部分组成。高约八米，周长一点五米以上，是用以丰富陵寝建筑内容，使陵墓更有气魄、更加豪华的装饰性建筑物。昭陵有华表柱三对：一对在大红门外，距下马碑不远的地方；一对在石像生之前；另外一对在神功圣德碑碑亭之前。三对华表柱样式有相同之处，也有不同之处。它们的底座都是六角形须弥座，须弥座的上下枋及束腰部位刻有云龙、仰俯莲等纹饰。柱体有的是六角形，有的是圆柱形，但上面浮雕一样，都是云龙蟠柱，雕有形象生动的巨龙，仿佛在浓密的云水间盘旋升腾；云板横插在接近柱体的顶端，是一块长三角形石板，云板上刻有密集的云纹，有的云板还刻有“日”“月”二字。在柱体顶部有一圆盘叫“天盘”，天盘之上为柱顶。昭陵华表柱柱顶有两种样式，一种是桃形望柱头顶（又称“海石榴”），另一种是怪兽。怪兽披麟挂甲，尾与鬃发相连，浑身瘦骨嶙峋，样子似犬非犬，作昂首跷尾引颈高啸状。相传此兽名叫“抵”，又名“吼”，“似犬，食人”，可谓厉害异常。因此，将它锁在华表柱上，让它为皇家守陵。这种“吼”不仅存在华表柱上，在二柱门门柱上也有（详见下文）。吼在柱顶蹲踞的方向不同：有的面南，有的朝北。据说，皇宫的华表有这样的说法：面向皇宫的“吼”，名曰“望君出”，意在劝告帝王不要深居宫禁，应该到皇宫外体察民情；面朝皇宫外的“吼”，名曰“盼君归”，意在期盼皇帝不要贪恋湖光山色、人间美景，不要忘记回朝治理政务。皇陵讲究事死如事生，也沿用这种作法，昭陵华表的“吼 ”有一对面向陵寝，也有一对面朝陵外。这里的“盼君归”也许在于盼望后嗣皇帝前来祭祀，“望君出”则在劝慰祭祀者不要长时间沉湎于哀伤之中，祭毕节哀而出吧。华表下部的四周围以六角形护栏，栏板上刻有“万”字不到头等图案，栏板顶部为宝瓶及狮子形望柱头，护栏起到保护华表的作用。

华表历史久远说法不一。有人说它是从古代的“诽谤木”演变而来的。所谓诽谤木，是古代向帝王传递百姓意见或冤状的工具，古代文献《尹子》说：“尧立诽谤木”。尧是传说中三皇五帝时代的领袖人物。也有人说华表是从古代指示道路方向的“交午木”或“邮表”演变过来的。还有人说华表是从宋代流行的“乌头门”发展而来的，云板上的“日”“月”就与乌头门相同。不过，华表的出现要比宋代早得多，“乌头门”之说不一定可信。华表大约从东晋时期就已经存在，起初是立在桥头上，从元代开始被用于宫殿建筑，明清时期被广泛应用在陵寝建筑上。历史上有很多关于华表的传说，最通常的说法是“丁令威传说”，相传，古时在辽阳有一位叫丁令威的人，去灵虚山学道千载，因思念故乡便化作仙鹤从灵虚山飞回辽阳城，落在城门附近的华表柱上，身临高处，可以鸟瞰家乡全貌。正当他饱览家乡的变迁之时，忽然有一个少年出现，少年见到这只洁白的大鸟十分好奇，便取来弓箭，搭箭弯弓对准仙鹤要射，丁令威见势急忙展翅飞离华表柱，他一边在空中飞翔，一边高声唱道：“有鸟有鸟丁令威，去家千年今始归。城郭如故人民非，何不学仙家累累。”这显然是道家旨在奉劝世人学道编造的神话。

石像生，位于正红色门内二十六点四米处，沿神道两侧由南向北排列，共为六对，分别是石狮、石獬豸、石麒麟、石马、石骆驼、石象。这些石雕统称“石像生”或“石兽群”。

石狮，是百兽之王，凶悍无比，其目如电，发声如雷。百兽闻之莫不惊恐万状。正因为狮子如此威严，所以历代统治者将其应用在陵寝、宫殿、寺庙门前，作为威慑邪恶和显示权势的象征性雕像。

獬豸，是一种传说动物，《异兽志》说：“东北荒中有兽，名獬豸，一角，性忠。见人斗则触不直者，闻人论则咋不正者。”可见此兽是东北特产动物，最为难得的是它的正直无私，见人打架，用角驱逐无理者；见人争辩，它对持有偏见者咋之退却。正因为如此，古代有些法官戴有仿效獬豸的独角帽，表示忠正执法。石像生的獬豸，以示皇帝严正无私。

麒麟，形象很特别：头如龙，角如鹿，全身鳞甲，尾似牛，足似马而圆。传说只有太平盛世才会出现这样的祥瑞动物，与

石麒麟

石　马

图9　石像生（一）

石骆驼

石象

图10　石像生（二）

龙、凤、龟合称“四灵”，是吉祥与安宁的象征。

骆驼，性情能吃苦耐劳，忍饥受渴，被誉为“沙漠之舟”，是蒙古等北方民族不可缺少的交通工具。用在石像生，表示对蒙古各族的友好亲善。也有传说称，此骆驼有功于皇太极，据说有一次皇太极领兵出没沙漠，用驼囊储水，以它预报天气，为皇太极解除困境立下汗马功劳，所以把它列在陵前以表其功。

象，形象高大威严，性情温和，是天下太平、祥和的象征。在石像生中寓意广有顺民，江山稳固。

马，以勤劳，善奔跑，善负重著称。石像生之马寓意国家疆域辽阔，任凭驰骋。

这些石雕神态逼真，细腻传神，石兽下面各承以须弥座，座高一米，长二点七米，宽一点五米，上面雕刻着纹样锦袱，四角各附一古钱。须弥座四面分别刻有石榴、卷草、宝相花等图案。精美的石座衬托着石兽，更显得华贵而威武。这些石兽犹如“卫士”，虔诚地守护着陵寝。诗人苗君稷用“十二御林严侍卫，风嘶铁马白云霄”的诗句赞赏这批石像生的风采。

关于石像生制度的起源，据说秦汉时期已经在陵墓中使用，当时的石像生不仅有石兽，还有文武大臣塑像，这叫“石翁仲”。汉代的石像生至今还有遗物可证，例如，山东嘉祥县东汉时期“武氏墓”的石狮；陕西省兴平茂陵附近的西汉名将霍去病墓石像生有石马、石虎、石牛、石象、怪兽吞羊、人抢熊以及野猪等多种。唐代开始对石像生的使用已有严格制度，规定三品以上官员的坟墓可以立六只石兽，四品官只准用四只等。而皇帝陵寝则不受限制。例如，唐高宗李治与武则天的陵寝共用石人石马九十多个，创石像生之最。明清时代对石像生的使用制度也有严格规制。所以，石像生又是封建等级制度的标志。

图11　华　表

昭陵石像生立于顺治七年（1651年）。此事有据可查。如《清世祖实录》记载：

顺治七年四月乙酉：昭陵立象、卧骆驼、立马、坐狮子、坐兽、坐麒麟各一对，擎天柱四、望柱二。

其中的“坐兽”就是现在的獬豸；“望柱”“擎天柱”被统称为华表。这条史料与昭陵现状吻合。至于石兽下部的须弥座则是稍晚些年所添加的，因为石兽和石座在石质及雕造风格上均有区别。

还有，石像生中的那对白马最为闻名遐迩，备受青睐，主要原因在于乾隆皇帝的推崇。乾隆皇帝四度来昭陵祭祖，每次都要到石马前抚今追昔，为石马吟诗作赋。例如，乾隆四十八年（1783年）高宗皇帝最后一次惜别昭陵时所作的《昭陵石马歌》曰：

陵园石马拟翁仲，　　　古即有之识与共。
昭陵石马独超群，　　　大白小白奏殊勋。
一乘杏山战败明军十三万，再乘大凌河大寿降我军。
其余破敌斫阵那可数，　莫不安吉供御扬我武。
遂成宏业建大清，　　　绳先裕后天锡嘏。
宋至王孙金侍诏，　　　图唐六马皆曲肖。
…………

御制诗中“大白”“小白”，说的就是石像生的两匹石马，相传它是太宗皇帝生前两匹坐骑的雕像。又说太宗身材魁梧，骑大白每天可行军一百里，骑小白每天能走五十里。御制诗的“一乘杏山战败明军十三万”指的是崇德六年（1642年）辽西松山、杏山大战，皇太极就是骑这两匹马从盛京疾驰至前线亲自督战，取得大破明军十三万、生俘明将洪承畴的重大胜利；“再乘大凌河大寿降我军”指的是大凌河之战，迫使明朝骁将祖大寿降清的战绩，这两次重大胜利都与“大白”“小白”有关。所以为表彰它们的战功，便将这两匹马的雕像立在了太宗陵前。

嘉庆皇帝和道光皇帝东巡也都遵循乃父乃祖前制为“大白”“小白”御制同样形式的《昭陵石马歌》。

3. 大碑楼与神功圣德碑

大碑楼也叫碑亭，高十三点零五米，长宽各十一、十二米，楼的外形是九脊重檐歇山式，顶上满铺黄琉璃瓦飞檐斗拱，枋、柱、檩、椽各处均施以彩画。四面为红墙，每面各有一座拱形门。亭子下部为方形台基，四面各出踏垛（台阶），亭子正中立一甬“大清昭陵神功圣德碑”。此碑通高六点六七米，碑身高五点四五米，宽一点七六米，厚零点七一米，碑头是“蛟龙首”，是由六条出水蛟龙盘曲组成，碑头正中的“开光部分”用满、汉两种篆体刻着“大清昭陵神功圣德碑”。碑座是“龙趺”，长四点六七米，高一点一一米，宽一点九米。有人将此处的“龙趺”说成是“龟趺”，这不准确。因为“龙趺”和“龟趺”在典制上有严格区分。龙趺的外观为龙头、四足、有尾。传说它是龙子。龙有九子，每子都有一种特殊的本领，并且都为自己选择了发挥专长的“职业”。龙趺是九子之一，本名叫赑屃，力大无比，善于负重，所以选它驮碑。凡是皇帝、皇后、亲王的陵墓碑全由其来驮负。龙趺之下部分叫“地伏”，实际是地基基座。其座上雕刻有海水江涯（又称寿山福海）。地伏四角各雕一个凹形海水漩涡，每个漩涡中分别雕有鱼、鳖、虾、蟹四种水族动物。它们造型逼真生动。鳖的形态是半身浮出水面，做爬行状；虾和蟹的形态，好像在水面游动；鱼好似在水中得意穿梭，并且正有一股急流从其腰间流过。用这些水族动物来装饰神功圣德碑，据说因为皇帝是所谓“真龙天子”，是龙的化身，而龙是大海的主宰者，虾兵蟹将是龙最忠诚的“侍卫”，因此为皇帝——真龙天子——立碑，自然要靠它们来效忠了。碑身的正面（即“碑阳”）刻有碑文，碑文用满、汉两种文字合璧刻写，满文在右，汉文在左，汉字共一千八百一十字，全文如下。

天以神器，畀我国家。洪惟皇祖太宗文皇帝，智勇神圣，光昭太祖高皇帝丕绪，帝肱皇纲，是廓是恢，干不庭方，构造鸿业，垂裕皇考，世祖章皇帝大一统之基，贻亿万祀无疆之休。维予小子缵承圣绪，念陵寝宜有功德之碑，敬勒贞珉，昭示无极。叙曰：太宗应天兴国弘德彰武宽温仁圣睿孝隆道显功文皇帝讳皇太极，太祖承天广运圣德神功肇纪立极仁孝睿武弘文定业高皇帝第四子也，母孝慈昭宪敬顺庆显承天辅圣高皇后，生而神灵，徇齐明敏，龙行虎步，颜如渥丹，严寒不栗，举止非常，太祖皇帝特钟爱焉。既长英武豁达，孝弟恭敬，慈爱和顺，秉心宽弘，好观书史，一有闻见终身不忘。沈机果断，群望攸属。天命十一年八月太祖皇帝升遐，诸贝勒大臣咸推我皇祖才德冠世，宜缵承帝业。以九月朔嗣登大位，建元天聪。时年三十五。践祚之后，爱养人民抚绥中外，崇俭务本，修政仁贤，仁声义同，无远弗届，除慝讨贰，用整六师乃击蒙古，执一十四贝勒，奏凯八纛下，乃征朝鲜，克义州，进拔汉山城，入安州抵平壤，朝鲜王李倧遁江华岛，遣其弟觉来行成。遂尽返所收地与盟而还。乃征察哈尔，翦多罗特部落，编俘获为氓。乃伐明，自遵化临北京，略良乡斩其将满桂、孙祖寿，擒其将黑云龙，麻登云、还拔永平，乃拔大凌河，降其将士，于是，孔有德、耿仲明等航海来归，乃征黑龙江瓦尔喀下之。察哈尔举国来附，获历代帝王传国之宝，天聪九年冬群臣劝进尊号，皇祖辞让再三，明年四月表上尊号曰：宽温仁圣皇帝，建国号大清，改元崇德，告于皇天后土，追王列祖，上太祖高皇帝、高皇后尊谥，群臣咸上表贺，乃锡宴肆赦。是年朝鲜毁盟讨之，拔其都载飞舸于车，凌江华岛，李倧自缚请为臣，释之还，并归其俘获。朝鲜感服勒石南汉以铭勋德。遂帅水师渡海克皮岛，既而大出师遣将毁关入，分左右翼，由涿州略地至山西界，复自临清渡河，破济南，克城四十有九，降者八，与明兵五十七战皆捷。六年，围锦州，入其郛，洪承畴以兵来援，皇祖陈师于松山杏山之间，明兵号十三万，望见皇祖张黄盖往来指挥，皆惧，谋夜遁，我师分道急击连大破之，擒承畴，降祖大寿，锦州松山杏山塔山悉下。又命将入关破兖州，东抵宁海，克城八十有八，降者六，阵败明兵者三十九。于是天戈所指罔不率俾，黄河之源，青海之滨，使犬役鹿之国，来宾恐后，野驼奇兽黑狐紫貂重译来献，声教之远，功烈之盛，古未有也。呜呼！维我皇祖，克配天心，诞膺景命，聪明睿智神武不杀，怀柔以德，燮伐以威，大勋用集，大猷是程，无有内外，乃罔不即叙，亲九族，正百官，修明典章，诞敷政教，隆郊丘庙祀之仪，定颁历朝会之礼，办卤簿族章服御之制，声名文物炳然弘备，释奠孔子，以四子配立，文馆译书史于翔凤阁，俾儒臣记注得失，开科目取士，谕臣下尽言无隐，论功封兄弟子侄为诸王贝勒，外藩蒙古亦论功封爵有差，优礼降臣，寄以心膂，赏罚详明，断狱平允，纲举目张，仁至义尽，至于审制度、定律令、斥邪术、禁丧祭逾礼者，务农桑，广渔猎，以丰民食，皆可为万世法。凡勤劳国事者，赐予必优渥。召近臣入宫日至再三，讲论政事以宾礼遇之。诸国新附之人入见，必询其姓名世系，慰劳如旧识，天语蔼然，以故虽至难驯服者无不悦服，如，萨哈尔察、卦勒察、瓦尔喀、瑚尔哈诸国，素不习礼法，亦贡献称臣，其贝勒大臣至，俱恩遇之如子弟，故其部落降者相继，常念中原生民涂炭，欲与明和好，惟务修德不乐观兵，屡贻书明边帅曰：朕意在讲和，不忍无辜赤子惨罹锋镝，明之君臣置若罔闻，至烦天讨。每出师必谕诸将，授以兵律，尝曰：明之土地人民，天以与我，是民即我民也，故师行虽严冬不入屯堡，士卒死伤吊问不遗，每战胜攻取，符瑞骈集，必曰：上天眷佑惕然祗惧。克敌必告于庙，盖敬天尊祖，勤民若是。其至丰功厚泽，与天地同坻久，大有国史所不能尽书者矣，崇德八年八月庚午崩，圣寿五十有二，在位十有七年，九月壬子葬昭陵隆业山。呜呼！八音遏密，万国感痛，实惟至德深仁，为生民主，以弘我国家之大宝命，忾僾见闻陟降庭止。谨述盛概，拜于稽首而系之以颂曰：

于赫皇祖，缵太祖之绪。诞敷乃文，孔奋厥武。
整我师干，拓我疆土。东奠朝鲜，西慑蒙古。

贰则获之，服则释之。降则怜之，贤则臣之。
有言逊志，则必遏之。有言逆耳，则必纳之。
治分六曹，职统三院。笔簪史臣，书译文馆。
与神为谋，以古为鉴。制礼明刑，仪章是宪。
一人有庆，肇域四方。四方来王，自天降祥。
和鸾锵锵，旗旐央央。聿昭茂祉，享耀章光。
乾符效珍，坤仪开奥。既协灵图，诞升显号。
济济师师，群工舞蹈。历数攸归，讴歌前导。
乃禋乃祀，于庙于郊。乃燕乃射，于野于朝。
乃赦乃宥，于犴于牢。乃渔乃猎，于狩于苗。
乃命紫宫，清宁正中。麟趾在右，关雎在东。
崇政笃恭，翔凤飞龙。文德武功，以绥万邦。
松山之阴，杏山之下。战士连营，崇墉百堵。
取彼元戎，系之以组。肃将天威，救民水火。
屹屹榆关，王旅所征。而幽而并，而冀而青。
而兖而徐，克其百城。涉河逾济，及于东溟。
时乘以乾，帝出乎震。罔有遐迩，民莫不信。
或献其琛，或输其赆。河源海壖，协灵效顺。
有典有则，贻万子孙。言为邱坟，绩媲农轩。
佑我皇考，大启幅员。允皇祖之德，皇祖之勋。
瞻仰昭陵，在盛京之北。云霞所棲，松柏斯植。
有穹者碑，昭宣世德。弗禄来崇，时万时亿。

康熙二十七年十二月初五日
孝孙嗣皇帝玄烨谨述

这篇近两千言的碑文，是对清太宗一生文德武功的高度概括和颂扬，即所谓勒之贞石以传万世。碑文落款“玄烨谨述”，表示这是康熙御笔亲撰。对此，许多介绍昭陵的文章都深信不疑。然而，事实并非如此。这篇御制文的真正撰写者是清代的几位著名文臣，康熙皇帝只是假以其名义而已。据历史档案记载：康熙二十五年（1686年）六月三十日，康熙皇帝在御前召集翰林院、内阁、都察院及礼部四大衙门的御前会议，参加会议者如都御史陈廷敬、侍郎徐乾学、学士张英及侍读学士高士奇、宋德宜等人，就盛京福陵及昭陵神功圣德碑碑文的撰写一事进行“奏对”，康熙钦点宋德宜、陈廷敬、徐乾学、张英、高士奇五人负责“写拟”二陵碑文初稿。再由宋德宜、徐乾学“承行”抄清呈给皇帝钦览。大概是碑文写出来后康熙并不满意，所以，当年十二月初十康熙再次传旨，对他们五人重新做了分工：昭陵神功圣德碑确定由张英、侍读学士高士奇两人撰写。张英和高士奇都是康熙皇帝很钟爱的文臣。张英是安徽桐城人，康熙六年（1667年）进士。先是做日讲官和起居注官，给康熙皇帝讲解经史并记录皇帝言行。康熙十六年（1677年）入值南书房，担任皇帝“秘书”的重差，用康熙皇帝的话评价是，此人“慎密恪勤”，有古大臣风，很得康熙帝宠爱，康熙帝曾赐给他一座住宅，宅址在京师西安门内，他是第一位以词臣身份住进皇城的人。高士奇是浙江钱塘人，自幼家境贫寒，好学能文，以监生参加顺天府乡试，后经大学士明珠推举进入内廷，起初书写密谕、纂辑讲章及诗文，康熙十九年（1680年）充当日讲官和起居注官。同年，康熙东巡盛京祭祀三陵，高士奇随驾从侍左右，并写成《扈从东巡日录》一书行世。高士奇学问高深，康熙对他十分器重。有人认为康熙帝偏爱高士奇。为此，康熙解释说：“士奇无战功，而朕待之厚，以其俾朕学问者大也。”皇帝的御制文，大都出自文臣们的手笔。这在宫廷史上本是公开的制度。但是，具体出自哪位大臣之手，史书都秘而不宣，特别是像神功圣德碑这样极为重要的御制文，更是守口如瓶。笔者只是在阅读残档时偶然发现了这个秘密。此外，昭陵神功圣德碑碑文的书写也出自名家之笔。此人名曰顾观庐，官至工部左侍郎，书法尤精，在米芾赵孟頫间。圣祖十分喜爱顾观庐的书法，遂命他书写碑文。神功圣德碑的碑石来自遥远的蜀地。此碑由数块石坯雕刻而成，其中仅碑身就重达十万斤以上。龙趺也是由整块石坯雕成，它的重量与碑身不相上下。其他如碑首地伏等石料毛坯也都很重。石料如此巨大，路途又如此遥远，它们是如何运至昭陵来的呢？据说，运输神功圣德碑碑石与一般石料不同，即不许用牲畜拉运，只能靠人力，原因可能是认为使用牲畜是对皇祖陵寝的亵渎。石料在起运前先要用青麻层层包缠，边缠边涂水胶，以防在运输中受震动而断裂。然后把石料装在特制的木车上（俗称“旱船”）。运输要选在严冬滴水成冰的季节，沿途每隔数里要打一口水井，把道路浇成一条冰道。这样，历尽艰辛，历时数年，才能将巨大的石坯运至盛京昭陵。

4. 方城、隆恩门及角楼

方城，高六点一五米，南北长一百四十六米，东西宽一百二十米，青砖包砌，东、西、南三面外有雉堞（垛口），北面砌成女墙（宇墙），门两侧有“马道”可供上下。马道宽五点四米，由青砖铺成，路面由外向里倾斜，可能为了防止雨水积存，即时泄出。整个方城雉堞林立，门户森严，俨然是一座典型的城堡，传说方城是盛京城的缩影，是除福陵之外明清皇陵中所独有的特例，展示了清初满洲建筑特色。

隆恩门，是方城正门，俗称“五凤楼”，楼高三层，“三滴水”式建筑，顶为歇山式，全高二十一点九二米，宽十六点零七米，方台式砖石结构，下有单体拱形门洞。门楣顶部竖有石刻门额，上面用满、蒙、汉三种文体竖刻“隆恩门”三字。门券脸用石雕成，上刻云纹，下碱部位刻有松、石等图案，松树老干盘曲，状若游龙。门洞中间有木门两扇，外包铁皮，并有门杠锁闭。隆恩门的顶部原有四条金链链接。这些金链（实际为铜鎏金）俗称“江山万代”，民国年间地方不靖恐金链丢失，将其摘下交给官署保管，后来不知去向。内外彩画油饰，式样颇像沈阳故宫的凤凰楼。凤凰楼是昭陵最高建筑，据说从前天气晴好时，登楼远眺，可以看见百里之外的辽阳太子河。门前原有一座由青砖铺成的方形“丹墀”，是谒陵官员行礼之处。

角楼，位于方城四角，角楼为二层，均为一间，黄琉璃瓦顶，大脊正中有宝葫芦，四拱角下各悬有风铃。内外油饰彩画，正面有对开板门，内有楼梯可供上下。上层有四扇格扇门。

图 12　方城五凤楼

5. **隆恩殿**

隆恩殿是供奉太宗皇帝及孝端文皇后神位及祭祀的场所。崇德八年（1643 年）八月草创，顺治七年（1650 年）十一月定名“隆恩殿”，同时悬挂匾额。康熙三十年（1691 年）重建。面阔三间，进深二间，单檐歇山式，四面出廊，黄琉璃瓦顶，殿内无天花，梁架裸露，上面施以彩画。这种做法称做“彻上明造”，具有关外满族人早期建筑的特点。殿内后部设有大暖阁一座，外披黄缎罩，此罩又叫“披庐帽”，暖阁内有神床，床上有帷幔、黄云缎枕及被褥，还有楎施（挂衣服的竿架）等物。这些被褥有人说是皇帝大婚时的吉祥物，也有人说是皇帝殡天时灵床上的铺设。除此之外，大暖阁里还有一小暖阁，内供太宗及孝端文皇后神牌。神牌是太宗和孝端文皇后“灵魂”的象征，上面用满、汉文写着太宗及孝端文皇后的庙号和谥号。暖阁之前有供案和龙纹、凤纹宝座各一座。大祭时将神牌从暖阁移至宝座上接受祭享。供案前有五只朱漆描金圆几，几上摆设珐琅炉瓶五供，上面插有用铁制“灵芝”及“万年松花”（又叫金银花钗）。这批五供是乾隆四十年（1775年）由京都总管内务府造办处制造的。供案东西两侧各有一座配案及福晋椅和两个配椅，此外，还有戳灯六只、御用弓柜和盛装龙袍的樟木箱等。地面铺龙毯，上面盖有黄布雨旱单。隆恩殿建在高二米、周长一百二十一点四米的巨大台基之上。台基为须弥座式，四周有勾栏。正面为“礓石察三路”（即台阶），正中一路是一块巨大的丹陛石，长五点五米，宽近两米，此石又名“彩石”，上面雕有“寿山福海”及“龙凤合欢”图案，寓意“帝后和美，福祚绵长”。须弥座基图案自上往下可分六层，第一层是连珠纹，是一排正圆形如圆珠的石雕带；第二层是由卷叶花组成的图案单元反复连续构成了须弥座的上枋；第三层即上枭，为一排仰莲瓣；第四层为束腰，也是由卷叶花组成的单元；第五层是俯莲瓣组成的下枭；第六层由一排唇形小花组成了下枋。栏板、栏柱、宝瓶云拱（又名净瓶荷叶）、望柱头、抱鼓石等部位都雕刻得十分细腻，图案有蔓草、卷叶花以及石榴等纹饰，娓丽流畅，抒卷自如，是昭陵除石牌坊之外另一件大型石雕艺术珍品，深受中外雕刻艺术家和建筑师们的赞扬。这座台基的另一独到之处是它铺设有许多名贵石料。例如，隆恩殿正门檐下铺设有翡翠石一块，石长六尺，宽三尺，厚度因其埋入地下不得而知，呈淡黄色，半透明，其内夹杂有淡绿色及白色斑块。色彩斑斓，十分好看，此石是祭祀时主祭官向神牌跪拜之处，康熙、乾隆、嘉庆和道光皇帝东巡祭陵时则通过此石步入殿内跪祭。古人称此石曰“翡翠玉拜石”，例如，清同治年刊刻的《陪都纪略》一书有诗咏道：

翡翠玉拜石，昔年国富修。
美玉非为宝，一善壮宏猷。

翡翠是很名贵的宝石，据说成色好的翡翠其价值甚至高过黄金。翡翠石在我国很罕见，世界上也只有极少数国家出产。特别是像这样巨大的翡翠更是稀有。据20世纪30年代昭陵管理员苗文华说，有一次他在接待欧美国家人士前来参观时，这块奇宝引起了西洋人的惊叹，他们连说此石是“难得之品”，价值连城。令人欣慰的是此石经过近百年无数次战乱而今仍安然无恙。翡翠玉拜石前面的台阶，是由三块“白宝石”铺成的，此石与普通汉白玉不同，它“石质润泽，宝光四射”，也是石中上品。在白宝石台阶的东西两侧曾经各有一块“臬兰宝石”，此种宝石在清代官制中是作为四品官的顶戴（帽顶）标记。其贵重可见一斑。遗憾的是其中的一块已于早年丢失。台基的护栏也是由一种叫“青金石”的贵重石料雕刻而成的，此石呈青色，里边夹杂许多黄白色大小不等的颗粒。《陪都纪略》也有诗赞此石曰：

北陵龙来远，平洋第一丘。
白玉栏杆润，青金石阶週。

还有，隆恩殿四周铺的方砖据说是“金矿石”（也有叫它“风金石”），石中夹杂许多金粒，如果在阳光斜射时可见其光斑闪耀。在清代陵寝中，用这些名贵宝石修建陵寝恐怕是独一无二、首屈一指的。宝石、臬兰宝石、青金石等产地遥远，有的很可能是贡品，这是昭陵的一大特色，也表明后嗣统治者对开国皇帝的无限崇敬。

6. 东西配殿、配楼及焚帛亭

东配殿在隆恩殿东厢。全高九点三五米，殿顶是“歇山式”，上铺黄色琉璃瓦，四周出廊，面阔三间十六点八八米，进深二间十三点九米，其下有低矮的石基座。门窗及梁柱一律饰以朱漆。殿内原有小暖阁及宝座等陈设。此配殿的用途主要有两项：一是存放祝版，祝版是代表皇帝向祖宗表达哀思和意愿的文书，大祭时向神位恭读，是十分关键的祭物。祝版、制帛在大祭前一天送到昭陵，暂供于东配殿。大祭当天凌晨，礼部读祝官及赞礼官到此，向祝版、制帛行一跪四叩头礼，再将祝版、制帛请至隆恩殿行祭。二是代替隆恩殿存放神位。在清代，祭陵被奉为国家大典，绝对不可稍有懈怠，必须按时按制认真执行。然而，作为祭祀的场所隆恩殿有时也需要维修、彩画，甚至要大修。为了避免因修缮而影响祭祀，于是采用一个“变通”办法，以东配殿暂时替代隆恩殿，凡遇隆恩殿修缮，将殿内太宗及孝端文皇后“神牌”以及其他陈设移到东配殿举行。尽管东配殿殿内狭窄，依然因陋就简，以不失礼制为主旨。另外，在奉移神牌时，必须事前经皇帝钦派由京师派来钦差大臣会同盛京将军一起承办，其他官员在没有皇帝授旨的条件下不准擅自移动。乾隆三十年（1765年）修隆恩殿和东配殿时曾两度移动神牌。为此，乾隆皇帝特派宗室永玮来盛京，与将军图舍肯将神牌从隆恩殿移到东配殿。为了等候隆恩殿工程竣工，乾隆要永玮暂留在盛京，等神牌移回隆恩殿再回京师。永玮遵旨，在盛京滞留数月。

西配殿在隆恩殿西厢。建筑形式与东配殿完全相同。此殿是“忌辰”大祭时供喇嘛们诵经作法的场所。殿内原有方桌一张，位居殿内正中，祭祀时桌上放一尊用白面和菜籽油制成的喇嘛塔(大肚塔)，塔对面的西墙上挂有佛像及“唐卡”（佛画)，方桌南北各有低矮的条桌长凳，是喇嘛们的坐席，祭祀时在此敲打法器口念经咒。清代崇信喇嘛教，各种祭祀活动大都少不了喇嘛们的参与。昭陵也是如此。昭陵忌辰大祭由长宁寺派喇嘛前来作例行法事。西配殿除作为佛事之地以外从不做它用。

伪满洲国溥仪当傀儡皇帝时，特地派其“御弟”溥伟来沈阳“恭代”祭祀祖宗陵墓和太庙。溥伟在祭祀昭陵时即从实胜寺及长宁寺请来大批喇嘛诵经作法。这次大祭虽然是在国难当头、民怨沸腾的背景下举行的，但是，他们仍然要“悉前祖制”。

东西配殿以南各有配楼一座。两楼形制相同：都是二层硬山式小楼，顶铺黄色琉璃瓦，前后出廊，南间半间开门半间为窗，北间有窗。二楼也是前后出廊，并有栏杆、栏板。建筑特点是山墙极厚，屋顶宽大，二楼低矮，外廊较宽，室内较窄。十分古朴又有几分神秘。此楼俗名“晾果楼”，因此被认为是晾晒供祭用果品之处。

焚帛亭又叫“燎炉”、焚帛炉。坐落在隆恩殿西南。是一座用汉白玉雕制的小型亭子式建筑，全高二点四六米，正方形，边长一点五米，歇山式顶子，南北两面大坡，大脊正中原有一颗火焰宝珠。花形山尖下垂一个圆环，圆环四角各有一金钱图案。其他如螭吻、垂脊、瓦垅、山尖、勾头、椽望、斗拱、梁柱等全部是仿砖瓦及木结构雕刻的，形象十分逼真。每面有活枢屏风门四扇，如今多数门扇早已下落不明。亭子内为“火池”，火池的下部前后左右各有一钱形透气圆孔。亭子的下部是须弥座，座上雕刻有各式花纹。整个亭子造型十分精致、细腻。这座小巧洁白的亭子成为金碧辉煌的陵寝建筑的一个点缀。按照明清皇陵规制，焚帛亭都是琉璃建筑，唯关外三陵不同，这也是三陵的一个特色。焚帛亭是大祭时焚烧祝版、祝帛之处。焚化彩纸和金箔、银箔等祭品也在其旁举行。按大祭礼制规定，每次大祭要焚烧纸一万张、金银箔一万锭。烧祭时主祭人要站在月台西南角的“望燎位”上观望，以尽孝道。这种仪式叫“望燎”，是祭祀最后一道程序。大祭礼就是在焚帛亭五光十色的烟火腾升中结束。

图 13　焚帛亭

7. 二柱门与石祭台

二柱门在隆恩殿后身，又名“棂星门”、“冲天牌楼”或“照牌”。夹山式，一间，两边各有一方形石柱，柱高约七米，直径零点四米，两石柱外距七点八二米，柱间有木板门，门为悬山式琉璃瓦屋顶，板门宽二点一米。石柱前后有抱鼓石。柱子顶端有须弥座，上面各有一只“望天吼”，坐北朝南，其中的一只身上锁着一条铁链。民间相传：当年工匠在雕刻此吼时，不慎把手指砸伤，鲜血溅在石吼身上，由于日精月华的长期照射，此吼竟然成了“精”，不再安分守己，经常“脱岗”跑到陵前的浑河去喝水作怪。守陵官发现后将此事上奏给皇帝，皇帝传旨把这只石吼用铁链锁上。

石祭台又名石几筵，在二柱门之后，长五点九米，宽一点六米，高一点三米，以汉白玉雕造，造型是须弥座式。上面雕刻各种图案。其上枋雕刻法螺、法轮、宝伞、白盖、莲花、宝瓶、金鱼、盘肠等“佛八宝”，还雕有汉钟离的温凉扇、曹国舅的洞箫、

图 14　石祭台（一）

吕洞宾的阴阳剑、蓝采和的八卦云板、铁拐李的火葫芦、何仙姑的竹笊篱、韩湘子的花篮和张果老的渔鼓等道家“八仙”使用的

器物，又叫"暗八仙"。此外，石祭台上还刻有柿子、如意、净瓶、鹌鹑等"八宝"，"暗八仙"寓意把所有宝物都奉献给陵主。"柿子""如意""净瓶""鹌鹑"寓意"事事如意""平平安安"。祭台之上有五件石雕：正中为香炉（又叫"海山"），两侧有香瓶、烛台各一对。香炉为二耳三足，上面刻有万蝠如意流云回纹及灵芝、旋螺、宝珠等纹饰，腿儿为掏象鼻腿。造型稳重，炉中立有白石雕的"火焰"石帽，两侧的香瓶上立有紫石（一说为"端溪石"，即制端砚之石），端溪石是名贵石材，多用以雕石砚，因石质坚润，墨水会经久不干。这些火焰石帽寓意香烟不断，烛火长明，大清江山万世一系。这座祭台是大祭时皇帝或恭代祭祀的王公在此"举哀"和献奠酒之处。有人说，地宫入口处在石祭台下，据传说，康熙六十年（1721年）雍亲王恭代圣主谒陵，"曾启视此门"，进入地宫，但也有人说，石祭台一经设立，永世不许挪动。

图15　石祭台（二）

8. 明　楼

明楼又叫"大明楼"，坐落在方城北门之上。全高二十三点五八米，座台高二十一点零五四米。楼为垂檐九脊歇山式顶子，上檐七踩，下檐五踩，均施以彩绘，其内为十字形穹隆顶。四面各有半圆形拱门，下部为方形台基，台基四面各出踏垛（台阶）。前檐挂有匾额，上书"昭陵"二字，满、蒙、汉三种文体。明楼之内立有一甬汉白玉石碑，碑高约六米，碑头为龙首，正中开光部分刻有满蒙汉三体“昭陵”二字。碑身竖刻有“太宗文皇帝之陵”，也是满、蒙、汉三体。康熙三年（1664 年）正月“恭镌”。满文正中，蒙文在左，汉字在右，此碑又叫“圣号碑”，所刻为太宗“庙号”及“谥号”。所谓庙号，是皇帝死后升太庙奉祀的排列名号，此法以太祖立中，以下各辈按左昭右穆顺序排列。太祖的“左昭”为“太宗”，所以“太宗”便成为皇太极的“庙号”；所谓“谥号”又叫谥法，是对皇帝个人一生功过德行高度概括的言辞。《逸周书·谥法解》说：“谥者，行之迹也。号者，功之表也。”谥号要先由嗣皇帝“尊上”，第三代、第四代皇帝继位后再添谥词。因此，皇帝的谥号字数很多，一般都在二十个字以上。皇太极的谥号全称是“应天兴国弘德彰武宽温仁圣睿孝敬敏昭定隆道显功文皇帝”，共二十五字。然而，一般不称其全称，仅以其最后三个字取代。皇太极的谥号简称为“文”皇帝。“文”字在谥法上含有“经天纬地”“修德来远”“慈惠爱民”“绍修圣绪”“声教四讫”等含义。圣号碑碑文也和神功圣德碑一样要由嗣皇帝书写。然而，此碑始立于康熙时期，所以它不是顺治皇帝御笔，而是出自康熙皇帝御书。碑石表面原用朱砂涂成红色，碑文描金，碑身四周刻有游龙纹。碑座为须弥座式，上枋南北两面刻二龙戏珠，东西两面刻行龙及火焰珠，此外还雕琢各种花纹，并涂成红、黄、白、蓝、绿五色，十分鲜艳。俗称此碑为“朱砂碑”。

大明楼是昭陵最高的两座建筑之一，“树大招风”，1937 年 5 月 29 日遭受雷电袭击，整个明楼被雷火烧毁，圣号碑也被雷火熏烤，纹饰不全，现在的大明楼是 1939 年重修的。

9. 月牙城、宝城、宝顶与地宫

月牙城在大明楼之后，因为它的形状如同一弯新月而得名。城高约六米（稍低于方城），周长九十六米。城内空旷，死气沉沉。只有明楼拱门入口处的北墙上嵌着的彩色琉璃照壁，为这座空城增添了几分生气。照壁上面镶有象征富贵的牡丹花，枝叶繁茂。“月牙城”的名称虽然有几分诗意，却有不少令人毛骨悚然的传说：民间相传，神秘的地宫入口就在这华丽的琉璃照壁后面。为防止有人盗墓，在地宫入口处安装有许多暗器，暗器的机关就装在琉璃照壁上面。照壁上那些红花绿叶说不定哪个就是它的开关，谁若是不小心动了它，地宫里的毒药飞箭就会飞出来……也有人说这里又叫“哑巴院”，当年修陵时怕陵工出去泄露地宫秘密，所以在地宫封闭之后，便将陵工们集中到月牙城内，强迫每个人吃上一种药，从此他们全都“哑口无言”了。还有传说称，皇上怕陵工泄密，当他们将棺椁抬进地宫之后，立刻把地宫入口堵死。将所有陵工活活封在地宫里殉葬，等等。这些传说使人感到月牙城是阴森恐怖的去处。然而，从关内几座已经发掘过的清代皇陵来看，上述传说都是不成立的。首先，地宫的入口并不在月牙城琉璃照壁处；地宫里更不存在任何什么“暗道机关”“毒药飞箭”，也没发现被残害的陵工。所以，以上传说并不可信。月牙城实际是建筑布局中方城与宝城中间出现的一处特殊空间，利用这里的磴道上下方城和宝城。

宝城是一座半圆形的城，城高六米，周长二百零五米，又名“罗圈墙”。青砖垒砌，上面有起象征作用的垛口和女墙。还有马道以及排除积水的“荷叶沟”等设施。宝城中间的丘冢叫宝顶，又叫“独龙阜”，高七米，周长一百一十米，用糯米汤与三合土（白灰、沙子和黄土）夯筑而成。相传，修宝顶要用“童子夯”，就是在夯打衬土时，选择一批十岁左右的童男在土上踩踏，边踩边砌。大概由于童男童女在传统观念中是纯洁吉祥的象征，使用童子夯出于吉利的缘故吧。至于用糯米汤和三合土，因为这种汤汁十分黏稠，而且冷却后非常坚硬。另外，在宝顶表面还要抹上白灰，使它光洁坚固，防止雨水渗透和冲刷。

地宫在宝顶之下，是陵寝的“心脏”部位。官书对皇陵建筑以及典章制度并不隐讳，唯独地宫例外，地宫内幕官书讳莫如深，因而引出许多稀奇古怪的传说。例如，20 世纪 30 年代出版的《北陵志略》记载了这样一段落传说。

相传：宝顶内有正殿一楹，名为享殿。配殿两楹，

> 排列祭器。梓棺在正殿之后，梓棺两旁有石柱二根立起，用铁链将棺悬在空间，下有井一眼，水流不息，名为金井，所谓皇帝用金井御葬是也。并采取龙归沧海之意。按皇帝修陵之时，对宝鼎地下工程均用童夯，当中留井一眼，使童男童女皆在井周围环跑，其明征也。人谓之帝殉用童男童女或因童夯误会之致也。又有谓内有万年灯之设置，历万年而不灭。

这些传说至今仍有能言者，其实不过是道听途说。史书证明，皇太极和孝端文皇后遗体均实行火葬，地宫里葬的只是骨灰瓶（宝宫），不存在什么棺椁。所谓“金井”也不是终年水流不止的“井”，而只不过是风水先生确定地宫穴位时留下的标记，它只是一个深不过数十厘米的小坑而已。当然，具体情况如何，只有等将来发掘昭陵地宫时才会见分晓。

说到地宫，不能不提及四十多年前轰动沈城的一件谜案。1963 年 11 月初，北陵公园工作人员在陵寝西侧红墙外巡视时，发现一只狐狸钻进一个树洞。经仔细查看，他们在树洞旁发现了青石板盖着的地下暗道。于是报告上级。有关部门责成沈阳故宫博物院和公安机关共同派人查清暗道情况。沈阳故宫派陈列部主任沈长吉、考古组长于崇源前往。公安部门派一名公安人员协助。他们携带报话机、防毒面具、匕首、手电筒、指南针等器具进入暗道。暗道高仅一米，宽约半米，下宽上窄。全部用青砖灌浆砌造，以青石板盖顶，距地表约一米，暗道方向由西向东，在行进中他们发现一些兽骨，当他们前行约有百米时，暗道被三根直立的石柱挡住，石柱间距只有十几厘米，透过石柱间隙向前望去，里面黑洞洞、阴森森，没有尽头，估计是到了地宫。由于无法继续前行，他们决定退回。但是暗道十分狭窄，根本无法转身，虽几经努力，仍然无济于事。只好向地面报告，地面人员按他们所在的方位，用了将近两个小时挖出一个竖坑，再将石板掀开，把三人一一拉出。这条暗道究竟因何而设？有人认为是地宫的排水沟，可是沟内不见有水渍。到底是作何用，至今无人说得明白。笔者与沈长吉、于崇源二位先生是同事关系，曾经多次听到他们谈起这段传奇经历。

10. 隆业山

隆业山在宝城身后。此山是人工堆积起来的土山。长一百一十五丈，高六丈一尺。“子山午向”，取正南正北方位。相传山上结“九峰”，以中间之峰最高，其左右各有四个突起点。东西走向，其两端各向南弯曲，形如弯月，势如卧龙，所谓“龙蟠凤翥”之势。此山于顺治八年（1651 年）堆成。同年诏封隆业山。《大清世祖实录》顺治八年六月乙亥条载：“以永陵为启运山，东京陵为积庆山，福陵为天柱山，昭陵为隆业山，从祀方泽”。《礼记·檀弓上》对“隆”字的解释说：“道隆则从而隆，道污则从而污”。隆业是寓意大清王业兴隆昌盛。《盛京通志》在赞颂隆业山的气象时称，“（其山有）包罗万象，跨驭八荒之势。辽水右回，浑河左绕，佳气轮回葱郁，诚万年之业非偶然也”。又称其山源出长白山西麓，由长白山而永陵启运山（在今新宾县境内），由启运山而福陵天柱山（沈阳东陵），由天柱山而昭陵隆业山，一脉相承。

（二）宫外建筑“分镜头”

1. 石牌坊

石牌坊位于正红门前三十五点五米，是一座仿木架结构的巨型石雕。高约十点五米，全长约十二点六米，四柱、三间、三楼，歇山式顶子，大脊、垂脊、大吻、走兽、垂兽、横椽、望板、勾头瓦件、斗拱、额枋、横梁、栏板、兽头、铺首、雀替以及坊柱等全部仿照木雕做法，造型生动逼真。石牌坊的正脊及横枋、上枋、下枋还雕刻许多花卉图案，例如，云龙戏珠，轮、螺、伞、盖、花、罐、鱼、肠等“八宝”。还有缠枝莲、蕃草等。纹饰生动，栩栩如生。最引人注目的是起夹杆作用的五对石狮（其中，南北相背者是狮，东西相背者是獬豸）。它们相背蹲踞在须弥座上，昂首挺胸，瞪目张口，活灵活现，虎虎有声，令人望而生畏。整个石牌坊雕琢穿透，集平雕、圆雕、浮雕、透雕等各种雕刻技法于一炉，刀法粗犷、遒劲而细腻，真可以说是一件石雕艺术的巨型“神品”，在辽沈地区实属罕见。这座石牌坊的建造年代分为两个时期：即坊体建造于顺治或康熙年间；当时的石牌坊仅在两端有三对夹杆石兽（狮子二对，獬豸一对），而中间

图16　*石牌坊（一）*

立柱前后的两对夹杆石兽则是嘉庆六年（1802年）增加的。在各方柱前后和边柱外侧，都用带有仰覆莲须弥座的硕大石狮戗护，柱边联络雕满繁富图案的额坊和搯柱花板，上面横陈拔檐，再贯连额坊，并安设九踩斗拱，明间八攒，梢间各六攒，承挑石雕单檐庑殿顶，梢间屋顶内侧还束有博风，牌坊下设大月台，向南展出宽宏的垂带踏跺，周围有精美的护栏。牌坊在明清陵寝中是一件典型建筑物，它是祭礼仪注的起点，也就是说祭陵人进入这座牌坊门就等于进入祭祀状态。

图 17　*石牌坊（二）*

2. 蛇神庙

蛇神庙位于正红门以东约四十米的地方，是一座悬山式单间小庙，长、宽各二点六三米，以毛石垒砌，顶盖及沟垅、滴水、兽头用水泥造型。前墙正中有一拱形石门，门楣上有半圆形石额，上刻“蛇神庙”三个朱红大字，笔画蜿蜒仿佛由“红头蛇”组成。庙前有跪拜石垫，香炉内香灰满溢，看来至今仍香火未断。庙前还有两只高大孤立的石狮子。

关于蛇神庙的来历民间有这样的传说：从前昭陵有一条红头蟒蛇，长十数丈，粗一尺多。经常有人看见它爬到陵前的浑河边去喝水。守陵官兵非常惧怕，于是，将这件事报告给皇帝，经过皇帝特许给红头蛇修了这座庙，祈求它不再作祟，保护祖陵安宁。这虽然是传说，但在昭陵确实存在红头蛇，据《北陵志略》记载，数十年前还有人在陵区附近经常见到这种蛇。昭陵地旷人稀、草木茂密、殿堂古旧等原因十分适宜鸟类、鼠类的生存和繁殖。蛇作为鸟类鼠类的天敌存在，也就不足为奇了。北方人又惧怕蛇这种动物，所以民间许多地方认为它能镇墓或镇宅，而不加伤害。有的甚至奉它为“柳仙”。柳仙与狐仙（狐狸）、黄仙

(黄鼠狼)、艾仙（艾虎）共称“四仙”。所以为它修庙，设仙位供祭。昭陵这座蛇神庙即有乞求“蛇神”保护陵寝的含义。

图 18　蛇神庙

蛇神庙始修于何时已无从考查。仅知民国初年已“年久失修，破败不堪”，并于民国十五年（1926 年）前后重新修复。据 20 世纪 30 年代苗文华在《北陵志略》所载图像，重修后的蛇神庙是悬山式青砖青瓦，其下是方形台座，前墙有拱形小门。庙四周有一人高的花墙，正门有两个高大的方形门柱，门柱前各有一只戗柱石狮子。

关于民国十五年（1926 年）的这次重修民间有两种说法：一种说法是省长莫德惠有一次前来谒陵，见蛇神庙变成一片废墟，于心不忍，遂自己出资将庙修复；还有一种说法，此庙是张学良将军出资所修。据说，有一次张学良和赵四小姐到北陵别墅小住，赵四小姐做了一个梦，梦见一条红色、浑身发光的蛇从她的鞋里跳到桌上，并且很快变成一条巨蟒。蟒蛇对赵四小姐说：“我已成仙得道，只是没有了栖身之所，如果小姐能帮助我，我一定帮助少帅（张学良）报杀父之仇。”赵四小姐醒来之后向张学良讲了此梦，张学良说，你我都是读书之人，哪能相信这些？但是，经不住赵四小姐反复劝说，而且，张学良报仇心切，于是派人修了这座小庙。不过，这些只是民间传说。由辽宁省档案馆近年公布的官方史料得知，修蛇神庙者为沈阳县公署，修庙共用去工费奉小洋一千四百五十元，此款从保安堡（昭陵西南一村名）短期租金拨付。与莫德惠、赵四小姐等人无关。

3. 钟　亭

东红门外以东不远的地方，从前有一座钟楼，楼内悬挂着一口顺治十五年（1658 年）铸造的铁钟。钟高一点二四米，口径一点零八米。兽面纽，肩部有六个圆孔，钟身铸有花卉、八卦及满汉铭文，铭文为：

> 大清盛京奉天府、工部理事官商金纳、副理事官格勒布督造，委官刘可觃、拨什库徐贵、炉头赵应乾，大清国顺治十五年岁次戊戌仲夏夷则吉旦成造，一千斤。

此钟的用处民间相传是昭陵举行大祭和小祭时敲击的“祭钟”，每至祭日正午均要鸣钟，此所谓“钟鸣鼎食”云云。实际这是误解，此钟实为传报火警的用具，本名“信钟”或“警钟”。因陵寝建筑都是木质结构，四周环境又多树多草，很容易发生火灾。铁钟声传悠远，一旦陵区发现火患即可敲钟报警，官兵可立即出动扑救。所以此钟管理甚严，“寻常不许击动”。清朝末年钟楼因年久失修而倒塌，只有铁钟完好无损，以后，又将铁钟挂到一棵大树上，继续行使它的职能。

1927 年（民国十六年），奉天省省长莫德惠有一次到昭陵谒陵，发现这口铁钟饱受风吹雨淋，甚表惋惜。他主动捐资，在原钟楼遗址附近另建一座钟亭。不过，这也和蛇神庙一样，都是传说。笔者从辽宁省档案馆的档案得知，修钟亭者亦为沈阳县公署，修钟亭及公园木门两项共用费奉大洋一千八百余元。钟亭是四角攒尖式，上有横梁挂钟，亭内四周有栏杆和木座。每当夏季，游人

图 19　钟　亭

多到此纳凉小憩。20 世纪 80 年代笔者至此调查，见钟亭早已倒塌，遗址仅存砖砌水泥面基座，经实测，座长、宽各四米，四角柱础直径三十五厘米。原地已无古钟。今古钟在园内收藏，依然完好无损。

4. 更衣厅

更衣厅位于正红门外东跨院，是皇帝祭陵更换祭服及小憩之处，代表皇帝祭祀的奉恩将军也可以在此更衣。内有门房、更衣厅、净房、照壁等建筑，占地约四百平方米。

门房，坐东面西，共三间，硬山式，顶铺黄琉璃瓦，板门，朱漆；更衣厅，坐北面南，共三间，歇山式，黄琉璃瓦顶，木柱，砖壁，屏风门，石台基，高五十五厘米。今已不存在照壁，位于院内东墙，通体用青砖砌造，盒子正中雕有麒麟图案；净房，即御用厕所，位于照壁北侧，更衣厅东北角，是一独立小院，前有随墙门，门面西，净房为正方形亭子式，长约六点四

图20 更衣厅御厕

图21 “落花生”形蹲便池

米，宽约六点二米，东、南、北三面为实墙，西面为四扇木隔扇门，地面东西向铺一长方形大理石板，石板正中雕凿一“落花生”形状的蹲便池，其下为御便坑。今此石尚存，长约一米，宽不足半米。净房在20世纪80年代倒毁。今净房右墙角有紫丁香一丛，左角有核桃树一株，据有人猜测这两种树有驱臭功能，所以栽植在此，传说古代厕所近旁一般栽这两种树。此说不知出自何处。笔者认为，这些树是近几十年栽植的，当年出于安全考虑是不会在皇帝近身处栽树的，所谓驱臭功能也不过是附会之言。

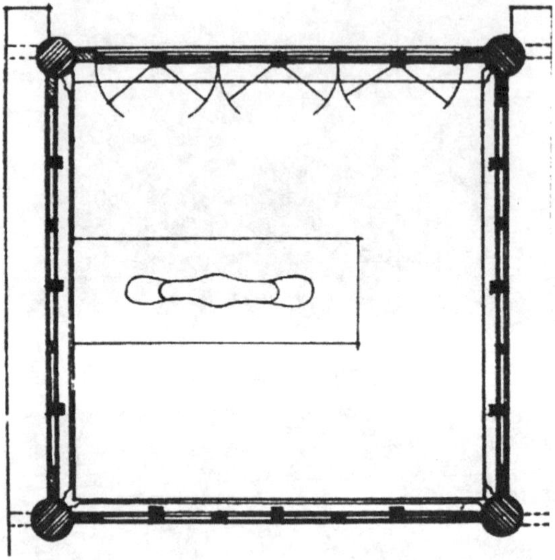

图22 “落花生”形蹲便池平面图

5. **宰牲厅**

宰牲厅是大祭小祭备制牛羊等“太牢”“少牢”的场所，位于正红门外西侧，与更衣厅东西相对，也是一座独立庭院。内有门房、宰牲厅、馔造房、照壁、涤品井。占地面积约四百平方米。门房与更衣厅门房相同，也是硬山式，共三间；宰牲厅坐北面南，硬山式，青砖青瓦。三间通连，前面无门，明间后檐墙留有通道。室内正中有炉灶，东西山墙的上部开有透气窗，无窗扇，面宽十一米，进深近六米，灶台直径一点六米，室内宽敞、通透。涤品井在北墙外，是屠宰牛羊之处；馔造房坐西面东，三间，歇山式，前后均有门，是制作牛羊祭品之处；照壁在西院墙正中，上面雕有麒麟图案，为青砖浮雕。

图 23　宰牲厅照壁

2003 年为“申遗”需要，沈阳市考古研究所人员对遗址进行了清理，从宰牲厅遗址清理出柱础石十余个及灶台遗迹；在馔造房遗址出土了十余个柱础和六根两米长的铁制炉箅子。此外，院内还保留一件用方形大木制成的门框式物件，横梁粗壮，正中有两只大铁环，门框四角饰有彩色雕刻，至今色彩未褪。估计可能是馔造房悬挂祭物的木架。

6. 神　桥

神桥位于正红门南五十米处，是一座三孔拱形石桥，桥长四十七米，宽十二米，原为青砖铺面（今改为条石），两侧有石雕护栏，上面雕刻着身披烈焰腾空飞翔的天马，还有蕃草、海水、江涯、花卉以及犀角等“八宝”。护栏上雕有“宝瓶云拱”及“俯莲式”望柱头，桥两端有守桥石狮子，桥下是玉带河。“神桥”是清朝帝王陵寝中普遍使用的建筑形式。它既有装饰陵寝建筑的作用，更有其实用价值。以昭陵来说，陵寝地势基本是前低后高，这样，每到雨季必然有大量的雨水从后向前泄出，神桥下的玉带河成了排水渠道，起到保护陵寝的作用。现在，虽然大多

图 24　宰牲厅遗址

数时间这里处于干枯状态，但在雨季仍是雨水盈河。据嘉庆十年（1805 年）档案记载，昭陵神桥“历史久远，砖石朽烂，多有损坏处”。说明此桥在嘉庆年间已严重破损。嘉庆十年（1805 年）及二十三年（1818 年），仁宗皇帝两次来昭陵祭祀祖陵，竟未修此桥。道光九年（1829 年）宣宗皇帝也来昭陵祭祖，同样未予修缮。直至道光十五年（1835 年），此桥破损更趋严重，亟待修整，可是，因为国库空虚，竟拿不出“钱粮”，只得一再拖延。光绪十五年（1889 年）又以此桥“历年既久，坍塌之处甚多”打算重新修筑。可是，经过司工们核算需银十五万两之巨，朝廷不得不再次放弃重修计划。1931 年 3 月沈阳市政公所根据辽宁省政府指令开始筹备修桥工程。然而筹备工作进展缓慢，直到当年 8 月 20 日才召集同兴、公济、东兴恒、维新四家公司进行投标，因维新公司投标最低而中标。但是，28 天之后突发“九一八”事变，沈阳陷入一片混乱之中，这项工程是否真的开始，不得而知。沈阳解放后，昭陵被列为省市两级文物保护单位，1984 年政府拨出二十四点五万元专款，对此桥进行翻修（《沈阳城建志》，页 277）。

7. 下马碑

昭陵周围原有六座下马碑。其中，四座在昭陵陵前，两座在东、西红门附近。陵前的四座下马碑，两座在新开河北岸（今220路公共汽车站及军区俱乐部附近各一座），两座在神桥桥南（公园正门以北约一百米）。这六座石碑保存尚属完好，碑的石材、选型、尺寸大小均无大的区分。石材都是青沙石，其中，新开河北岸下马碑身高四点五米，宽一米，厚零点四五米，石座为正方形，长宽各二点五米，碑座与碑身四角有“戗角石”，既可起到加固碑体的作用，也起到装饰美化造型的作用，碑身的上下首各刻有“如意纹”，中腰开光部分为碑文。六座碑的碑文不完全相同。其中，新开河北的两甬碑碑文是满、蒙、藏、回、汉五种文体，碑文是：“诸王以下官员人等至此下马”。碑阴与碑阳文字同出一式。其他四座是满、蒙、汉三种文体，碑文为“官员人等至此下马”。

下马碑是封建等级制度的标志，明清时期广泛应用在陵寝、宫殿、坛庙及至王府等处（王府只立“下马桩”），距离远近按尊卑等级有所不同。官员外出行走每遇“下马碑”必须下马、下轿步行而过，否则是违制，要受到参处。例如，崇德三年（1638年）五月，正黄旗固山额真阿代，路过盛京宫殿骑马招摇而过，被一名叫弗古海的阿哈看到，弗古海将此事报告盛京刑部，阿代被罚银五十两。应该说阿代受到的处罚还算是“轻典”。

昭陵在建陵之初有下马木牌或石狮子和红桩作为下马标记。例如，顺治八年（1651年）六月规定：“凡祭陵时诸王在狮子处下马，官员于红桩处下马”。随着陵寝制度的完善，乾隆四十八年（1783年）皇帝东巡盛京时决定把昭陵以及福陵、永陵的木下马牌一律改为石碑，“以昭永远”，显示国家“一统同文之盛”。据历史档案记载，乾隆皇帝对改为下马碑一事要求甚严，例如，九月十一、十八两日他在东巡途中，分别在夏园行宫（新宾永陵附近）及盛京行宫传旨给盛京工部侍郎，要求他立即着手办理。他还具体提出：下马碑要用“满、蒙、汉、西番、回子”五样字式，并尽快把设计图样画好，送他审定。由于这是钦定工程，各项准备工作进展顺利，开工时间经过钦天监大臣选定为乾隆四十九年（1784年）五月二十日寅时（晨3至5时）。届时，三陵下

图 25　下马碑

马碑工程同时破土。担当昭陵下马碑监修工程的是盛京工部主事长亮及员外郎麻强二人。工程历时三个月，崭新的下马碑全部雕造完毕并按时立起。

8. 红、白、青界桩

昭陵陵区四周原先设有三排木桩作为保护标志。这些木桩分为红、白、青三种颜色，每根木桩计高九尺、直径六点七寸。其中，红桩在风水红墙之外一里的地方，周围共有一百二十八根。白桩在红桩之外，两者距离十丈到二十丈不等，白桩共有九十

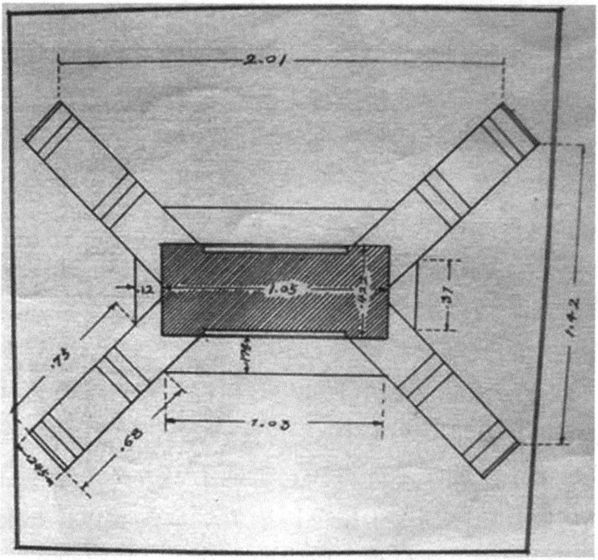

图 26　下马碑平面图

根。青桩在白桩外约十里，共有四十根（一说三十根）。青桩的范围是东起二台子，西至小韩屯（又称小函羊屯），北起三台子，南至保安寺。在此范围内全属昭陵法定保护区域。青桩上挂有小牌，上写：“军民人等不得取土、取石、砍伐、采摘，违者论罪；陵区重地，风水攸关，设立界桩禁止采樵、耕种”等字样。根据《大清律》规定：凡是擅自进入皇陵陵区者要受到杖刑一百的处罚。如果是守陵官兵有意将其放入，守陵官兵要受到同样的刑罚。对进入陵区打柴、放牧牲畜者要杖刑八十，对打猎捕兽者处罚更重，除受杖刑之外还要枷号两个月，或发配到极为边远的地区充军。特别是对进陵采摘人参者惩处极其严厉：情节轻者发配极为边远的地区，重者要处以极刑。可见界桩是大清法律的象征，大有令人望桩生畏之感。昭陵陵区范围最初仅限于风水红墙外围，在红墙四周设有“堆子房”（又称“堆拨”“堆子”），是守陵官兵驻守之处。八旗官兵只在风水墙外巡逻。雍正元年（1723 年）在风水墙外加设一排红桩（据说顺治时期建陵时已有红桩），陵区保护范围随之扩大；乾隆四十三年（1778 年）乾隆皇帝至盛京祭祀祖宗三陵，派兵部尚书福隆安等人巡视山陵。福隆安在昭陵、福陵红桩界之外发现那里有许多平民百姓的坟墓，又见有的地方还被开垦成耕地种上庄稼，有的地方甚至已盖起房屋聚成村落。福隆安将所见所闻如实向乾隆陈奏，并且提出盛京三陵亦应该按照关内清东陵、清西陵的规制，在红桩之外增设白桩和青桩，白桩之内禁止打柴、耕种、居住、牧放及安葬坟茔，青桩之内禁止烧窑取土，设窑烧炭。在白桩外设立下马碑，禁止官员在陵区内乘坐行走等，以利于皇陵的安全及尊严。这项议案得到乾隆皇帝的钦准。乾隆随即传旨盛京将军照此办理。于是，盛京将军衙门、奉天府衙门分别发出布告，布告八旗官兵及广大汉民，限期把埋在昭陵红桩附近的坟墓，盖造的房屋一律拆迁，对已经开垦的土地明年不许再种。逾期不遵者将由官方强行拆迁和平毁。从此，昭陵周围十里范围内俨然成为禁区，只有守陵八旗马队在青桩周围日夜巡视。乾隆四十八年（1783 年）三月，盛京将军永玮奏报："昭陵正红门前栅木在风水河北木丛中，红桩下马牌在风水河南树木之外，该处草木茂盛多被遮掩""请将栅木移于河南树木外""并将红桩向南展移二丈，饬该总管等不时查看"。据此可知，红桩在设置后又向南扩展。另据《桥山圣迹》记载，乾隆五十年（1785 年）（即增设青、白界桩七年之后），盛京工部侍郎德成提出：盛京是祖宗发祥之地，陪都重镇。其外城墙不宜继续用土城，应该按府州城池那样改用砖砌方可显示陪都规制的崇闳。德成还具体设计出了盛京新城的图形，把原来是圆形的外城改为方形，与内城形状彼此对称，也修有八座城门和四角角楼。德成的题奏受到乾隆皇帝的称赞。乾隆遂给盛京将军永玮、宜兴等人下达圣谕，令他们按德成的设想改建盛京外城。乾隆在谕旨中叮嘱他们道，要"确实勘估，从容妥办，以期工程坚固"，务必将外城修好，以显示他对开国龙兴地的重视。然而，盛京将军永玮和宜兴两人反复核审德成的方案之后发现：盛京外城的西北角修到昭陵青桩里边了，距昭陵陵寝仅有三里。按陵寝规制这里禁止烧窑取土，在这里修建外城极不适合，有碍昭陵"风水"。"龙脉攸关"，责任重大，永玮便将这个问题向乾隆皇帝作了陈报。由于问题涉及到祖宗陵寝风水，乾隆皇帝也显得无能为力。于是，他派来钦天监官员进行实地调查、测量。钦天监的勘验结果与永玮报告的完全相符。于是，乾隆不得不把改建盛京外城的庞大工程取消。从此，不再有人提出改建盛京外城的计划。终清之世，盛京外城一直是七尺多高的土围子，未做改修，原因即是怕触动昭陵的青桩桩界，破坏昭陵的“风水”。

此外，光绪年间发生过与昭陵界桩有关的事件。光绪二十四年（1898 年）沙俄修建大连至长春铁路。按照沙俄筑路工程人员提交的设计方案，铁路要从昭陵东侧红桩桩界通过。对此，三陵协领衙门多次向俄方提出交涉，理由是铁路靠近陵寝，于陵寝“龙脉”有碍，坚持要俄方把铁路改线到青桩界之外。沙俄列强有恃无恐，双方为此互不相让。但是祖陵风水攸关，最后，在清政府多次交涉下沙俄做了让步，修改了设计方案，把铁路向东延伸五里，避开了昭陵红桩和白桩桩界。

如今，这些界桩随着清朝的消亡，早已荡然无存了。

（三）古松“剪影”

昭陵的另一特色是那些漫漫于数里之间，苍翠欲滴，摇曳挺拔，虬展枝舒，参天蔽日而且井然有秩的古松群。这些古松生长在辽南千山，顺治初年从千山移植到此，成为“昭陵大家庭”的一员。它们的学名叫“油松”，属于常绿乔木，性耐寒，耐干旱，生命力极强，而且树龄愈老姿态愈奇，愈是疾风劲吹大雪压枝愈显得挺拔无畏。更为有趣的是，每当清风吹拂，它还会发出如同波涛之声，人称其为“松涛”。这些古松在黄瓦红墙古建筑群的衬托下形成昭陵又一幅独特景观。

皇陵栽植松树是一项古老制度，这项制度的起源据说与秦始皇有关：相传秦始皇有一次到山东泰山朝拜，在山上突然遇到大雨，由于附近既没有寺庙也没有村舍，只见道旁有一棵枝头如盖的大松树，众臣情急之下搀扶始皇帝到松树下就近趋避。这才躲过了这场疾风暴雨。由于松树救驾有功，秦始皇封它为“五大夫”“爵秩九品”。松树受到皇封有了封号，其地位由此高于其他所有树木，成了皇陵的专用树种。《太平御览》说：“天子树松，诸侯树柏，卿大夫树杨，士树榆，尊卑差也”。《周礼正义》中说：“尊者丘高而树多，卑者封下而树少”。这些记载说明墓主政治地位不同，所植树木种类、墓丘高低以及树木多少也有区别。据说，从秦汉以后，松树便被视为等级最高的树种了。从唐至明，从宋至清，除了元朝，所有皇陵无不依此制度行事，在陵墓广植松柏。

昭陵古松群各有名目，其中人们耳熟能详的是“八大朝臣”。所谓八大朝臣指的是隆恩门前西东两侧的八棵古松。这些松树的形态如同垂手恭立的大臣，又叫“站班松”。相传它们是陵主皇太极生前八位股肱大臣的象征。民间传说，太宗皇太极在位之时手下有八位辅弼大臣，他们是满洲“八大姓”：佟、关、马、索、祁、富、那、郎。其中，“佟”为“佟佳氏”、“关”为“瓜尔佳氏”、“马”为“马佳氏”、“索”为“赫舍里氏”、“祁”为“喜塔喇氏”、“富”为“富察氏”、“那”为“那拉氏”、“郎”为“钮祜禄氏”。每姓各领一旗，每当举行朝会，八旗旗长各按八旗左右翼侍立太宗左右；每当出征作战，旗长各率本旗人马按规定方位布阵攻坚，他们是太宗的左膀右臂，心腹重臣，为大清建立了丰功伟绩。太宗皇太极驾崩，兴修昭陵，特在隆恩门外栽植松树八株，作为“八大朝臣”的寓意。一是追念他们的勋业，再是“事死如事生”，一如既往地为太宗皇帝站班护陵，重续君臣前缘。据说，官府为保护站班松，明文规定隆恩门外除了这八棵“站班松”外，不许栽植其他任何树木。再有，如发现站班松有干枯现象必须即时上奏，皇帝将钦派大臣前来补栽，而且要由主管时令的钦天监选定吉日良辰，按照选定日时施工。又有传说称，清朝末年西南方向的站班松因年久将就枯倒，盛京将军崇实、盛京总督锡良奉旨先后两次到此办理：他们先在松树前面设置香案，面对老树上香叩头，念念有词进行祈祷；又派工匠多人在树下架起支撑木架防止它倾倒；还在树下浇水施肥。经过如此一场“综合治理”后，这棵古松竟奇迹般地死而复生，时人传为“异事”。1925 年昭陵监督员苗文华为保护站班松，用废旧琉璃瓦在古松根际各围成一个保护圈，以阻隔游人靠近古松及践踏古松根须；苗文华又见西北一株松树干枯，此松是前人所补栽，遂将其拔除，“新补一株”，竟然也成活。现今，“八大朝臣”已残缺不全。

除了“八大朝臣”，官书《大清会典》还记载说昭陵有“山树”“海树”“仪树”。“山树”指的是隆业山上下的树木；“海树”指的是风水红墙以外以及陵寝周围的松树，这部分树在昭陵是最多的；“仪树”则指的是红墙以里神道两旁的树木，这些树成行成趟横竖有序，所以又叫“趟松”(或荡松)。趟松的数量定制是一千六百二十五株；仪树与海树两者相加的数目为三千六百株。这个数目并非平白无故，据说这是按照太宗皇太极生前侍卫军的数目栽种的。皇太极生前有三千六百名内军，专以保卫皇宫内院的安全，这些军队分为两部分，一部分叫内侍卫军，数目是一千六百二十五人；一部分叫外侍卫军，数目是一千九百七十五人。昭陵的趟松与海树就是按内外侍卫军数目栽种的，“事死如事生”继续护卫他们的主人。另外还有一种说法，认为昭陵古松总数是四千八百零三株，这些古松是盛京城墙躲口及盛京驻防八旗军的象征，盛京城修建于天聪五年（1631 年)，城高三丈五尺，宽一丈八尺，周围九里三百三十二步，墙上外有躲口六百五十一个，内有女墙高七尺五寸；盛京驻防八旗军总数为四千一百五十二名，分别驻防盛京、兴京、金州等大小城堡，盛京城躲口与驻防八旗军总数是四千八百零三。这个数字与传说昭陵古松总数五千株的说法十分接近，估计五千株应是约略数字，精确一点说应是四千八百零三株。

朝廷对陵松的管理十分严格。这里有一篇咸丰皇帝给盛京将军奕兴的圣谕，说得十分清楚，现摘要如下。

> 奕兴奏：恭查陵山树株，酌拟章程，开单呈览，另片奏：三陵办理章程均拟划一等语。朕详加披阅，如，红桩内，稽察树株，酌分界限。明定赏罚。查山防御，轮班更换，并陵山树株造册存案，分别应存、应除严密

抽查。其青桩禁地划分界限以专责成。并添设卡房，酌派兵守护。所议均属周妥。嗣后每年查验树株，著将军（指奕兴将军）恭谒福陵、昭陵，兴京城守尉恭谒永陵，敬谨查看，仍由该将军遴派协领等官会同该总管等监视伐除。如有含混影射等弊，将监视各员一并参处。

这份《上谕》说的是对盛京三陵陵树采取的管理措施：陵树均有档案，对那些凡是因为枯死、倒伏等原因应该伐除掉的树，本陵衙门无权直接处理，要报告盛京将军，由盛京将军派出协领官与昭陵总管一起到现场，在他们的监督下方可将树砍掉。如果有营私舞弊行为要以盛京将军、陵寝总管是问。在保护陵树方面也要加强，例如，增加哨卡、堆房。令八旗查山防御经常查看。同时，对三陵陵树的管理权限也做了明确分工：福陵、昭陵陵树由盛京将军直接查验，永陵陵树由兴京守尉自己管理。当然，这里所说的陵树是指红桩之外的“海树”。朝廷对昭陵趟松、海树的管理同样非常重视，特别是趟松，昭陵总管每年都要向朝廷报告一次趟松的管理情况，每次奏报必须用“增，减，迁，退”四字详细说明，例如，全年增添几株，减少几株；迁几株，退几株。缺者均要即时补齐保持原数。

清代为保护陵树制定了很严厉的法律，其中对盗窃陵树者以及收买者都要处以重刑，这里列举一桩实例。乾隆二十三年（1758年）昭陵附近有一个叫祁柱的人，他伙同十名乡人进入昭陵青桩界内盗伐古树。接着又将这些陵树卖给了匠人湛柱和盛明阿。结果，案件被昭陵官兵发现，匠人祁柱等十一名盗树者被送往盛京刑部，刑部以“盗大祀神御物律”不问首从全部处决；对买树的湛柱、盛明阿二人因为购买木植不问明来历，案发后又不据实招认，被判“斩监候”，盗案发生所在地的守陵马甲因为失职，被发配到黑龙江充当苦差。

另外，朝廷为管理昭陵古松还设有专门从事管理陵树的“树户”。树户栽树也和修建官房一样，实行“保固”制度，保固期为三年，三年以内所栽树木未能成活的，树户要负责补栽。

六、后宫佳丽埋香地

人们常说皇帝有“三宫六院七十二嫔妃”。这话其实是形容后妃数量之多，并不是后妃制度。太宗皇太极共有后妃十五人——孝端皇后、孝庄皇后、宸妃、元妃、继妃、懿靖大贵妃、康惠淑妃、侧妃叶赫那拉氏、侧妃博尔济吉特氏、庶妃那拉氏、庶妃奇垒氏、庶妃颜扎氏、庶妃伊尔根觉罗氏，还有两位佚名庶妃。这些只是其中有名号有合法身份者，另外还有若干未生育的宫女不计在内。所以，皇太极的娇妻美妾虽然比不上“三宫六院七十二嫔妃”之众，但也是美女如云、名媛成群。

太宗这些后妃在香消玉殒之后归葬于四个地方——孝端文皇后、元妃及继妃葬入昭陵；孝庄文皇后葬昭西陵（今河北遵化）；宸妃葬宸妃墓（遗址在盛京城地载门外五里，最后归到昭陵贵妃园）；懿靖大贵妃、淑妃、侧妃、庶妃等十人葬昭陵贵妃园。这就是说，太宗除了皇后、元妃、继妃之外其他所有妃嫔都葬进了贵妃园一处，贵妃园是太宗后宫佳丽们的丛葬地。

图 27　贵妃园宫门

（一）昭陵贵妃园概况

1. 建筑及陈设

明清陵寝制度规定：皇帝、皇后的墓葬称“陵”，其他妃嫔、皇子、亲王、贝勒、公主等人的坟墓称“园寝”；皇后可以与皇帝合葬于地宫，其他妃嫔则另外建造一座独立的“园寝”安葬。

昭陵贵妃园的全称是“懿靖大贵妃园寝”又称“妃衙门”“后陵”，位于宝城以西约二百米处（今“烈士陵园”西南）。这里原是一处红墙绿瓦的建筑群：坐北朝南，红墙四面，呈长方形，前有宫门，内分前后两进院落：前院有享殿，果房，膳房；后院为坟院。面积大小及各座建筑尺度，据 20 世纪 30 年代日本学者左田弘治郎在《奉天昭陵图谱》公布的实测结果：红墙南北长四十九点七八米，东西宽二十七点六米，周长一百五十二米（一说四十九丈）。宫门三间，通面阔八点四七米，进深三点九八米，前后出廊。

前院正中为享殿，三间硬山式，四面出廊，顶铺绿色琉璃瓦，通面阔十点二米，进深五点八三米，檐下没有匾额，台基亦很低矮，台基长十八点一五米，宽十三点六三米，礓石蔡（台阶）三路，无月台和神道。殿内设宝床，上铺红毡坐褥，“以奉神御”，两侧各有配案一张。

享殿东西各有果房和膳房一座（按制叫“厢房”），也是三间硬山式。无前廊，顶铺青瓦，山墙青砖干摆，房屋用途和陵寝茶膳房一样，都是祭祀存放祭品用房。

“坟院”位于享殿后身，南北长十七点四五米，东西宽二十六点七米。内有土冢十一座，其排列方式是：正中四座，按前后各两座排列；东侧三座，按南北方向排列；西侧四座，其排列与东侧相同。这些土丘的外表与民间土坟无大区别，只是在地下部分用青砖砌成圆柱形墓室，墓室内放置骨灰罐。估计随葬品即使有数量也很少。这些土冢就是妃嫔们的长眠之处。

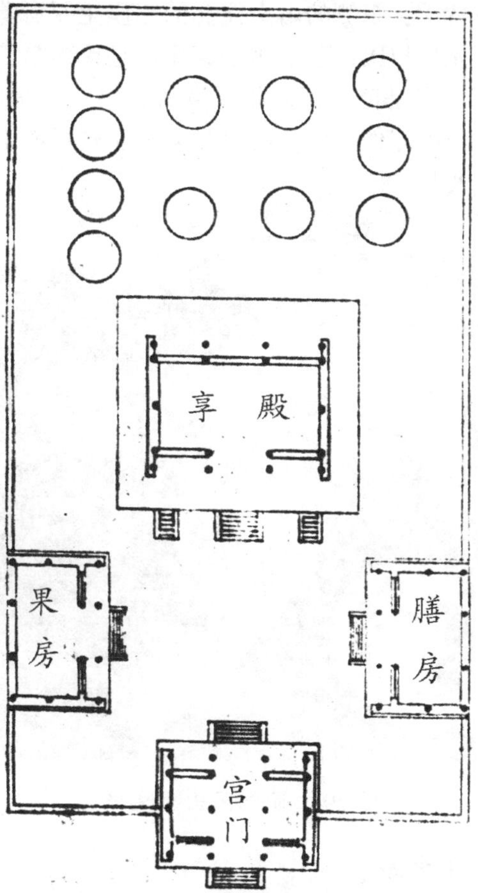

图 28 贵妃园平面图

2. 妃嫔们的具体葬位

坟院共有十一座丘冢，具体都是那位妃子的坟头？一直是人们特别关注的问题。本来主管衙门有这方面的资料，但由于战乱已不明去向，如今已无从查找。笔者综合各方面史料认定各妃嫔的具体葬位如下，中间四座丘冢地位最尊，是大贵妃、淑妃及两位侧妃的墓穴，其排列顺序应当是：前排之左（东）为懿靖大贵妃，前排之右为康惠淑妃；第二排之左为侧妃叶赫那拉氏，右为侧妃博尔济吉特氏；东侧的由南往北的三座土冢所葬妃子是：东侧第一座是庶妃那拉氏；第二座是庶妃奇垒氏，第三座是庶妃颜扎氏；西侧第二座是庶妃伊尔根觉罗氏，第三座是庶妃佚姓氏，第四座是另一位庶妃佚姓氏，而西侧第一座则可能最后迁进贵妃园的宸妃墓（见图28）。

图 29　贵妃园出土文物

3. 两位主要名媛

贵妃园的十一位妃嫔中有两位是清初历史上颇有声望的丽人：一位是麟趾宫大贵妃，一位是衍庆宫淑妃。

大贵妃谥号“懿靖”，本名“娜木钟”（又译作“金宗”），姓博尔济吉特氏，是蒙古阿巴亥部郡王额齐格诺颜之女。此女初嫁察哈尔林丹汗，史称“囊囊太后”。林丹汗是北元末代蒙古大“汗”，曾一度立志统一蒙古，但他缺乏这样的历史机遇和条件，最后为皇太极所败，天聪八年（1634年）夏在逃至青海大草滩因患时疫病殁。林丹汗死后，娜木钟率领其部欲投奔盛京。天聪九年（1635年）二月，皇太极派多尔衮、皇托、萨哈廉、豪格四位贝勒至黄河以西搜寻林丹汗太子额哲及其母后，途遇娜木钟一行，娜木钟向他们提供了额哲驻地所在位置，四贝勒一方面派大臣护送娜木钟至盛京面见皇太极；一方面继续前行执行军务。娜木钟抵达盛京后，皇太极本想把她嫁给哥哥大贝勒代善，而代善却嫌娜木钟财产少，执意不娶，尽管皇太极多次好言相劝，代善还是不改初衷。皇太极思之再三只好自己娶了这位“寡妇”为妃。崇德元年（1636 年）建国册封五宫后妃时，封她为西宫大福晋，定居麟趾宫。又称其为“麟趾宫贵妃”。崇德四年（1639 年）贵妃的父母额齐格诺颜夫妇从遥远的蒙古草原来到盛京看望女儿，女婿、贵妃率领诸王贝勒的命妇们出城迎接。女婿皇太极则在清宁宫设宴，隆重款待岳父岳母，并给予其厚赏，以尽岳婿之礼。贵妃生有一子、一女，子为博穆博果尔，封为襄亲王，女下嫁噶尔玛索诺木额驸。崇德八年（1643 年）太宗驾崩，由皇九子福临继位，贵妃晋封为“太妃”。顺治元年（1644 年）迁都北京，太妃随龙入关，从此深居宫禁。顺治八年（1651 年）福临亲政，加封太妃尊号曰：“懿靖大贵妃”。康熙十三年（1674 年）十一月初十，年迈的大贵妃病重。康熙陪同孝庄皇太后御辇步行进宫探视。同月二十日病逝。康熙与孝庄皇太后前往举哀、祭祀，辍朝数日，以示哀悼。不久，其梓宫送盛京火化，归葬昭陵贵妃园寝。

衍庆宫淑妃，名叫巴特玛·璪，姓博尔济吉特氏，来自蒙古阿巴亥部，父名塔布囊博第塞楚祜尔。巴特玛和懿靖大贵妃一样，都是察哈尔林丹汗的妻子，史称“窦土门福晋”。林丹汗死后她率先于天聪八年（1634 年）八月投归皇太极。此时，皇太极西征行至术湖尔伊济牙尔地方，与巴特玛相遇。说来也巧，皇太极在巴特玛归附之前做过一个梦，梦见有一只“文雉飞入御幄”。第二日早朝，皇太极向群臣讲了此事，让大家给“圆梦”。群臣一致恭维说：皇上将有喜事。巴特玛·璪的出现正应了梦境所示。于是诸王大臣纷纷奏请皇太极娶此女子。皇太极虽然满心欢喜，却又担心别人说他“好色”，遂假意推辞。大贝勒代善看出皇太极本意，出面竭力相劝，并说这是“天所赐也”，天意不可违。皇太极又故意推脱说再考虑考虑。皇太极思考了三天。第四天，他对文馆大臣龙什、刚林两人说：我已考虑过，大贝勒等坚劝朕纳窦土门福晋，朕恐未合于义，本不敢擅娶。但大贝勒奏说这是天所赐，朕是天子不能违背天父之意。遂派大臣希福、达雅齐前往窦土门福晋驻地迎娶，并就地举行婚礼。崇德元年封巴特玛·璪为次东宫衍庆宫淑妃。顺治元年（1644 年）淑妃从龙入关，顺治九年（1652 年）加封尊号“康惠”，称“康惠淑妃”。康惠淑妃卒年未明，死后移棺盛京葬入昭陵贵妃园寝。康惠淑妃有养女一人（实为其前夫林丹汗之女），嫁给九王多尔衮为福晋。

贵妃园寝除两位名妃之外，其他人包括两位侧妃都被统称为“格格”。“格格”这个词按满族传统指的是“皇族女子”。清代皇族女子分五个等级：亲王的女儿叫“和硕格格”，又叫郡主；郡王的女儿叫“多罗格格”，又叫县主；贝勒的女儿也叫“多罗格格”，又叫县君；镇国公、辅国公的女儿称格格，又叫乡君。由于清代存在这种制度，所以很多人误以为昭陵贵妃园所葬的格格是皇太极的女儿。其实，“格格”一词的含义不完全是皇族女子，皇上一些无名号的宫女也泛称格格。例如，清东陵和在易县的清西陵，这两座陵墓的妃子园寝中都葬有格格，这些格格都是一些无名号的妃嫔。

4. 祭祀与守护

贵妃园的祭祀次数和陵寝祭祀几乎一样，大祭每年四次：清明、中元、立秋、岁暮；小祭为每月的初一和十五。皇帝东巡谒陵也要派遣官员到此“致祭”。但是由于园寝主人们的地位所限，其祭祀等级要比帝陵祭礼低得多，诸如在祭品方面，祭器方面，礼仪繁简程度和主祭官员品级方面均有很大差别。例如，每年四时大祭的主祭官，不是“恭代”皇帝的将军大人或其他高官，只是由本陵的掌关防官的命妇们主持，其礼仪也十分简单，只向神牌奠酒、行二跪六叩头礼。每月的朔望日小祭礼仪更简便，仅向神牌行礼而已。只有在皇帝东巡大祭昭陵时，对贵妃园祭祀礼制有加，在祭品中增加有“饭桌、饽饽桌、羊、酒、奶茶”等项，在使用祭器方面级别也较低。不像陵寝那样，使用豪华的镶嵌宝石的金器和银器，而是以瓷器为主。这些瓷器有鹅黄瓷器八十一件，金黄瓷器八十一件；另外还有备用鹅黄瓷器和金黄瓷器各八十一件，等等。

贵妃园寝的守护和管理虽然在总管衙门和关防衙门之下，但其有自己的一套人马，设首领二人，由陵兵中挑选任职，甲兵十九人，另有四品官一人，系汉军佐领公缺，每年加支俸米一百零五斛。外郎二员，领催八名。这些人有的专职守护，有的专责祭祀。园寝四周另有堆房二座，是巡守官兵驻扎之处。再者就是守护骑兵中有的还是身份最低的食辛者库人（详见下文）。

（二）宸妃归葬贵妃园

1. 初葬地载门外五里

宸妃名“海兰珠”，姓博尔济吉特氏，是蒙古科尔沁部大领主寨桑的女儿。生于明万历三十七年（1609 年），天聪八年（1634 年）十月以二十六岁的大龄嫁皇太极为妃。此时，海兰珠虽然妙龄已过，但她的成熟丰采更增添了她的魅力，因此备受太宗钟爱，两人感情甚笃。所以，当崇德元年（1635 年）皇太极建国称帝册封五宫后妃时，封她为“东宫大福晋”，地位仅次于中宫皇后。宸妃居住的宫，被太宗命名“关雎宫”，这个宫名很有寓意。“关雎”一词出自著名的《诗经·周南·关雎》篇：“关关雎鸠，在河之洲。窈窕淑女，君子好逑”。此诗序云：歌咏“后妃之德也”。实际是一首情歌，诗中以鸟喻人，表现男女情爱。皇太极选择这个词句作为海兰珠的宫名，意思十分明确。崇德二年（1637 年）海兰珠生皇八子。皇太极决定立其为皇太子，这个决定有两点原因，一是出于对海兰珠的恩爱，将来可以使她成为实际的“皇后娘娘”；二是此子的排序与皇太极自己的排序巧合，皇太极认为这可能是立为太子的天意。皇太极为庆贺立储，特意在大政殿举行隆重的仪式，向天下颁诏宣布这一重要事件，并举行宴会和演百戏，万民同贺，蒙古各部和朝鲜也派人前来恭贺。但是，好景不长，皇太子出生不足七个月竟然夭折。这件突如其来的事件给皇太极和宸妃的打击很大。特别是宸妃在感情和心理上遭到的创伤尤重。并由此抑郁成疾。崇德六年（1641年）正当皇太极亲率八旗劲旅于辽西松杏大战前线督战，突然传来宸妃病危的噩耗。皇太极连夜从前线赶回盛京，结果宸妃已死，两人未能见最后一面。皇太极悲痛欲绝，竟然昏厥在宸妃棺椁之前。众臣见此情形，恐皇太极身体受损屡屡劝导。都察院参政祖可法、张存仁对太宗说，“宜以理抑情”，不要过度悲痛，应以国事为重。然而，皇太极根本不听劝阻，只是连哭不止，甚至完全失态。祖可法、张存仁见状再次进劝说：“皇上以万乘之尊，为中外之所仰赖，臣民之所归依。今皇上过分悲痛，大小臣工不能自安。切思：夫妇人伦之大道，皇上眷爱，情固难已。但以臣等愚见，皇上于情宜哀，于理未免太过矣，况天佑皇上底定天下，抚育兆民，皇上一身关系重大。今天威所临，功成大捷，松山、杏山、锦州克取在指颐间。此正我国兴隆，明国败坏之时，皇上宜体天意，自保圣躬，可为率不可自爱乎？”祖、张二位言臣所劝可谓入情入理，真挚感人。而皇太极却由于悲伤过度情绪仍难于自控，竟然连续六天不吃不喝，最后语言无绪，再次昏厥。诸王大臣吓得急忙在神佛前叩拜祈祷，时过许久皇太极才苏醒。皇太极对宸妃的深情还表现在“谥号”上。按定制，后妃死后都要加“谥号”。所谓谥号是对其德行品评概括的定语，一般只用一两个字。而太宗对宸妃却“优礼有加”，谥号为“敏惠恭和元妃”，字数不仅比一般后妃多，而且还称她“元妃”。元妃一般仅指头一位大妃，而宸妃并不是大妃。所以这个谥号很特殊，很不合规制。

崇德六年（1641年）九月十八日宸妃病故。翌日出殡，移棺于城北“地载门（小北门）外五里”，“暂殡”在临时搭盖的芦殿之内（《清太宗文皇帝实录》卷57，页37）。出殡时，太宗亲率诸王以下牛录章京以上各级官员，以及固伦公主、和硕福晋、和硕公主、多罗福晋、多罗格格以下，梅勒章京以上各级命妇，上上下下数千人组成的送葬队伍。丧后“三日”举行火化，将棺椁及随葬珍宝、衣被等日常生活用具均“烧火”（《沈阳状启》，页357）。同时，还将一批“纸屋、纸塔、以五彩红为彩幡、彩钱、彩花”等祭物一起烧掉，所烧祭物“极其丰侈，费至万金”（《沈阳日记》（辽海丛书本），页429）。在仪式上还有大批僧人、道士、萨满各按本教祭祀方式咏经、作法和跳神，祈祷宸妃“早生福地”。十月二十七日太宗追封宸妃为“元妃”，谥号曰“敏惠恭和”。太宗再一次率领诸王大臣及公主、福晋、命妇等人来到宸妃墓所举行告祭礼。

宸妃过世之后，太宗夜不能寐，情绪十分低沉。诸王大臣为此奏请其外出打猎，“阅武畅怀”（《大清太宗文皇帝实录》卷58，页7、16），调节心绪。十月十三日，太宗前往“蒲河”狩猎；十一月十三日前往叶赫狩猎。然而，太宗每次从城北狩猎归来，途经宸妃墓，见景生情，总要下马祭扫痛哭一场。所以，从此很少再有人奏请北部狩猎。

宸妃墓祭祀频繁，每月举行月祭，每年以“草木萌芽时节”（即清明）及岁墓举行大祭，朝鲜国王还多次派太监专程前来“进香烛礼物”致祭。宸妃火化后二年有余，于崇德八年（1643年）二月初十埋入地宫。这次大礼太宗因“圣躬违和”未能躬临现场，只派“和硕亲王以下及大臣俱往祭”（《大清太宗文皇帝实录》卷64，页10）。半年之后太宗本人也因病晏驾。

2. 归葬贵妃园

清朝入关，一统中原，天下承平。从康熙至道光五代皇帝有四位皇帝先后十一次回到“祖宗发祥地”盛京祭祀祖陵，成为一项定制，名曰“盛京东巡”。皇帝东巡在祭昭陵同时都要向宸妃园寝祭酒。其中，康熙皇帝“亲诣”宸妃园寝祭酒；乾隆皇帝改由大臣“恭代”。嘉庆皇帝因之，道光皇帝史料记载从简，估计与嘉庆皇帝祭式相同。

关于宸妃的葬地至今仍有若干疑问，笔者认为光绪二十四年（1898年）沙俄修“南满”铁路，位于地载门外五里的宸妃墓恰在这条铁路线上，因此被强制“动迁”，宸妃墓遗址从此消失。至于宸妃归葬昭陵贵妃园的时间可能要早①。

（三）贵妃园的荒废

贵妃园寝至清朝末年已经年久失修，到20世纪30年代倒塌倾圮不堪入目。1931年5月29日沈阳市长李德新就北陵贵妃园现状报请辽宁省政府备案。案由如下。

为呈报事：

案据北陵公园管理处报称：窃查，职处贵妃陵，废置多年，从未葺修，其正殿三间，惟东面墙壁巍然独立，其余既行坍塌，椽板屋瓦完全无存，殿外门楼一所，后坡完全坍塌，前坡亦所有无几，椽木望板破坏十之七八，屋瓦毫无所留，惟外围墙稍称完整，然东北及西北两角，各裂有砖痕一道，均长丈余，宽约三寸，墙壁向外倾斜，势将就圮，以上情形实属破坏太甚，不截修理，合具文呈请鉴核备案等情。

据此，本所复查属实，理合备文呈报，鉴核备案。

谨呈：辽宁省政府。

当时，日本学者村田治郎在此做过详细调查并拍了许多照片，这些资料留下了贵妃园最后的残貌。笔者曾于1993年走访原北陵公园管理处主任潘国福同志，据他回忆说：“贵妃园在国民党统治时期曾被盗挖，出土情况不明。20世纪50年代将其拆除，从此贵妃园成为一片废墟，现在的公园照相部就是用这里的砖建盖起来的”。

沈阳有两座贵妃园，福陵那座已荡然无存，而且距离陵寝较远，恢复的希望很小；而昭陵贵妃园在这些方面有很大的优势：其一，遗址历历在目，特别是十一座墓冢基本保存完整；其二，有较多的档案史料（包括珍贵的图像资料）作为修复的科学依

① 详见：拙作《宸妃葬地释疑续》，文载：《关外三陵论文集》。

据；其三，园寝在昭陵范围内，无论是安全保护还是开放展示都很方便。为此，应该将其修复，按原状陈列，向公众开放展示，这对保护世界文化遗产，保护昭陵意义重大。目前已在其遗址上树立说明标牌，下一步应在《昭陵游览图》中将其位置明确标绘，恢复昭陵的完整面貌。

七、永伴君王的陪葬墓

自古以来，皇帝陵墓均有一批亲属、近臣众星捧月般的陪葬在其周围，与主陵共同组成规模宠大的陵园。特别是唐太宗的昭陵，“陪葬总人数远远超过了二百人”（刘向阳：《唐代帝王陵墓》页56），达到历代陵墓陪葬人数的“峰值”。沈阳昭陵仅设有武勋王杨古里墓、贞臣敦达里与安达里墓及奶妈坟三座陪葬墓。虽然从数量无法与唐昭陵相比，但却体现了皇陵陪葬制度，而且各有其自己的历史内涵和特色。

（一）武勋王杨古里墓

武勋王杨古里墓，在昭陵陵寝以东约三里上岗子村，是昭陵左配陪葬墓。墓地有丘冢三座，神道碑两座，看坟坟丁八户，祭田六百余亩。

杨古里是一位功勋卓著而又充满传奇色彩的人物。姓舒穆禄氏。生于明隆庆五年（1571年），祖籍珲春（今吉林省东陲）。父名郎柱，是女真库尔喀部的酋长。万历十一年（1583年），清太祖努尔哈赤“起兵”统一建州女真之际，郎柱与努尔哈赤“时通往来”，过从密切。郎柱因感谢努尔哈赤的恩德便把年少的杨古里送至建州服侍努尔哈赤。当时，女真各部相互残杀、相互吞并十分激烈。郎柱在送走杨古里后不久便在一次部落混战中身亡。他的妻子身背幼子骑马挟弓，“左右射”冲出营寨而脱身，投奔努尔哈赤。不久，杀害郎柱的凶手也归顺了努尔哈赤，杨古里听说，不顾一切，将仇敌杀掉，并割下仇人的耳朵和鼻子当着众人的面吃掉，以表示对仇人的切齿之恨，时间是万历十三年（1585年），杨古里当时只有十四岁。努尔哈赤听说甚表惊讶，赞扬说他非同常人可比，从此对他更加赏识。并嫁女给杨古里，收

图30　武勋王杨古里陪葬墓

他为额驸，与他的关系更加密切。杨古里不仅胆略过人，而且英勇善战，勇猛异常，战功卓著。起初，努尔哈赤派他守卫鸭绿江，杨古里忠于职守，严密防护，对入侵者打击有力，致使敌人闻风丧胆，不敢入犯；万历二十七年（1599年）征哈达部之战，杨古里冲杀在前，率先登上哈达城，哈达部贝勒孟格布禄与杨古里交战，被杨古里活捉，为兼并哈达部立下殊功；万历三十五年（1607年）珲春斐悠城酋长向努尔哈赤表示愿意归附，努尔哈赤派长子褚英等人前往迎降。杨古里率兵三百护送。行至朝鲜境内乌碣岩地方，遇乌拉部万余名兵马拦截。这时杨古里手下官兵见敌人人多势大，退缩不前。杨古里高声对大伙说："你们平日在家总说，与其在家死于病，不如在战场死于拼。死在战场可报效于国、显名于后。现在是践约的时候了，怎么能背言退却不前呢?”说着，杨古里手持矛驱马冲入敌阵，众兵在他的激励下个个奋起与敌人拼杀。结果打得敌人大败而逃。天命四年（1619年），明清两军在萨尔浒展开一场殊死大战，杨古里在战场上受伤。当时努尔哈赤有命令，凡负伤者可下战场，不必再战。而杨古里却不顾伤痛，依然率领十牛录兵马继续战斗。在尚间崖战场，杨古里领兵从山上疾驰而下，给明将马林官兵以重创，为萨尔浒大战的胜利立下汗马功劳。杨古里作战不仅身先士卒，置生死于不顾，而且军纪严明。例如，天命六年（1621 年）攻打辽阳城，因城壕深而宽，众兵畏难不前。杨古里遂拔出腰刀，令其本族士兵先登，有一兵迟迟不前，杨古里走过去挥刀将其砍杀，以正军法。众军皆畏，奋力向前，辽阳城遂克。杨古里身经百战，战功卓著，而且多次负伤。为此，努尔哈赤在夺下辽阳城之后给他下了一道旨令：今后不再准许他参战，并授给他一等总兵官的爵位，统领左翼八旗，其地位在众官之上、八旗诸王之下。但是，他不愿养尊处优，仍然是手不离刃，身不下鞍，最终在战场上捐躯。崇德元年（1636 年）征朝鲜，在攻打汉城的一次战斗中，杨古里被朝鲜士兵用火枪击中身亡，终年六十六岁。太宗皇太极亲临其丧，并赐给他御用衣冠一套随葬。又下令将其陪葬太祖之陵。准许杨古里家八牛录每牛录出一户前去守墓。追封他为武勋王，成为清初第一位异姓王。崇德二年（1637 年）十一月，太宗钦赐墓碑。其碑文曰：

宽温仁圣皇帝制曰：咨尔超品一等公额驸杨古里，为国宣力克建懋勋，爰仿古制追封尔为武勋王，遣官谕立碑墓道，以垂不朽。

崇德八年（1643 年）太宗驾崩，顺治皇帝以杨古里与太宗生前关系亲近，又将其改陪昭陵。康熙皇帝东巡祭祖，几次亲至杨古里墓奠扫。并为他立碑，此碑全文如下。

御制开国佐运功臣武勋王杨古里碑

朕惟：我国家创建丕基，开无疆之景运，既笃生神圣英武之君，以翦除乱逆，启辟疆宇，戡定诸邦，一统之盛，肇于东土。其时则有一德一心之佐，殚忠戮力，经营四方，以翊鸿猷，而成大业。盖天实挺生异才，钟山岳之灵，挟风霆之气，贞诚不贰，毅勇无伦，名高百战之勋，位超五等之爵，垂声竹帛，配食庙廷，以与国家共承休祉，子孙世衍其泽，是岂偶然者哉？当我列祖之龙兴也，一时人材蔚起，猛士如云，战将如雨，以艺勇称，以功名显者，不可胜数。而功冠诸臣，为一代元勋，则开国佐运武勋王杨古里尤为杰出焉。朕尝恭览列圣实录，考武勋王行事，折冲行间，则战必胜，攻必克；平居则矢忠直，赞谋划，丰功伟绩。至焜耀简编，未尝不缅想英风，兴怀往绩，昔人创造艰难，枕戈擐甲，栉风沐雨之劳，恒流连往复，不能去于怀也。岁在戊寅，朕巡行旧京，展祀陵寝，追维祖宗功德隆盛，并及当时佐命之臣。丘垅所在，皆遣官致祭。而于武勋王之墓，特亲至奠醊，以示优崇。仍复专官祭享，盖功在社稷，以死勤事，古人爰有明禋之典，朕笃念勋庸，用申异数。并为文勒诸贞石，以昭示于无极焉。

康熙三十九年　月

康熙皇帝亲奠杨古里墓成为东巡定制，此后其他皇帝东巡无不效法。特别是乾隆几次御制诗文颂扬杨古里，例如，他在第四次东巡时所作《赐奠功臣杨古里墓》：

别部自为长，来归识圣人。
报仇甫十四，努力以终身。
所重心惟赤，更兼勇绝伦。
鼎湖伴咫尺，千载会精神。

嘉庆、道光皇帝东巡盛京也赋诗称赞杨古里的忠勇。嘉庆皇帝的《赐奠杨古里》诗曰：

应运佐开国，来归屡立功。
奋威抒勇略，致敬竭诚忠。
尚主恩沦浃，封王泽渥隆。
二陵永垂庇，风马骋高空。

杨古里一生效力国家劳绩懋著，其子孙沾恩世代高官厚禄，受到特殊礼遇。如乾隆八年（1744 年）其孙丰升额因借镶蓝旗生息银四千两无力偿还，债主人屡加催逼，为此，向朝廷奏请预借俸饷五千两还债。乾隆皇帝说，丰升额是功臣之后，现在家庭艰难，如果预借饷银还债，家小全年生活更为困迫，破例恩赏白银五千两，以示对功臣子孙的厚爱。

嘉庆年间守墓坟丁八户中有个叫刘达子的，因遭官司被除籍。同治年间七户坟丁是孙六、吴大小、赵亮、马二、中身保、陈吉、赵祥。清末民初守墓坟丁为赵玉林、马荣志、伊隆阿、刘宝珍四户。

（二）贞臣敦达里与安达里殉葬墓

敦达里与安达里殉葬墓遗址，位于陵寝以西约三里的“罗家屯”（今皇姑区黄河北大街香炉山路附近），是昭陵右配墓。敦达里和安达里本是八旗基层首领牛录章京，崇德八年（1643 年）太宗皇帝驾崩，二人先后“自愿”殉葬，从此被列为“忠君”典范，受到特殊礼遇，推崇备至。其子孙也因此世受殊荣，世代显达。

敦达里，姓郭尔罗斯氏，满洲镶白旗人。与太祖努尔哈赤的亲臣沾河城长常书、扬书是同族。敦达里还在孩提时便被选入太祖家，专门服侍第八子皇太极，这种“幼仆”满语叫“哈哈珠子”。清初在一些贵族之家均有这种哈哈珠子。敦达里成年之后，太祖以他服侍皇子有功，赏给他十户奴仆等财产。天命十一年（1626 年）八月，太祖驾崩于沈阳埃鸡堡，皇八子皇太极继位。敦达里为表达他对皇太极的忠心，在继位典礼上向太宗发誓，愿意在太宗百年之后随葬于地下，永世服侍太宗。崇德元年（1636 年）建国大清，太宗去“汗”号称皇帝，分封诸王王号，封长子豪格为肃亲王，并建造肃亲王府。太宗因与敦达里感情深厚，便将他赐给肃亲王，为贴身亲僚。敦达里在离开皇宫前往肃亲王府之前，太宗皇太极亲自召见敦达里面授旨意说，你自幼服侍于

图 31　贞臣敦达里与安达里陪葬墓

我，感情诚笃。今将你赐给肃亲王，此后你要以侍我之诚辅佐肃亲王，如果见到他有过失之处，你要及时相劝。并赐给敦达里牛录章京世职，掌管肃亲王府。敦达里为人忠直敢言，加上又有皇帝的亲旨，更为理直气壮。一次，敦达里见肃亲王豪格处事有违典制，就出面劝告豪格。而豪格自恃是亲王，未把敦达里放在眼里，依然我行我素，敦达里无法，便进宫去见太宗皇太极告御状。豪格听说十分气愤，竟然把敦达里赶出肃王府。皇太极得知，将豪格、敦达里召进皇宫，当着敦达里的面把豪格申斥一番，豪格理屈词穷不敢申辩，太宗又把自己穿的一件御袍脱下来赐给敦达里，一是表彰他的忠直，二是给豪格看，让他不要小看敦达里，而后命他回肃王府管事。崇德八年（1643 年）八月初九，太宗在清宁宫驾崩的消息传出，所有官民全都换上孝服，只有敦达里没穿，反而换上朝服进宫，向诸王表示要为太宗殉葬。诸王们说，太宗生前已将你赐给肃亲王，你安心服务于王，可不

图 32　贞臣安达里墓出土的骨灰罐

必再殉皇上。可是敦达里态度十分坚定，并对诸王说："我自幼受皇上恩惠，即使变为犬马也难报其恩。从前，我曾在太宗面前立过誓言，今天如果不践约岂不是虚言诳主吗?"诸王见敦达里如此"诚切"，遂准许了他的请求，并派梅勒章京吴达海等人护送敦达里回家，监督敦达里在自家蒙古包里殉死，然后将其遗体抬至皇宫崇政殿太宗灵旁，这件事发生在太宗殡天后第七天。诸王为表彰敦达里，赏他三等甲喇章京世职，由他的子孙世袭罔替。还决定免除其家一切徭役。如果其子孙有违犯国法行为，应赦者全部赦免，不能赦免可减等，从轻处置，不犯死罪。这些礼遇除了亲王、贝勒之外，其他大臣无法享受到。

殉葬墓的另一位主人安达里，姓颜扎氏，满洲正黄旗人，祖居叶赫部。天命初年（1616 年后），努尔哈赤兼并叶赫部时安达里率领族人归附，努尔哈赤委任他牛录章京世职，从此屡立战功。例如，天聪八年（1634 年）征明，安达里奉命去铁岭加工粮谷，为清军供应给养。中途遇到蒙古兵拦劫，安达里孤军深入，将敌人全部击溃，并多有缴获；在攻打永平府时，因城池坚固，屡攻不下。皇太极从八旗将士中钦点二十四员猛士组成“敢死队”，安达里为其一。他身披重铠，冒着明军猛烈炮火把云梯立在城上，第一个登上永平城，为夺取永平立下首功，因而获得厚赏；崇德三年（1638 年），安达里在攻打蓟州城时立功，被晋升为三等甲喇章京。安达里本是出身“微贱”的下级官员，因战功屡受晋升。因此，他一再说太宗对他有“知遇”之恩。太宗驾崩之后，安达里效法敦达里，主动要求殉葬太宗。他的这一要求诸王没有阻拦，而得到赞许，诸王令八旗旗王每人赐给安达里衣服、靴、帽各一套，其官爵也从三等甲喇章京晋升为梅勒章京（副都统），由其子孙世袭罔替。其他待遇和敦达里一样。安达里在临终之前向诸王请旨说：当我在另一个世界见到太宗在天之灵，太宗若问起后事来我该如何回答？诸王表示说，请你转奏太宗，我们诸王一定要好好拥戴幼主（指顺治皇帝），请求太宗在天之灵护佑。这样，安达里在诸王面前自尽身亡，与敦达里一起陪殉。

顺治十三年（1656 年）世祖福临为彰扬敦达里和安达里的忠君之举，钦赐墓碑立于神道，安达里墓碑碑文如下。

追赠三等阿思哈哈番照一品品级立碑，谥忠介安达里碑。朕□见危授命，臣道之常。至若邦国无虞宫车抱痛，独能恋主捐躯，稽诸载籍，罕见其人。

尔安达里擐甲从龙勤劳乃著□，皇考太宗文皇帝上宾之时，感念深恩，不惜身殉，永期侍从在天之灵，可谓毕志殚诚，恋主致身者矣。朕每眷山陵辄怀感烈。兹特照一品品级赐以嘉名，勒之贞石，用旌一心之谊，国典臣忠，庶拜乘斁哉！

大清顺治十一年五月十三日立

另一甬敦达里碑碑文失传。敦达里和安达里殉葬墓四周曾有围墙，前有墓门和享堂（俗称衙门），还有石桌及石五供。清同治年间在此看坟坟丁是八十九、张来旺、傅万库、三儿四户。其中看守安达里坟者是罗、傅二姓，看守敦达里坟者是张姓等二户

(另一户姓氏不明)。他们各侍其主互不相扰。其地原名“西老爷屯”，后因看坟壮丁罗姓繁衍成大户，约在清末民初称罗家坟。现在这里尚有坟丁罗姓、傅姓的后人定居，只是两座殉葬墓早已夷为平地，地表已无任何遗迹可寻。1980年7月，沈阳市皇姑区第二建筑工程队在其地施工建筑居民楼时，于地表下六十厘米处发现一方形墓室，遂报沈阳市文物管理办公室。经市考古队发掘清理后得知，此墓平面呈凸字形，南北向，北偏西18°，长二点七六米，宽二点三米，从地表至券顶内高一点一二米，墓门长零点八八米，宽一点二米。墓室用青砖掺白灰、河沙砌筑，十分坚固。墓内出土文物有七件：盛骨灰用的有盖清花罐一件，釉陶罐二件，绿釉碗一件，绿釉盘一件，银铲一件，正方形青石一块，此石在出土时上有用朱砂写的字，只是已无法辨认。此系安达里墓。而另一座敦达里墓至今未发现。不过当地人传说，数年前有人挖菜窖时曾挖出一座坟。不知是否为敦达里墓，处理情况及出土情况均不明。清初流行人殉习俗，然而留下遗迹和遗物者不为多见。这座陪葬墓不仅作为昭陵的组成部分，应受到重视，作为清初人殉葬遗存亦应引起研究者们的关注。

（三）奶妈坟

“奶妈坟”位于武勋王杨古里墓以西，距离昭陵红城约三里。墓主人是太宗皇太极的奶妈。据说福陵也有一座奶妈坟，但是疑问很多，所以太宗这座奶妈坟是清陵奶妈坟制度的发端。

关于太宗奶妈的身世史书无文，不得其详。《北陵志略》根据“上祭时有赵姓前往献酒”而猜测奶妈姓赵。其实赵姓只是看坟坟丁兼祭酒的差人，并非奶妈的“娘家人”。奶妈坟的规模很小，占地仅一亩有余，内有丘冢一座，墓由青砖砌成，坟地四周立有石桩子，还有石桌、小庙、石碑等物。相传当地人称其墓碑叫“关家碑”，“关”是瓜尔佳氏字头“瓜”的谐音。瓜尔佳氏是清代“满洲八大姓”佟、关、马、索、祁、富、那（纳）、郎之一。属于名门望族。因此姓在朝中做官人多，又有“关半朝”

之说。所以，太宗奶妈姓关的可能性较大。

清朝时期一些贵族之家（包括一些富豪大户）普遍流行雇用奶妈。即子女出生之后不由亲生母亲直接哺乳，而要雇用专门的奶妈哺乳。这样做的目的是为了减少因喂养子女给母亲带来的许多麻烦，使她有更多的时间和条件养尊处优及服侍家主。皇家尤为注重这种宫廷习俗。清代的内务府衙门有这项职事，负责奶妈的挑选和管理，据传说其挑选奶妈的条件十分苛刻。例如，奶妈本人身体健康，从年龄上说要在十五岁至二十岁之间；从家庭条件上说，必须子女双全、第三胎刚满三个月，因为这个时候正是她奶水丰厚之时。而且所生子女必须健康、端正。在挑选奶妈时一次要选十几位做“候宣人”。她们在候宣期间每人每天按照米八合、肉四两的生活标准供给，在正式入宫之前还要进行礼节训练。当奶妈不仅具备上述严苛条件，还得忍受常人难以做到的“生别死离”。仅仅就要离开刚刚出生不久的子女这点来说，对许多为人之母者就难以做到。另外，宫中生活也不像人们想象得那么充满诗情画意。传说，为确保奶妈奶水充足，奶妈每天要吃一碗不放盐酱的猪肘子肉，这种肉初吃还好，几天之后就味同嚼蜡，难以忍受了。当然，奶妈也会因此得到丰厚的酬劳和赏赐，甚至立即从一个贫穷之家成为富户。这是许多善良妇女所以挥泪忍痛争相进选奶妈的根本原因。如果这位奶妈所哺育的是皇子，并且有幸登上皇位，奶妈也会平步青云受到尊封。因为奶妈与皇子长期在一起生活，已情同“母子”，情感颇深。因此，皇帝对奶妈十分感恩和尊敬。明清定制，皇帝奶妈一律封为“奉圣夫人”等名号，并且对奶公和其子孙也给予封赠，给予一定产业。奶妈死后要附葬皇陵之旁，奶公也与奶妈合葬一穴，并为之立碑，以示不忘其哺育之恩。在皇陵陪葬奶妈坟的宫俗最早始于唐代，唐昭陵附葬的彭夫人墓就是唐太宗李世民的奶妈坟。

昭陵这座奶妈坟最早见于顺治三年（1646 年）文献，例如，《顺治三年档》八月初九日记载，京都内务府为看管昭陵奶妈坟，特地派来一个名叫巴库的人到奶妈墓旁盖房居住。与此同时，内务府又传令给盛京皇家庄园，还有皇家商人，要求他们送给巴库一批碗碟，以便祭祀奶妈坟使用；乾隆二十七年（1762 年）《黑图档》记载说：奶妈坟看坟人名叫兆国玺（看坟人又称“奠酒”），并有红册地三十六日，合一百五十六亩，由家人王三领名。这说明奶妈坟看坟人已改姓兆，不过兆国玺也有可能是巴库的后人。“奠酒”人也是关防衙门一员。奶妈坟的管理与陵寝一样，均由昭陵关防衙门负责，此墓祭器最初用瓷器，从康熙年间改用银器，这些银器的名目计有：“铜梁箍银东摩一件，重三十三两；银幕壶一件，重十八两；银碗一件，重十三两三钱；银盘一件，重十四两三钱；银盅一件，重一两二钱；银托碟一件，重二两二钱；三足银幕盏一件，重二两五钱；银匙一件重一两三钱”。从这些银器足以想见当日祭礼的隆重。乾隆三十八年（1773 年）之后这些银器被换下，以铜器取代。这些祭器平日存放于昭陵掌关防库房，祭祀时由“奠酒人”临时领取，祭礼已成重新归库。

1925 年辽宁省清丈局丈放土地，测量奶妈坟占地为一点六七亩，看坟人居住的房屋占地为一点一二亩，看坟人为范仲文。奶妈坟近旁由于有看坟人赵姓、范姓居住，以后“相继有曹，佟，商（各户）徙来聚落逐渐扩大”形成村落名为“奶妈坟”村，伪满时期村长名为苏恩贵，此后随着住户不断增多，奶妈坟村与上岗子村连在了一起，统称为上岗子村。1958 年大搞农田基本建设平整土地时，奶妈坟被夷为平地。后来成为村民的宅基地，但奶妈坟的位置村民们仍可指认，据说在村民王××家前约二十米，左××家后约二百米处。

1990 年笔者在当地调查，据一位姓赵的中年村民说，他家世代是给奶妈坟看坟的，另据当地人介绍说，此坟的祭祀为每年清明、十月初一和腊月二十三。每次祭祀要宰一头二百斤以上的大肥猪作为祭品等。

现今，这些地方已盖起现代住宅楼，奶妈坟遗址已荡然无存，无从辨认。

八、“三驾马车”管理体制

昭陵从康熙初年改建后逐渐形成总管衙门、掌关防衙门、四品铃记衙门三大管理机关——以总管衙门“驾辕”，负责皇陵内外的安全防守，还要负责大祭、修缮等重要陵务；以掌关防衙门负责祭品制作，贡献，还有祭器保管、隆恩殿管理以及建筑报修等项；四品官衙门负责锄草打火道，制造修缮砖瓦、石灰，还有每年的零修碎补。“三驾马车”齐抓共管各有分工。

（一）总管衙门

总管衙门是负责昭陵安全的武职机构，最高长官职名叫“总管”，总管之下设八旗左右翼长各一人；八旗满洲防御十六人；世袭头等侍卫兼轻车都尉一员；世袭头等侍卫兼骑都尉一员；云骑尉四员；世袭六品官七人；还有笔帖式（又叫帖写兵）二人；领催四员；马兵（又叫“披甲”）七十六名；舅姨子孙章京品级二十人；舅姨子孙兵一百人。官兵总额二百三十四人。

总管官阶为“三品”，这个品阶相当于中央机关都察院的副都御使，宗人府的府丞，御前一等侍卫。年俸银一百三十两，俸米一百三十斛，另有养廉银二千两。属于国家高级官员，官员往来必须尊称其为“大人”。从这一点不难看出，朝廷对祖陵是何等重视。昭陵总管首设于顺治二年（1645 年），也就是昭陵开工修建第二年。总管的任命最初是从三陵（永陵、福陵、昭陵）左、右翼长，或者是盛京五部衙门官员，还有步军总尉等提拔晋升。但由于他们均系本地人，难免出现“瞻徇庇护”等营私舞弊现象，为防止这一弊端，乾隆三十九年（1774 年）改制，将三陵总管一职由“地方缺”改为“京缺”，就是由“东北人”改为“北京人”。还有，总管从前都是“终身制”，嘉庆二十三年

(1818 年) 改成五年一届，任满仍然回京“归旗”，出任其他官职。

翼长，满语叫“噶喇达”，官阶四品，翼长共二名，各按八旗左右翼划分。左翼长管辖：镶黄旗、正白旗、镶白旗、正蓝旗；右翼长管辖正黄旗、正红旗、镶红旗、镶蓝旗。左、右翼长一职的拣选由三陵防御或盛京内外城满洲防御选派，也可由京师选派。

“八旗满洲防御”，官阶是五品，每旗设防御两人，这个职务只许由正身满洲八旗人出任，蒙古、汉军八旗人都不得出任，于顺治三年（1446 年）设立。

至于其他世袭各官的选派则由各个家族继承。例如，“世袭头等侍卫兼轻车都尉”一职，是由太宗皇太极生前侍卫阿尔萨兰一族世代传承；“世袭头等侍卫兼骑都尉”由博尔济吉特氏商熙家族继承，其他“世袭云骑尉”“世袭六品官”也都是如此。

昭陵总管衙门行使权限的凭证是“看守昭陵山河关防”大印。此印全高十一点四厘米，板状纽，印体是长方形，长八点五厘米，宽五点五厘米，重零点九五公斤，上面刻有满、汉两种文字，满文在右，汉字在左，汉文是：“看守昭陵山河关防”，印体边缘刻有“乾隆十七年（1782 年）四月礼部造”“乾字一万一千二十二号”字样。此印大约在民国初年总管衙门撤销后流落民间。1958 年沈阳市民曲中桂把它无偿捐赠给沈阳故宫博物院收藏。

昭陵的安全保卫由总管衙门负总责，掌关防官协助，八旗官兵（包括舅姨子孙兵在内）具体承担的方式。其管理体制是分为“外班”和“内班”两部分，外班主要职责是管理“陵山树木、山河、道路”等处的安全。总管衙门为管理这些地界，在昭陵四周各按八旗方位分设八座“堆拔房”，供守陵官兵巡守。八旗防御以及八旗披甲各按本旗旗界驻守和巡查，不得错乱。官兵每十天轮值一班，昼夜兼合共分三班，官兵巡查发现违犯陵规擅自进入青白柱界砍柴、挖土、采集果实者当即捉拿，送交总管衙门及刑部审理，按律治罪。总管衙门设有黑红棍，对违法之人进行惩治。

“内班”负责陵内安全。内班是由舅姨子孙章京品级及八旗官兵轮流当值，章京品级管理库贮，八旗官兵负责守门巡逻；昭陵六大员：总管，左右翼长，掌关防官，两位副关防，轮流值宿，负责掌管内班。“内班”也和“外班”一样都是十天一换。

昭陵总管、翼长等官每逢大祭、小祭还要亲自参加祭礼。由于总管身负重任，皇帝每次东巡祭祀昭陵，都要亲自召见，一方面是过问陵寝防守事宜，另一方面给予抚慰和鼓励。祭陵礼成之后，皇帝要在盛京大政殿举行庆贺和宴会，总管也会受到宴请和奖赏。例如，乾隆八年（1744 年），弘历祭祀昭陵礼成，赏给昭陵总管“镀金玲珑鄂鲁特鞍一副，镀金小凹面腰刀一口，蟒缎一匹，官用缎一匹等物”。不仅如此，甚至对已经退役的总管，皇帝也一视同仁地给予召见和赏赐。此外，皇帝对总管衙门的其他官兵也都给予不同的赏赐。例如，乾隆八年赏给昭陵世袭头等侍卫兼轻车都尉“镀金平面腰刀一口，银饰件漆鞍一副，大缎一匹”；赏给世袭头等侍卫兼骑都尉“铜饰件腰刀一口，大缎一匹”；赏给世袭云骑尉每人官用缎一匹，彭缎一匹；赏给六品官每人官用缎一匹；赏给笔帖式每人彭缎一匹；陵兵每人赏给三个月钱粮；壮丁每人毛青布三匹。

昭陵总管衙门受三陵总管衙门节制，三陵总管衙门由盛京将军任总管，所以昭陵八旗也是盛京八旗驻防的一个单位。

昭陵总管衙门设在昭陵东南约三里的陵堡子（又名东营房）前街，有正瓦房三间，西厢瓦房三间，草腰房三间，大门正瓦房门楼一间，二门正瓦房三间，占地约十二亩，另有总管及其家属居住的总管府一所。

（二）掌关防衙门

掌关防衙门是管理祭祀、修缮及隆恩殿陈设安全等陵宫事务的文职机构。衙门最高长官是掌关防官，其下为副关防官二人、内管领一人、副内管领一人、尚膳正一人、尚膳副一人、尚茶正一人、尚茶副一人、尚膳人十人、尚茶人八人、尚香人六人、笔帖式二人、拜唐阿三十一人，院内领催壮丁二十一人，各项匠役六十五人。官员、匠役、壮丁共一百六十五人。此外，还管辖食辛者库人数千人。

掌关防官于顺治三年（1647 年）设置，康熙五年（1667 年）定为“四品”，这个品阶相当于通政使司的副使，大理寺少卿，翰林院侍读学士，御前二等侍卫，也是国家高级官员。掌关防官的顶补与总管不同。掌关防官只许从三陵尚膳正、尚茶正及内管领中遴选和提升。这说明掌关防官这个职务的特殊性和专业性强。年俸银一百零五两，俸米一百零五斛，随缺地六十日。

副关防官及内管领不设专人，由尚膳正、内管领兼职，均为五品，俸银八十两、米八十斛、随缺地四十日。尚膳正、尚茶正食五品俸，不给米，随缺地四十日，尚膳副、尚茶副食二两饷、地三十日，尚膳人、尚茶人食二两饷，随缺地各十五日，官阶为五品。尚膳人、尚茶人及尚香人是祭祀时负责上祭的人员，例如，摆桌、上香、上供等。但是品级却很高，都是七品，这个品级与普通县令相当。“拜唐阿”一职是满语听差人的意思，它是陵寝中无品级的执事人。这个职务虽然微不足道，却要从满洲世家的子弟中选人担当，一般满族人无这个机遇，所以被看作是很荣耀的差使。拜唐阿还可以晋升为七品尚香人或尚膳人。例如，嘉庆二十三年（1818 年）昭陵尚香人柏凌阿因故去职，三陵衙门提出以正黄旗四达色佐领下闲散拜唐阿吉勒通阿“当差勤慎”，将阿吉勒通阿补为尚香人。关防衙门的职掌主要有二项：其一，承办祭品，管理祭祀器具，接收各衙门供给的各种祭用物料，督促食辛者库人制作祭品。其二，收取、清理及送贮祭器。清扫隆恩殿、方城及风水红墙内外环境。每月小祭由关防官主持祭祀，大祭时关防官随班祭礼，还要管理贵妃园寝和陪葬墓。其次，负责昭陵的岁修。所谓“岁修”，是指陵内零星维修工程。顺治十四年（1658 年）规定：掌关防官要负责查验陵寝建筑，发现有破损之处，及时行文给盛京工部，工部派侍郎到昭陵会同掌关防官公同复验。经确认无疑后，再次行文盛京工部，选定吉日，预备物料，由昭陵千丁人夫修葺。如物料不足，可报给工部，工部再给补发。大项工程则报经工部修建。工部设有六品官及匠役二百七十六名，专营三陵和宫殿工程。

除此之外，掌关防衙门还担负许多具体事务。例如，管理食辛者库人，这批人是靠吃皇粮为生的“官奴”，掌关防衙门负责对他们的管理和口粮发放，每年的春秋二季，掌关防衙门把食辛者库人人口数量报给盛京内务府，内务府根据所报拨给固定数量的粮谷或银钱（叫“折色”），掌关防衙门再自行散发给食辛者库人。再有，负责昭陵各种铺垫等器物的更换和销毁。昭陵各处使用的铺垫更换时间均有定制，例如：供桌桌套每十年更换一次，铺地龙毡每二十五年更换一次，如果未等足年，这些铺垫先已玷污或损坏时，要由掌关防官自己花钱“赔补”。另外，陵寝用过之物不准随便丢弃，也不可以长期保留下去。要在每年“岁暮”大祭完毕之后，把这些废弃之物集中到陵前空地上烧掉，焚烧必须在掌关防官和工部官员的共同监督下进行，目的是防止出现弊端和明确责任。再有，管理“祭品地”。祭品地分园田及庄田。这些地是清初人夫“带地投充”过来的，后划归三陵。三陵祭品地分布在奉天、本溪、兴城、广宁等处，总计一万六千余亩。昭陵有二座果园，一座在城南骡子圈子（今沈阳市和平区河北街浑河北岸一带），一座在城西王家河子（今铁西区兴工街南）。主要出产李子、杏、樱桃、梨、山楂等果木。衙门派壮丁（称“园丁”）专职承种。另外，关防衙门下有乳牛馆及碾房，均为备制祭品时应用。清官书称关防衙门职掌为“修葺惟谨享献以时，经制具备”，道出了他的职权范围。

光绪三十一年（1905 年）掌关防衙门人员组成如下：掌关防官启昆；副关防官兼世袭头等侍卫魁山；内管领巴汉泰；七品笔帖式德英；八品笔帖式庆惠。

掌关防衙门位于昭陵东南的东营房（又称“陵堡子”）西侧，内有西厢瓦房三间，前有大门门房。另有奶牛馆三间，碾房五间，占地二亩多。

（三）四品钤记衙门

四品钤记衙门，又名“管千丁佐领衙门”，是专门管理千丁人夫，负责昭陵岁修以及打火道等杂差的机构。昭陵于顺治五年（1648年）首设千丁人夫佐领（俗称“老千”）。当时昭陵正在紧张修建，投入的丁夫很多，为掌管这批修建主力军，遂设专职官员。“佐领”原名牛录额真或牛录章京。清人关后改为汉名叫佐领，官阶四品。佐领一般管辖二三百丁，但是千丁佐领例外。千丁佐领有世袭和公中两种人夫，前者是父子相袭，后者挑选补授。顺治十三年（1656年）昭陵增设掌关防衙门管理陵上事务，千丁佐领大约这时被并入掌关防衙门。乾隆九年（1744年）朝廷根据实际情况，将其析出单设“四品钤记衙门”，颁发“四品钤记”一颗，所谓“钤记”为官印的一种。《清会典·铸印局》条下记载：

> 文职杂佐及无兼管兵马钱粮之武官，所用木钤记，均由布政司发官匠刻给。各府州县僧道阴阳医官等钤记，亦如佐证之例以便行文办事。衙门设四品官一员，初设时世袭，后属于汉军佐领缺，即由汉军八旗中挑选，食四品官俸。其下设考职外郎二员，领催八名，人丁千余名。

“千丁人夫”大都来自于明朝的辽东官兵和降民，其中，有的是制造火器的工匠，有的是参与制造的夫役。后金占据辽东之后这些人陆续投降过来。天聪初年（1627年），皇太极为改进武器装备，以利于征明需要，决定自己铸造红衣火炮。于是，将这些降兵降将从八旗下抽出组成火器生产工场。总人数大约两三千人。天聪五年（1632年）红衣大炮铸成，炮身刻字：“天佑神威大将军，天聪五年孟春吉旦铸造。督造官佟养性、监造官丁启明、铸匠王天相、铁匠刘计平”。又经过在盛京教场多次演放，大获成功，随后将它运往辽西战场，并在征明战争中大显威力。铸炮工匠也因此立功受赏。大约是天聪末年或崇德初年，太宗传旨，将这些铸炮工匠拨到兴京（永陵）及福陵当壮丁，每陵约千人。故称之千丁人夫。皇太极在谕旨中说：“伊等俱系得力之人，着陵寝安插。有修造之处令其修造，无修造之处着养赡。”大约是顺治初年（1644 年）因修建昭陵需要，从永陵和福陵千丁人夫中拨出千人至昭陵，顺治五年（1648 年）设千丁品级佐领一员统辖。千丁人夫的职责不仅要修造陵寝，而且还要烧制砖瓦，经营窑柴官甸以及从事打火道等苦差。昭陵凡是大修均由盛京工部负责，岁修（每个陵寝的小修小补，又称“小工”）则由陵寝掌关防衙门自己负责，岁修需要的砖、瓦、石灰要由千丁人夫自行高窑烧制。例如，乾隆四十八年（1783 年）岁修时，千丁人夫的分工如下：预备砖瓦丁二百五十六名，催办砖瓦丁四十名，运送灰丁三十二名，运料丁六十名，木植砍伐八十名，其他六百十一名，这是岁修。大修时千丁人夫也同样被派去充当夫役。例如，乾隆二年（1637 年）工部修缮昭陵时，因千丁人夫的多数已经另有差遣，掌关防衙门只得将剩下的四十六人调给工部大修处。由于开窑烧砖造瓦需要大量窑柴，清廷拨出一大批荒草甸子以收割柴草。这些荒甸主要分布在昭陵以西的永安桥、邓家荒、陈家荒一带。这些官甸统一由千丁人夫“永为租种”，并且不许退地，也不许盗典私押外户，只许千丁人夫之间相互兑换，目的是保证窑柴供应。千丁人夫租种官甸一律以柴草和银钱两种形式向衙门交纳地租。地租标准根据土地质量好坏分为上则地、中则地、下则地三等，上则地每亩年交柴草二捆、钱八十文；中则地每亩交柴草二捆，钱七十文；下则地每亩交柴草二捆，钱六十文。除此之外还有一种洼荒地，因为十年九涝，每亩一年只交租柴草一捆。租种尽管很辛苦，但是，经营者每年多少可以有些赚头。打火道是千丁人夫的另一种差使。昭陵建筑大多是木砖结构，四周又有茂密的树木，所以很容易引起火灾。而火患是陵寝大忌。其主要防火措施是“打火道”。所谓火道，是指风水红墙四周一条宽约二丈的道路。这条道上的杂草、树木一律要清除干净，确保一旦发生山火时，火势不致向陵内蔓延。这种铲除风水墙周围杂草的工作叫“打火道”。打火道有固定时间，从每年立秋这天开始，因为农谚有立秋不生田之说，草木到了立秋便不再生长，并且开始干枯、容易燃烧。千丁人夫从事苦差，在实际待遇上也受到歧视。例如，雍正朝之前，政府准许内务府包衣（皇家奴仆）、王府包衣以及商人、灶户（盐户）等下层人家子弟参加科举，取得出身。唯独千丁人夫子弟例外，不许他们科考，只准自己花钱买功名。其实，像千丁人夫这样只靠苦差为生计的人，要积蓄一大笔钱买取功名很难办到。这项规定对千丁人夫子弟来说等于是望梅止渴。由此，引起他们的积怨。雍正十一年（1733 年）首先是福陵千丁佐领王兆文代表千丁人夫向本陵掌关防官莫尔浑提出，改变这种不合理的待遇，要求与商人、灶户同等对待。昭陵及永陵千丁人夫得知，也起来响应。结果，“法不责众”，皇帝也拿他们没办法。只好下旨恩准了他们的请求。从这件事不难看出千丁人夫社会地位的低下。

昭陵四品铃记衙门设在“陵窝卜”（上岗子南，今已无存），共有官房十间。光绪三十一年（1905 年）衙门官员如下：四品官兼佐领：葆真；外郎：戴九经、马元煦。

九、三个特殊守陵人群

看守昭陵的有三个特殊人群，一是皇亲国戚，二是太宗生前侍卫，三是食辛者库人。

（一）皇亲国戚

昭陵的皇亲国戚主要有三家：即叶赫那拉氏、乌拉那拉氏、乌拉瓜尔佳氏，史称昭陵“三族”。

叶赫那拉氏，是太宗之舅阿什达尔汉的后代。《清史稿》记载：阿什达尔汉是太宗皇太极生母孝慈高皇后的弟弟。天命五年（1620 年）努尔哈赤征讨叶赫部时阿什达尔汉率领族人归附，努尔哈赤授给他牛录额真世职，管理自己的族众。阿什达尔汉英勇善战，屡建战功。例如，天命六年（1621 年）二月攻打凤集堡，他“先诸将奋战进”；三月，攻打辽东城（辽阳），阿什达尔汉不惧明兵火力，奋勇杀敌首先登城，被晋升为一等参将。阿什达尔汉聪明机智，精通满、蒙、汉三种语言。被任命为后金“外交大臣”，经常往来于明朝边塞以及朝鲜和蒙古各部。例如，天聪六年（1632 年）后金与明朝边吏前来“议和”，太宗差阿什达尔汉等人前往，“既盟而归”。崇德元年（1636 年）设立都察院，以阿什达尔汉为承政，主管监察。他铁面无私地秉公执法。有一次，太宗皇帝在大政殿召集群臣议事，太宗的近臣巴图鲁詹、额尔克戴青两人迟到，阿什达尔汉当着皇帝及众臣的面，高声对他们进行训斥，并将其赶出殿外。崇德五年（1640 年）他与言臣祖可法向太宗皇帝建言，揭发时弊，受到表彰。天聪六年太宗以阿什达尔汉为母后之弟赐号“达雅奇国舅”，命他随驾行走，服务在太宗身边。这在当时是极大的荣誉和信任。然而，崇德七年（1642 年）松山杏山战役时，阿什达尔汉却因未及时出兵保护皇驾而被革职，只保留牛录章京世职。不久在盛京病故，葬于盛京城北侯家岗子。阿什达尔汉长子名席达里。从翁阿代起始袭“国舅”封号，世守昭陵（翁阿代与阿什达尔汉的辈分关系待考）。这个家族居住地在城北三台子、旺官屯等处。从清初阿什达尔汉至清末绵英，传承数十辈。

乌拉那拉氏，是乌拉部贝勒满泰的后人。满泰与努尔哈赤同娶叶赫部首领杨吉努之女，两人本是“一担挑”。但是他们的关系却并不亲密。努尔哈赤崛起之后，威胁了乌拉部的利益，为此，满泰几次发兵与努尔哈赤交锋，结果，均被努尔哈赤打败，并俘虏了满泰之弟布占泰。后来，满泰被部下所害，努尔哈赤为了结好乌拉部，将布占泰送回继承国主。又多次与布占泰结盟立誓，三次嫁女给他，布占泰也将其兄满泰之女嫁努尔哈赤（即“大妃乌拉那拉氏”），两人结成几层亲戚。可是布占泰始终不肯归属努尔哈赤。相反，却与努尔哈赤的敌部叶赫部相勾结，共同对付努尔哈赤。最后，努尔哈赤下决心将乌拉部灭掉，布占泰逃亡叶赫部。乌拉部被兼并后，满泰的妻子（皇太极的姨娘）定居盛京，天聪六年（1632 年）皇太极在清宁宫接见了他的姨娘，并赏赐她黑貂裘衣及白毡各一件。顺治初年(1644 年)，满泰子孙钟奈主持昭陵修建工程，钟奈故去后，朝廷将盛京城北虎石台附近一块土地赐给他为茔地，旧称“昭君坟”。满泰子孙从此守护昭陵。因太宗生前对此族有“姨娘”封号，便以此作为“祖制”，称这个家族为“姨娘子孙”。至清朝末年已十几辈，世居昭陵东营房和西营房。今虎石台前屯村老那家是这个家族的后人。

乌拉瓜尔佳氏，太宗姨夫胡尔哈器，姓瓜尔佳氏，是乌拉部的大臣，太祖起兵后，胡尔哈器归服。昭陵建成后命他的子孙世守昭陵，亦称为姨娘子孙，雍正年间，胡尔哈器后人名叫锡特库，袭昭陵六品官。世居东营房，至清末传十几代人。另据其后人关明举①对笔者说：他家共有三支，二支“随龙入关”，一支留

① 关明举：原沈阳五三工厂销售科科长。父关中信，祖父关文普，老家在陵东上岗子奶妈坟附近。

在盛京看守昭陵，只因其祖与看守皇宫的官员不和，皇宫官员便想找机会治他。有一次昭陵后边有一片大苇塘失火，皇宫看守官趁机向皇上奏本说，这是守陵官关某的责任，请求对其进行查处。皇上遂发来一道圣旨，斥责其祖，其祖在手接圣旨时因为心怀不平不慎将圣旨掉在了地上，于是酿成大罪，最后被削职为民。关明举又说，其家祖坟在昭陵附近，规模很大，墓上有石牌楼，还有祭田，人称“关家坟”，新中国成立后苏联专家修水池时将其平毁无存。老关家还出过皇娘……

为使这些皇亲国戚世受皇恩，朝廷在昭陵总管衙门设有“舅姨子孙章京品级二十员”“舅姨子孙兵一百名”，共一百二十名额缺作他们的“专缺”世职。舅姨子孙凡年满十六岁“成丁”可以披甲当差，每月给饷银二两，给随缺地十五日（每日合六亩），披甲年久可以升章京品级，章京品级随缺地是二十日，比披甲多五日，而饷银不增加。然而由于“缺”少人多，康熙七年（1668年）又规定：每一户“国戚只给一分世职”。再规定：“世职”要由长子继承，而且不分贤愚，只要够条件都可以担当。不过如果长子呆傻或者年龄幼小只能领“虚衔”，就是空食俸禄不当实差，俗称其为“素差”；如果家主无子继承时也可由其兄弟子侄里选择一人充差。康熙二十七年（1688年）又规定：凡舅姨子孙有才干之人可以破格提升骁骑校或都领催之类的小官。对年逾古稀的舅姨子孙，朝廷可以给予特殊的恩封。例如，嘉庆二十三年（1818年）规定，年过七十的舅姨子孙给“七品顶戴”，封为“文林郎”，妻子封为“安人”，各给敕命文书，以示荣耀。还有，每逢皇帝前来盛京东巡祭祖，舅姨子孙也受到特殊礼遇。当祭祀礼成之后皇帝在盛京大政殿举行宴会庆贺时，宴会上给舅姨子孙设立专席。宴饮之后，皇帝还要亲自接见他们，赠给他们一些赏赐。有时皇帝在“晚膳”时还要赏给他们一些吃食，等等，这些措施旨在表示对皇亲国戚们的礼遇和恩惠。

此外，昭陵守陵官兵当中还有一些皇亲国戚，例如，伊尔根觉罗氏，也是太宗姨娘，其子孙世守昭陵也有十几代。再如，萨克达氏，其祖先叫微领，娶妻喜塔腊氏阿古都督女，微领是太祖努尔哈赤的姨夫，太宗皇太极应称喜塔腊氏女为姨奶。此族被封为国戚，世守永陵。清朝中期其中的一支调来昭陵，他们有的在昭陵掌关防衙门当上膳人，世居城西沙河子，其祖先名叫“黑鹰”，后改汉姓为“李”，原沈阳市皇姑区政协李文顺秘书长为其传人。

（二）太宗皇帝生前侍卫

昭陵官员职名“世袭头等侍卫兼轻车都尉”“世袭头等侍卫兼骑都尉”“世袭云骑尉”等乃是福临皇帝赐给阿尔萨兰、商熙等六位老臣的世职。他们本是太宗皇帝生前侍卫，大清入主中原后“随龙入关”，只因过不惯京华生活，奏请回归盛京为太宗守护昭陵，得到世祖皇帝嘉许，赐给他们世职，钦准他们返回盛京。从此，昭陵守护官员中多了这一批太宗生前侍卫。

对于清初这六位老臣我们只知道阿尔萨兰、商熙两个人。特别是阿尔萨兰，颇有几分传奇色彩。阿尔萨兰的原名叫门都，姓博尔济吉特氏，是元世祖忽必烈后裔，蒙古喀尔喀巴约特部人。喀尔喀部早在万历二十二年（1594 年）即与太祖努尔哈赤友好交往，是与后金最早交好的蒙古部落。天命、天聪之际巴约特部陆续有人归顺后金，门都即为归金的蒙古子民之一。民间相传，门都原是无业游民。他身怀绝技却始终得不到重用，内心一直非常委屈，总想找机会在皇上面前展示，希望得个一官半职。有一天，他听说皇上行驾要经过大石桥（即沈阳城西永安桥），他想借此机会为难皇上。于是，门都提前来到石桥之上，他见桥头有两个各重千斤的石狮子，便把其中一只搬到桥中央挡住去路，自己藏到桥下等待。时过不久，皇太极大驾果然来到。这时，前导大臣发现桥上有石狮挡驾，车马无法通过，急忙跑过去来向皇上报告。皇太极听罢心中有些不悦，心中暗想：这些大臣真是无能，把石狮搬开不就完了，还用如此大惊小怪？遂向身边几名武士下令：将拦路石狮搬走！这几位武士都是勇力出众的“大力士”，凡有差遣从未被难倒。可是今天武士们却当众出丑，尽管他们使出“吃奶”的力气，石狮仍旧岿然不动，好似长在了桥上。皇太极非常恼火地说：这是哪个胆大狂徒所为？给我捉拿挡驾之人！桥上发生的一切门都听得一清二楚，于是他不慌不忙地从桥下走出，来到皇上驾前跪身请罪，奏明事情原委。皇太极虽然正在发怒，但内心却惊讶地暗想：此人能搬动如此沉重的石狮必是勇力无匹的奇才，如果把他收在驾下充当侍卫，岂不又增添了得力的羽翼？皇太极遂转嗔为喜地对门都说：“你如果将石狮搬回原位，朕赦你无罪！”门都当即叩头谢恩。然后，站起身来走到石狮旁边，他先是紧紧腰上所系“扳带”、伸伸双臂踢腿脚，然后一弯腰将石狮紧紧抱住，又浑身一叫力，挺身将石狮抱起，迈开虎步来到桥头把石狮安安稳稳地放置在座位之上。而且面不改色、气不重嘘。皇太极见了甚为惊异，四周文武大臣也各个目瞪口呆。从此，门都成为皇太极驾下最得力的御前侍卫。

阿尔萨兰是满语“狮子”的意思，这是太宗皇太极赐给门都的荣誉封号。此事在《大清太宗实录》载有这件一段真实故事。门都勇力过人，而且最擅长摔跤。摔跤在满语叫“布库”，本是蒙古等北方少数民族十分流行的体育娱乐活动。门都自投身太宗驾下，经常在一些大型“布库”赛事中取胜，以至名气愈来愈大，国内外都知道皇太极身边有这样一位“布库”奇才。皇太极也引以自豪，每当蒙古王公来盛京朝觐，总要门都出场显露几手。当时蒙古也有两位摔跤好手，一个是阿鲁部的特木德赫，一个是四王子部的杜尔麻，他们对门都大名也早有耳闻，总想找机会与他比试，以验虚实。天聪初年（1627 年），太宗与蒙古各部在“三洼会盟”，共同商议讨伐察哈尔林丹汗之事。特木德赫与杜尔麻跟随蒙古王爷到三洼朝觐。皇太极在欢迎宴会上酒过三巡菜过五味之后，向蒙王们说：“朕闻知尔部有两名‘布库’高手，今天机会难得，何不让他们出来与朕的侍卫门都较量较量，相互切磋以助酒兴。”此议正中下怀，蒙王们其实也早有准备。于是，门都、特木德赫、杜尔麻三人出场，他们先向国“汗”皇太极及蒙王行叩见礼，又相互行礼。比赛分两场，首场由特木德赫对杜尔麻，以决出优胜者。第二场再由优胜者对门都。三人各自穿上

"褡裢"，然后来到行殿前的草场上，先做了一会儿跳跃动作活动活动筋骨，然后，首场比赛开始：特木德赫与杜尔麻两人，一边跳跃一边寻找对方空当，以便相机取胜。两人你抓我闪、你进我退十几回合，杜尔麻猛然抓住特木德赫前襟，反身一个有力背胯，将特木德赫掠倒在地，全场立即发出一片笑声和叫好声。接下来是杜尔麻与门都进行比试：杜尔麻虽然取得首战胜利，可是在鼎鼎大名的门都面前却自惭形秽、身矮半截，加之体力、技法与门都相距甚远，所以门都和他只走了几个过场后，突然一闪身一伸手将杜尔麻扳带抓住，顺势向回一带，另一只手向前一伸便将其托举起来，然后轻轻向外一抛，杜尔麻倒在二丈开外，全场立即爆出一片欢呼声！门都赶紧走过去将杜尔麻扶起。蒙古王爷及其随从对门都无不折服，手举拇指连声说："名不虚传！果然神勇！"皇太极更是喜笑颜开，传旨给三人重赏：赐给门都"阿尔萨兰土谢图布库"荣誉封号，赏其豹皮衣一件；赐给杜尔麻"詹布库"荣誉封号，赏虎皮衣一件；赐特木德赫"巴图鲁布库"封号，赏虎皮衣一件、大刀一把、缎子一匹。并规定自此之后任何人也不许再称呼他们的原名，违者要受到惩罚。

天聪八年（1634 年）正月，土谢图济农、巴达礼等三位蒙古王爷到盛京向皇太极恭贺元旦。他们久闻皇太极身边这位阿尔萨兰的大名，只是有些半信半疑，所以这次他们特意从部内选出六位"布库"能手，准备会会这位奇才。皇太极和往年一样在皇宫大衙门接见并宴请蒙古三王。席间三位蒙王主动向皇太极提出，他们带来六名"布库"手，想拜会皇驾下的阿尔萨兰，以便领教。皇太极早已明白他们的用意，遂将阿尔萨兰召至面前，命他拜见蒙王，然后高声告诫他说：比试时不要伤着六位客人。而蒙古王爷们心想，你阿尔萨兰再有本领也好虎架不住群狼！可是没想到，六位"布库"高手与阿尔萨兰交锋没过三个回合，不是被阿尔萨兰摔个仰面朝天，就是被摔出圈外，六人方才还趾高气扬，现在却狼狈不堪、满面愧容。三位蒙古王爷也有些不好意思，但从心里往外佩服阿尔萨兰：果然名不虚传！

崇德八年（1643 年）八月太宗皇太极驾崩，第九子福临继承皇位，改年号“顺治”。翌年摄政王多尔衮招降明将吴三桂及打败李自成农民起义军占领北京。同年九月大清迁都，阿尔萨兰“随龙入关”。此时他已年近花甲，因为怀恋故土，经过一番思考之后决定上书朝廷，请求归老盛京为太宗守护皇陵。顺治皇帝考虑他是太宗皇帝生前侍卫，事迹入载国史，便钦准了他的请求，同时给他加封世职。与阿尔萨兰一起被准批回归盛京守护昭陵者，还有太宗生前另一名侍卫商熙。阿尔萨兰欢欢喜喜地离开都京回到故乡，并在昭陵近旁修建房屋居住，守护主陵。当时他虽然年已花甲，而勇力仍不减当年。相传，有一次昭陵立碑，因为碑石过重，石匠们采用架千斤顶的办法也未能将石碑安放入座。大家正在为难之际，恰巧阿尔萨兰走了过来，他看了看石碑后对大伙说：“你们不要着急，咱们先将石碑扶立起来，我用后背背着就可以把它挪到碑座上。”工匠们根本不相信眼前这位白发老者会有如此神力，都以为他在开玩笑，可是，阿尔萨兰态度非常坚定，所以只好让他试试。结果，阿尔萨兰真的将这块千余斤重的石碑背起，在众人搀扶下将石碑稳稳当当地归安到碑座之上，在场工匠个个惊讶不已！清代昭陵大祭时，隆恩殿内有这样一个特殊场面——在太宗文皇帝、孝端文皇后神牌两旁，各恭立着一位身穿盔甲、腰挎配刀，全副武装的侍卫，“事死如事生”般地为陵主站岗警戒。这种情景在关外三陵是独一无二的。这两名守护“神牌”的侍卫，一位叫“白大侠”，一位叫“莫小侠”，二侠平日别无职差，主要是大祭时充当御前侍卫。然而他们的品级却名列前茅，大侠官爵为世袭头等侍卫兼轻车都尉，品级正三品，与昭陵最高长官总管大人平起平坐；小侠官爵为世袭头等侍卫兼骑都尉，品级为从五品，比昭陵掌关防官小半品。更令人羡慕不已的是，他们的官爵都是世袭罔替，也就是薪尽火传，永不降封。原封（即第一辈）大侠就是阿尔萨兰，小侠则是商熙，他们都是太宗皇太极生前御前侍卫，是太宗最得力之人。

顺治七年（1650 年）阿尔萨兰结束了自己的传奇人生，被安葬于沈阳城北二十五里其自家封地（今于洪区造化乡白家屯）。福临皇帝闻奏，依照太宗皇帝生前诏封他为“狮子”的“祖制”，特旨赠予他一甬双狮碑。所谓双狮碑，就是除了龟座与通行之碑别无两样外，将碑头由原来的螭首造型改成两只狮子。这种碑式在清代可以说是绝无仅有。

阿尔萨兰去世后的世袭头等侍卫兼轻车都尉三品世职，由他的堂弟（伯父之子）沙图承袭，乾隆时期承袭者为哈拉尔岱；道光时期阿尔萨兰后人有虎同里、虎同豹、虎同阿三兄弟，其中虎同阿任永陵掌关防。光绪初年（1875年）继承阿尔萨兰者名叫白英元，白英元后因过失被辞退，又由英元之子宝勋袭职。据《承德县志书》《沈阳县志》等书记载，阿尔萨兰之爵至光宣年间已传承十余世。

博尔济吉特氏按汉人单字姓的习俗，简称为白姓（或博姓），所以人称阿尔萨兰墓为“白家坟”。其墓园规模很大，除狮子碑外，连同阿尔萨兰墓在内共有坟丘九座，周围古树参天，内有石桌石五供等祭器，还有多户人家为其看坟守墓，后来因为守墓人人丁繁衍而成为村落，并且指坟为名称为白家坟村，新中国成立后以坟名不雅改村名白家屯。

遗憾的是阿尔萨兰墓在“文革”中被挖，那甬独特而珍贵的“双狮碑”也被毁弃。

（三）食辛者库人

“食辛者库人”是依靠吃国家配给粮食为生的特殊人群，清朝末期昭陵有这样的人口多达三四千人。

“辛者库”是满语：“辛”是指“金斗”，是清初流行的一种量具，每金斗折合普通仓斗为三斗六升①；“者库”是指粮谷。“食辛者库人”含义就是“吃斗粮的人”。

不过，这个概念并未能真正表达他们的社会地位和特征。他们的真实地位是一批被“籍没”失去财产及一定人身自由的“官奴”。这些人原本是官宦人家出身，有的社会地位很高，家庭豪

① 《盛京典制备考》卷3，页18。

富，曾享尽人间荣华富贵。却因贪赃枉法或失职等罪过被查处，一夜之间由权倾一时之人沦为阶下囚——其家产被“籍没”，财产及其妻儿老小全部归官，这就是清代特有的食辛者库制度。下面举两个实际例子。一个是康熙年间，镶黄旗汉军洛川县县官许廷佐，他因未能按时完成课赋征收任务，亏空米粮共折银二千九百四十七两，许廷佐想用变卖家产抵欠，可是全部家当只卖得五十五两白银，还不及所欠的零头。家产尽绝，余款无从“着追”，许廷佐无奈之下自处身亡，官府遂将其妻鲁氏，长子许从范，从范之妻鲁氏，许廷佐次子许从箴、三子三儿，及三儿之妻刘氏、廷佐第四子六儿，廷佐之孙生儿等八口，于康熙四十九年（1711年）归入食辛者库人。许廷佐虽然不属于贪官，而且还有些清贫，但是他“无作为”，未能按时将国赋如数征收，因而落得家败人亡。再者是雍正六年（1729年）十一月，满洲镶黄旗高官阿凌阿在任上贪赃，案发之后阿凌阿自知罪大自缢身死。官府将其家产全部没收，以家产抵赃，可是经过折算尚欠赃银二十五万余两。遂将阿凌阿之长子阿尔邦阿处以监候；阿凌阿之妻吴氏，女儿老姐；阿尔邦阿长子阿尔经阿，次子法保，三子三格，女二格、三格、五姐、六格、七姐，阿尔邦阿之妾：赶姐、丁香、黑格，存柱，狗儿，二柱；阿尔经阿之妾：二格；阿凌阿已故子阿唐阿之女：二格等全家老小数十口全部归内务府，成为食辛者库人。阿凌阿这个人本是清朝开国“五大臣”宏毅公额亦都之孙，顾命大臣额必隆之子，然而朝廷并未因此对他有半点宽容。

食辛者库人的口粮供给标准分为“大口”“小口”“不计口”三种：十岁以上称大口，十岁以下至五岁称小口，五岁以下不计口。大口每月口粮为一金斗；小口每月口粮减半。五岁以下不给口粮。这些口粮由盛京内务府从皇庄交纳的粮谷中发放。发放时以“本色”（粮谷）及“折色”（银钱）两种形式发给。每年分春、秋二季各关领一次。

昭陵的食辛者库人都是康熙、雍正两朝陆续由京都总管内务府拨来当差者。最初拨来时只有百十来人，后繁衍多达数千人。现将乾隆三十二年至嘉庆二十五年之间昭陵食辛者库人人口统计如下：

乾隆三十二年为一千五百七十一口。

嘉庆八年为二千零七口半。

嘉庆九年为二千零七十四口。

嘉庆十年为二千零六十三口。

嘉庆二十五年为二千二百二十五口。

昭陵虽然有如此多的食辛者库人，但是实际在陵上承差者只有男女百十来号人，其余都是靠白吃官家斗粮的闲散杂人。在陵上承差的食辛者库人职差分为三部分，一是从事祭品制作，昭陵每年要举行大、小祭祀近三十次。每次祭祀都要有一定数量的祭品，特别是大祭，祭品名目更为繁多。这些祭品从原材料保管、加工、蒸煮、发酵、制作，包括粮谷、家畜、家禽、鱼类、奶、酒、果品等物全部要由食辛者库人动手，所以有些资料称他们是“做祭品辛者库人”；还有一部分人负责看守贵妃园，在贵妃园当甲兵，白天巡逻夜晚打更；再一部分人是充当修理工，负责修理陵内铜铁铅锡各种器皿。对于这些在陵上承差的食辛者库人，官府每年要发给他们一些家织布和棉花，供其制作衣履使用①。

① 参见拙作《关外三陵“食辛者库人“考》，文载《关外三陵论文集》。

十、耗费巨大的祭祀礼仪

昭陵每年祀典连续不断，其中大祭六次，小祭二十四次，其他祭祀若干。而且祭品丰奢，形式僵化，千篇一律，兴师动众，耗费巨大。

（一）大　祭

1. 大祭时次

昭陵每年举行六次大祭的时间分别是清明、中元、冬至、岁暮以及太宗忌辰、孝端文皇后忌辰。其中，清明、中元、冬至、岁暮又称“四时大祭”，是祭祀中等级最高，礼制最烦琐，祭品最丰盛的祭祀形式。

（1）清　明

我国历来有清明扫墓的习俗，此俗在唐代已经出现。例如，唐开元二十年（732 年）朝廷下谕说：“寒食上墓礼经无文，近代相传，寝以成俗。士俗之家，宜许上墓，编入五礼，永为常式”。“寒食”与“清明”是邻近的两个节日，古人做文章有时省略清明只言寒食。到了宋代清明扫墓之风盛行，而且规定从寒食到清明祭扫三日。苏东坡有一首诗说：

乌啼鹊噪昏乔木，清明寒食谁家哭。
风吹旷野纸钱飞，古墓累累春草绿。
棠梨花映白杨树，尽是死生别离处。
冥冥重泉哭不闻，萧萧暮雨人归去。

这首诗描述的便是清明节前后的自然景物及人们扫墓的情景，到了明清时期始将清明作为皇家陵寝大祭之礼。

清明皇陵大祭很烦琐，其中最有特色的一幕是“敷土礼”。

所谓敷土礼就是往宝顶上添土，这与民间培土修坟的习俗大同小异，只是繁简奢朴之别罢了。昭陵敷土礼的过程是这样：首先要在宝顶城西至宝顶之间搭起一座“天桥”。因为宝顶神圣不可侵犯，不准任何人踩踏；敷土官员升宝顶必须从“天桥”行走。担任敷土者是本次主祭官员，即皇帝钦派专驻盛京祭陵的宗室将军或者是盛京将军。这时的将军大人被打扮得如同一位“黄色挑夫”，他身穿孝服，手戴黄色手套，脚上盖有黄布鞋盖，肩上挑着一副由黄色土筐、黄色绳索、黄色扁担组成的挑担，筐里盛着由数里外取来的黄色“客土”。祭礼开始，敷土官在礼部赞礼郎的导引下，挑着土担庄严地从团城一角走上天桥，到了天桥的顶端，将担子放下，跪在天桥之上，用双手将黄土一一撒在宝顶。然后，担起空担从天桥走下，将担子交还礼部，再到朝房将孝服脱下，换上朝服，尔后再到隆恩殿主持大祭之礼。不过，这幕有些滑稽的敷土礼只是乾隆二年（1737 年）以后的情形。在这之前敷土礼比这烦琐得多，那时的敷土礼每次要敷土十三担，即承祭官、总管、掌关防官等十三人排成一排各自挑着一副担子先后登上宝顶添土。可能乾隆皇帝在当皇子的时候就看不惯这个做法，所以他在继承皇位第二年就下了一道圣旨：

> 清明山陵增土十三担，向沿前明旧制，并无取义，似觉太繁。今拟各陵增土一担，俱令承祭官跪，上土于宝顶。庶践履不至多人，益昭诚敬。

从此，这项实行了数百年的旧制被改革和简化。这件事表明，乾隆皇帝这个人不墨守成规，很讲究实际。

(2) 中　元

古人以正月十五为“上元”，七月十五为“中元”，十月十五为“下元”。上、中、下三元出自道教的“三官”，即天官、地官、水官。古人所以将中元作为扫墓的节日，因为这天是“地官”的生日，地官被认为是负有“赦罪”之责的神，将这天作为祭奠的“鬼节”，意在求得先人得到地官的关照。明清两朝已将“中元”作为皇陵祭典。昭陵首次举行中元大祭是顺治二年（1645 年）七月十五。顺治八年（1652 年）福临亲政，制定祭陵祀典规定：中元大祭用“羊一，献果酒，供香烛，焚帛，读祝文”。

(3) 冬　至

冬至也是自然节气，时间在十一月下旬前后，冬至是昼夜长短更替的转折。这天地球上北半球白昼最短，夜晚最长，原因是太阳光线直射照在地球的最南端，是“阳之极”，阴气下降，阳气上升，大地万物开始“还阳”。古人在冬至这天走亲访友。同时，预备丰盛的食品祭奠先人。明清时期皇家也将这天作为祭陵之礼，例如，顺治八年六月定制：冬至祭陵“用牛、羊、豕，献果酒，上饭，上羹，供香烛，焚帛，读祝文”。

(4) 岁　暮

岁暮指一年终了。孟浩然的《岁暮归南山》有这样的诗句：“白发催年老，青阳逼岁除。”说的就是岁暮。清朝从崇德二年（1637 年）已见岁暮“遣官致祭”福陵“用牛一只”的记载。昭陵首次举行岁暮大祭是顺治元年（1644 年）十二月。岁暮祭祀时间大、小月不同，大月是十二月二十九，小月是十二月二十八。

(5) 忌　辰

忌辰是指皇帝、皇后驾崩之日。古时，以去世一周年叫“小祥”，二周年叫“大祥”，三周年叫“忌日”。忌日虽然也是大祭，由于是国丧之日，祭祀必然有丧礼气氛。祭祀者要穿戴孝服，而且有若干“不宜”的规定。这里有一件雍正十三年（1735 年）盛京礼部就福陵、昭陵忌辰给内务府的咨文，说得很清楚：

> 盛京礼部，为赞祭事：照得八月初九日，（太宗）忌辰，昭陵赞祭；十一日，（太祖）忌辰，福陵赞祭。毕（具）素服，此二日不报祭，不还愿，不宴会，不作乐，文武官员民人等俱穿素服，不理刑名，照常办事。为此合咨。须至咨者。右咨：盛京内务府，八月初七日。

所谓“赞祭”即指忌辰，又叫“旁祭”；“素服”即孝服；“报祭”“还愿”均指祭祀天神。也就是说忌辰大祭当天，军民人等不许祭神，而且不许宴请，不许吹打弹拉，要穿戴孝服，各个衙门虽然照常办公，只是不处理刑罚之类的事务。

昭陵忌辰大祭每年举行两次，一次是八月初九皇太极丧日，再是四月十七孝端文皇后丧日。顺治十年（1654 年）九月规定，太宗忌辰，昭陵点香烛，陈果酒，并派多罗额驸诺伊铎行祀致祭，不备祝帛。乾隆元年（1736 年），康熙皇帝忌辰，乾隆（弘历）下达谕旨，将康熙忌辰升为大祭，举行大飨礼。从此成为一项定制。

另外，十月朔（即十月初一）也曾被列为大祭。民谚有“十月一，送寒衣”之说，因为此时天气转冷，人们要改穿棉衣，对已经故去的先人也要送去棉衣防寒。

2. 大祭祭品

以四时大祭为例，每次大祭祭品如下。“太牢”，用黑牛一头、羊二只，牛羊煮熟并被肢解，只保留头、尾、脊、四蹄，然后将其在容器内摆成俯卧状，名曰“整牛供”；羹饭脯醢一筵，共计十八盘；饼饵果品一筵，共计六十五盘。其中，有太羹、和羹，并有白饼、黑饼；还有糗铒、粉糍；还有榛实、菱角、芡实、鹿脯、形盐、枣、栗、黍子、稷子、稻谷、高粱；还有韭菹、醯醢、鹿醢、芹菹、兔醢、笋菹、鱼醢、脾析、豚拍，糁食，等等。另外，还有酒、各种奶制品，其中的奶茶要加茶叶、碱、奶油、盐砖等熬制。还有“乌它”，以奶油制作，有红、白二品。“萨其马”用奶油鸡蛋和制。据说这些都是满族风味食品，是其祖先最爱食用的，所以列为祭品。至于备制这些祭品的原材料更是数不胜数。例如，粮谷一项就有，玉棠米八升、糯米八升、黍米一斗二升、稷米一斗六升、稗米二升；盐分白盐、黑盐，白盐二十三斤，黑盐二十一斤；其他还有蕨菜（如意菜）十斤、木耳二斤八两、蘑菇八斤、鸡蛋一千九百五十一枚、鹅蛋四十枚、鸭蛋六十枚（以上为昭陵与福陵合用之数），这些祭品由盛京户部供给；还有“八宝”三百八十四斤，“大缠”三百八十四斤，盐六十斤、茶六十五斤、苹果四百二十枚，梨四百二十枚，柿子四百二十枚，这些由京师太常寺提供；乳酥一千八百二十六斤，由八旗左右翼牧长提供；干枣三百三十枚，葡萄三百三十斤，龙眼二百三十斤，荔枝二百三十斤，橘饼六千三百三十六枚，柿饼七千九百二十二枚，核桃六万一千七十六枚，冰糖三百九十六斤，白糖七百六十九斤，门冬四百一十斤，青梅二百八十七斤等。这些祭品均由礼部花钱从各产地买办。除此而外，还有香雪梨、胶枣、寸白糖、蜜渍山楂、蜜渍花红、松子、牛、羊、猪、奶、奶油、奶饼，等等，有专门的生产供应机构。例如，盛京内务府在盛京大南边门外五里设有黑牛馆，专门饲养祭祀用牛羊。祭祀用牛必须选择那些毛色纯黑、头角端正者，以表示对祭祀的虔诚。盛京内务府还设有乳牛馆，饲养乳牛和牛犊，为祭祀昭陵提供牛乳。奶牛及牛犊由盛京礼部苏鲁克牧群提供。在祭陵前一个月由牧场送到乳牛馆。奶油和奶饼直接由苏鲁克牧场供应，松子由盛京礼部供给，礼部有郎中一人、员外郎二人专门掌管祭陵祭品供应，礼部在兴京（新宾）等处有官山多处，其中，专门从事松子采集的壮丁六十四人，守候官四人，领催二名；祭祀所用各种粮谷由各个庄头提供。野鸡由盛京礼部提供，礼部在铁岭有官山和专门从事捕打野鸡以供祭祀的壮丁；另外还有果园及渔泊多处。有些祭品还由盛京户部及北京太常寺行取。盛京昭陵自己也有果园二处，一在城西王家河子，一在骡子圈子。昭陵和福陵每年大祭用野鸡共四十八只。白蜡烛，重六两者一百七十四对，二两者二百九十八对，帛五十六端，等等。

总之，三陵祭祀所用各种物资不计其数，而且在其背后有一支庞大的壮丁队伍，为生产采集这些原料常年奔走劳作在深山、湖泊、草原、农田、旷野。

3. 祭　器

大祭不仅祭品丰奢制作考究，使用的器皿也是非常豪华、精美。仅就材质而言，主要是金器和银器，而且上面镶嵌有各种各样的宝石，还有一部分为珐琅器及镀金银器。例如，奠酒使用的金胎琉璃盅、碟各一件，金折盅一件，金壶一件，共重一百六十七两三钱；镀金银器四十五件，其中象牙箸（筷子）三双，三镶乌木箸三双，两镶木箸四双，三镶花梨箸一双，共重九百零一十六两零六钱。银器五百二十三件，共重六千三百十五两四钱四分。此外，为防止祭器损坏，还有备用金器四件，共重八十五两九钱九分。银器三十二件，共重一百六十八两七钱二分。

图 33

器皿保管也十分严格。为确保这些祭器的安全，平时不在陵里存放，一律送到盛京皇宫内务府大库保管，因为那里森严壁垒警卫重重。每次大祭之前派兵前往提取，祭祀礼成重新送回。祭器如有损坏要及时更换。如果备品缺少要重新补造。补造品必须与原物一模一样，否则拒收。例如，乾隆五十九年(1794 年)昭陵掌关防衙门发现两件备用的酱色釉瓷碗因为天气寒冷冻坏，便立即将旧碗及碗的图样送交盛京工部，再由工部转交京都总管内务府，转给江西九江景德镇御瓷窑进行烧造。几个月后，新制的瓷碗从江西九江送到昭陵。可是，掌关防官经过仔细比对发现：新碗与原物有少许不符，决定不予验收，于是，又将旧碗和图样重新发交九江官窑再度烧造。光绪二十六年(1900 年)，沙俄侵占盛京，盛京皇宫不少珍贵器物丢失，昭陵存于内务府的金茶桶、金盅、金托盘、金香炉、银盘、银匙、镶金筷子等也遭到掠夺。

图 34　鼐

4. **大祭程序**

大祭虽然名目不完全相同，但礼仪仪注是共同的。例如，祭礼要由“恭代”将军为承祭官主持，盛京将军衙门、盛京户部、礼部、工部、刑部、兵部衙门，盛京内务府等处官员均要参加祭礼。大祭时间一般在五鼓时分（天似亮未亮时）。此前，所有参祭官兵云集昭陵，各执事员役各就其位各司其事：摆桌拜唐阿（执事人）负责摆放桌案，点灯拜唐阿负责点燃灯笼烛火，掌关防官开启暖阁之门厅，尚膳正等官员虔诚地从暖阁中请出太宗文皇帝、孝端文皇后二位神牌，将其供到宝座正中。八旗披甲兵把各项祭品从茶膳房抬至隆恩殿东侧的席棚之内，黎明之后再由拜唐阿等执事将祭品抬入隆恩殿内，由尚茶人、尚膳人将祭品逐一传递给尚茶正、尚膳正，由他们摆放到供桌上去。这一切礼仪均在监礼官员的监视下进行，不得错乱。参祭官员在月台下按八旗左右翼排班。祭祀开始，主祭官在礼部赞礼郎示意下向神位叩头行礼，拈香，献奠酒，读祝官在一旁宣读祝文，然后是焚烧祝版以及其他祭物，最后是分克食。

以上是大祭简单概况，下面从几个侧面进一步作些介绍。

图35 佛 花

（1）选派“恭代”祭祀王公

陵寝大祭属于国家大典，皇帝本人理应亲自前往。然而，凡是大祭（忌辰大祭除外）所有祖陵同时举行，皇帝无法一一“躬亲”，只得钦派王公代他行祭，这种制度叫做“恭代”。盛京三陵“恭代”王公的选派经历了从不固定到固定的过程。例如，顺治建昭陵之初，“恭代”王公是不固定的，一般是临时指派宗室王公、觉罗阿达哈哈番以上官员或内大臣，或盛京将军、副都统等人承祭。到了顺治十七年（1660年）皇帝指定太祖之孙辅国公聂克塞及觉罗赵班昂古二人常驻盛京，为专职“恭代”祭陵王公。乾隆元年（1736年）又将“恭代”王公的人数由二人增加为六人。“恭代”王公全家定居盛京，每家分给一定田地和房产，子孙承袭，成为职业“恭代”王公。“恭代”王公虽然驻在盛京，每次大祭之前还要走“钦派”过场。即大祭前数日，盛京礼部出具“恭代”王公职名送京师太常寺（负责祭祀的衙门），由太常寺向皇帝请旨，皇帝用朱笔批示，再将谕旨通过兵部驿站传递盛京礼部，礼部再通知“恭代”王公。

（2）送祝版

大祭前一天，盛京礼部派官员把祝版送至昭陵。所谓“祝版”，是一块长一尺有余的长方形木板，白地儿，四周镶有黄绫边，中间贴着用满文书写的“祝文”。祝文是皇帝向祖宗神位祈祷的言辞。下面是顺治十一年（1655年）清明大祭昭陵的祝文：

维顺治十一年二月十七日，孝孙嗣皇帝，于太宗应天兴国弘德彰武宽温仁圣睿孝文皇帝、孝端正敬仁懿慈僖庄敏辅天协圣文皇后神位前跪奏曰：兹当新春，万物生长，时合清明，恭备祭品，恭遣郑奇尔代祭，伏乞尚飨。

送祝版时，要将祝版放在特制的“龙亭”里抬着，龙亭如同一顶四人抬的亭子式黄色小轿。行走时前有二人手持木棍引路，威风凛凛。行人与之相遇必须即时回避，闪躲不及即面墙而立，否则手持棍棒的引路官兵可以毫不留情地对违制之人棍棒相加。这条回避制度无论是多大的官，多么富有的绅士，都要严格执行。祝版送达昭陵后供存于东配殿内，以备翌日大祭使用。大祭时祝文由读祝官宣读，仪式结束后，将祝版送焚帛亭烧掉，表示将祝文送达先皇在天之灵。

此外，与祝版同时送到昭陵者，还有一分“制帛”，它是一件丝织品，上面用满文写成或织成祈祷言辞，大祭时放在隆恩殿内的供案上，祭祀礼成之后随祝版一起送焚帛亭烧毁。

（3）送花瓶

清明大祭之前，盛京礼部除了往昭陵送祝版、制帛之外，还要备办一分“花瓶”。这里所谓的“花瓶”，又叫“佛花”、佛堂花。它的样式，据清东陵方面对花瓶的描述可知，如同是一座小塔，上面用彩纸、金箔、银箔扎成许多花卉及龙、凤模型。祭礼时佛花供在祭桌之旁，祭祀礼成挪到殿内一角存放，直至岁末年终举行大祭时送到焚帛亭烧掉。日本学者佐田弘治郎于20世纪30年代编辑的《奉天昭陵图谱》一书附有一幅隆恩殿照片，这幅照片显示殿内东北一角有这样一座佛堂花。说明关外三陵与关内东西陵在清明送佛花的礼制上是一致的。

（4）选派抬桌官员

大祭当天，要把事先制作好的各种珍馐佳馔、美酒香茶送到隆恩殿东侧临时搭起的龙棚里存放，然后再由执事人等将这些祭品从龙棚抬入隆恩殿供祭。将祭品从制作房抬至龙棚这项差使由盛京内务府及盛京户、礼、兵、刑、工五部衙门官员承担。这项差使叫“抬桌官员”。《盛京典制备考》记载：“三陵大祭需用抬桌官员是由（盛京）将军出派，咨送盛京礼部”。就是说，抬桌官员名单事先由盛京将军衙门提出，交盛礼部具体安排，这是礼部衙门的一项职能。另外，每年昭陵、福陵四大祭同时举行，而福陵距离市区远，昭陵距离市区近，抬桌官员往往争取去昭陵而不愿去福陵。为此盛京礼部则采取“签掣”（抽签）的办法决定各人去向。这里有一份嘉庆七年（1802 年）十一月二十八日冬至大祭，盛京礼部衙门经过抽签确定的盛京内务府的抬桌官员名单。去昭陵抬桌者有：笔帖式，李锦、徐士训、郑元禄；司库，保住、巴格；库使，袁久淳、苏玉庆七人。去福陵抬桌者有：笔帖式，商阿布、兴保；库使，艾深保、戴迁玺、伞昌五人。从这份名单可以看出，被派抬桌的这些人都是品阶很低的小官，品阶高的不担此微职。此外，抬桌官员完全是尽义务，不过，为祭祖大典效力，祭礼完毕自然会得到一些赏赐。

（5）吃克食

大祭完毕之后，昭陵总管、掌关防官、左右翼长、副关防官、尚香、尚茶、尚膳及果房、膳房及扫院院户、树户、匠役杂丁等人齐集隆恩门外的丹墀之上等候“吃克食”。所谓“吃克食”就是吃祭神的祭余。这些食物被认为是吉祥之物，所以大家往往争先恐后企盼。先是掌关防官带领茶膳人及拜唐阿等人把隆恩殿所供奉的祭品全部撤下，抬至隆恩门外，按照官员兵丁地位高低分配。众人在吃克食时必须面向隆恩殿而跪。也可以把“克食”带回家去，让全家老小分享。据原任皇姑区政协秘书长李文顺同志介绍，他的先人是世守昭陵的官员，曾祖父是“尚膳人”，祖父任四品掌关防长官，姓萨克达氏，隶属于镶黄旗，世居陵西沙河子。他在幼年常听老人讲起“吃克食”的往事。同时，祭酒也要被分掉。祭酒称“福酒”，只许品阶高的官员分享。

（二）小　祭

小祭又叫“常祭”“朔望祭”，时间是每月的初一和十五这两天。古制以每月的第一天称为“朔”，十五称为“望”。昭陵每年小祭二十四次。

顾名思义，小祭比大祭无论就祭祀规模还是承祭官的承祭方式，还是祭品种类数量上都相差甚殊。首先，祭礼时只打开暖阁及神龛的门扇和幔帐，不请神牌出龛，只对神龛而祭；祭品只用熟羊一只，以及时鲜果品十二样和酒等物。承祭官虽然仍由宗室将军等人主祭，但不用请旨“钦派”，盛京礼部只派赞礼郎一人，导引承祭官上殿、下殿，行祭礼时不用赞唱，也不用祝版、祝帛。参加祭礼的人数也比大祭少得多。总之，此礼与民间给神佛烧香上供的做法类似，所以叫“常祭”。昭陵小祭礼始于顺治三年（1646年），据史书记载，此年三月十五日，大学士范文程、额色黑等人向摄政王多尔衮请旨，根据历代祭祀祖陵的规章，应于每月朔、望日在福陵及昭陵举行小祭。祭品为十二样时鲜果品及熟羊一只，从此成为定制。顺治八年（1651年）多尔衮去世后，福临亲自主政，对盛京三陵祭祀作了重新厘定，规定十月朔由总管主祭，其他小祭由掌关防官主祭。后又改为由“恭代”王公主祭。

（三）其他祭祀

昭陵每年除举行大、小祭祀以及皇帝东巡临时告祭之外，还要举行若干次其他名目的祭祀，如皇帝或皇太后生日举行“万寿告祭”；为皇太后加徽号举行告祭；出征凯旋告祭；皇子每隔三年至盛京三陵行礼；还有途经盛京的官员或者到盛京上任的新官也要到福陵、昭陵拜谒，等等。

清朝规定：凡是亲王、贝勒、贝子、一品、二品、三品以上的文武大员，不论是到盛京走马上任，还是道途经过，都必须在到达盛京后先到福陵和昭陵向隆恩殿叩拜，以表示对皇祖的诚敬。否则被视为“大不敬”，将受到严厉惩处。谒陵时凡是亲王、贝勒等人前来，准许其进入方城在隆恩殿外行礼。贝子至三品以上官员则在隆恩门外丹墀上行礼，不开隆恩门。还有，最初官员行礼为两次，一次是到盛京之时，一次是离开盛京之日。顺治十五年（1658 年）规定，官员行礼如果遇祭日，二品以上者要随班参加祭祀。康熙二年（1663 年）改制，把官员行礼的次数由两次改为一次，即只在回京之前行礼。对于不按制遵行的官员给予惩处。例如，康熙初年（1662 年）朝中名臣苏克萨哈，此人是太祖外孙，顺治皇帝晏驾时曾钦命他和索尼、鳌拜、遏必隆四人为辅政大臣，辅助幼主康熙。后来鳌拜争权夺势，图谋不轨而陷害苏克萨哈，给苏克萨哈罗织了二十四条罪状，其中有一条便是他到盛京办事没有到福陵、昭陵行“恭谒”礼，说他是“忘怀先帝”的逆行。尽管苏克萨哈辩解说自己所以未去二陵行礼，是因为二陵在修建地宫，无法行礼，但最后仍被处死，全家被籍没。妻儿老小归辛者库。从这个例子可以看出谒陵制度是何等严格。

十一、清帝“东巡”祭昭陵

17 世纪至 18 世纪，康熙、乾隆、嘉庆、道光四位皇帝先后十次驾临昭陵祭祖。此举堪称昭陵历史盛典，可谓昭陵历史巅峰时段。

（一）“东巡”历史

盛京是大清“开国龙兴”地，是爱新觉罗家族的“丰沛故里”。都城、宫阙、山陵、太庙等开国遗迹在焉。特别是盛京三陵，是爱新觉罗氏之本源，根之所系，情之所牵。所以，“常回家看看”“祭奠祖先”，就成为历代皇帝们的强烈愿望。

最先提出回乡祭祖的是顺治皇帝。顺治皇帝冲龄践祚，从此告别故土到了繁华无比的燕都。他对父皇的音容笑貌以及乡音乡俗满怀眷恋之情，他曾经几次提出重返故里拜祭祖宗，追寻儿时记忆。例如，顺治十一年（1654 年）初，他传下圣旨说：“于四月内，朕必亲往盛京。”可是行期将近，郑亲王济尔哈朗出面禀奏，请求推迟起驾时间，顺治皇帝只好将行期推迟，改为了七月。但是不久言臣朱徽等人上疏劝阻。顺治皇帝也迫于“盗贼未靖，师旅繁兴”，不得不再次往后拖延，顺治皇帝无奈地说：“今岁停止东行，俟他年有暇，再行展谒。”然而机遇却从此与他永远失之交臂。此后，由于南明政权以及其他抗清势力的对抗，使政局长期“未靖”，加之明清多年战乱给国家造成的创伤，经济凋敝，民不聊生，民族矛盾和社会矛盾较多，所以，直到顺治十八年（1661 年）福临驾崩，他的这项夙愿始终未能实现。

圣祖玄烨继位之后国势日渐强盛。康熙十年（1671 年）九月，年方十八岁的“少年天子”，为“仰体世祖章皇帝前志”，以“寰宇一统用告成功”“周览盛京畿内形胜”为由，率师出关北上，祭祀福陵、昭陵。康熙二十一年（1682 年）三月、三十七年（1698 年）十月又躬亲桥山展谒山陵。从此形成“东巡”定制。

雍正皇帝在位十三年，除了康熙三十七年（1698 年）、六十年（1721 年）以皇子身份随圣驾及“恭代”父皇至盛京祭祖之外，因忙于清除朋党，巩固统治地位，整饬吏治，清理财政，发展经济等原因，终生“未举是典（东巡）”。

乾隆皇帝时期社会稳定，物质财富丰富，被誉为大清“太平盛世”。因此，他曾先后四次重返故里躬谒桥山。有些野史笔记描写乾隆皇帝喜爱江南美景佳人，多次南巡享乐。其实，乾隆“东巡”祭祖也是最积极者。而且，他不仅身体力行，还谆谆告诫其后嗣说：“凡我子子孙孙绍登大统者，可不体朕志以为志，眷怀辽沈旧疆、再三周历，薪于祖宗遗绪，身亲而目睹哉?”不过，任何美好愿望无不受制于客观历史条件，位尊势极的皇帝也是如此。乾隆自从第四次东巡之后便以年事已高或曰不得潜越其祖为由，结束此项盛举。

嘉庆皇帝继位之际，国家已走出“康乾盛世”余晖，农民起义此起彼伏，国势日见衰微，仅于嘉庆十年（1805 年）、二十三年（1618 年）两度“躬亲展谒”。而且为了节省国家财力，曾下令拆除“东巡”驻跸的夏园行宫和广宁行宫。

道光皇帝继位，大清已处于江河日下之势。道光九年（1829 年），道光皇帝以“平定回疆张格尔之乱”为由，启銮出关至盛京祭祖。但是在巡幸规模上、程序上都“力从节省，屏绝繁文”。此后，随着国内矛盾重重，外国列强虎视眈眈，皇帝自顾不暇。这项百年盛典因此画上句号。

皇帝“东巡”主要是“敬天法祖”恭谒祖陵，同时又有巡视北部边疆、安抚疆臣、抚绥蒙古王公以及藩属朝鲜等政治需要。“东巡”队伍声势浩大，随驾王公大臣，后妃、宫女、太监、侍卫、官员、兵丁以及盛京、吉林等迎驾、护驾官兵等总数在万人以上；再有，所有皇驾途经莅临之陵寝、宫殿、庙宇、道路、桥梁，在皇帝到来之前都要整修一新；皇驾驻哔之行宫、大营、尖营也要事行整备；还有，祭祖礼成之后要在盛京皇宫举行盛大的庆贺礼，宴赏官员、国戚及蒙古王公等。所以，“东巡”是一项耗资无比巨大的“工程”，虽然皇帝一再强调“不劳民力”，但实际上对民众的盘剥以及劳力负担仍然是巨大的。有的甚至发生命案。例如，嘉庆“东巡”期间，盛京城北邱家屯村民湛大被拉去修路，湛大不满，被监修官殴打落水殒命一案便是典型。

（二）祭祀昭陵

皇帝在昭陵的祭典一般分两天举行（只有康熙皇帝例外），第一天举行“展谒礼”，第二天举行大飨礼，两种祭礼不同。

展谒礼是皇帝直接到宝顶前面的石祭台前向山陵奠酒和哀哭，与民间到祖坟前哭拜的形式相仿。其过程大致如下：行礼当天，皇帝在诸王及文武群臣簇拥下乘步舆（一种无棚的抬椅）来到昭陵，先至更衣厅换素服（孝服），再乘舆东行至红门外，王以下官员先行下马，至下马碑王公下马步行，只有皇帝一人乘舆进入陵院，至隆恩门外东配房北山墙下止舆。皇帝在礼部官员导引下从隆恩门进入方城，从隆恩殿前东侧绕到殿后石祭台前，皇帝在祭台旁面西而站。这时大明楼下的双门开启，从祭台可望见月牙城的琉璃照壁。执事官在石祭台前铺好厚厚的拜褥，旁边设一小木桌，上面摆放金爵和盛酒的金尊，仪式开始，皇帝在祭台前行三跪九叩大礼，礼毕，站在一旁，祭祀官将酒桌抬至近旁，皇帝再次跪下，每行一叩头礼，便双手接过盛满祭酒的金爵向宝城遥举过头顶，表示敬祭，然后将酒撒掉，连献三爵后回原位站立。在皇帝献祭酒的同时，随驾王公大臣站在隆恩殿两侧，同时向宝城方向行三跪九叩礼。然后，皇帝及随驾王公大臣开始“举哀”，皇帝等人甚至泪随声下，十分动情。举哀完毕，祭祀结束。皇帝在礼部导引官前导下出隆恩门，至朝房山墙下坐上步舆，由东红门出昭陵回驻跸大营。如果是皇太后或皇后前来行展谒礼，将由掌关防官的妻子等“命妇”做临时导引官，她们在行走路线及乘舆、降舆规制、献酒、举哀等与皇帝相似，只是在石祭台站的位置是面向东，出入陵时不走东红门，从西红门进，从西红门出。

大飨礼在谒陵第二天举行。地点在隆恩殿。大飨礼与展谒礼不同，例如，就穿戴而言，大飨礼皇帝不穿素服而穿朝服戴朝冠，随驾王公大臣要穿蟒袍补服，盛京当地官员要穿朝服。大飨礼的祭品与四时大祭相似，主要祭品也是一牛、二羊，羹饭脯醢一筵十八盘，饼饵果品一筵六十五盘。仪式开始前随驾王公簇拥皇帝在月台上站立，随驾百官及盛京地方官在月台下各按八旗左右翼排班。祭祀开始按照礼部赞礼官的赞唱，皇帝至隆恩殿前向神位上香，行三跪九叩头礼。然后行“三献”礼，即向神位祭帛，第一次称初献，第二次称亚献，第三次称三献，并献美酒一爵。然后是宣读祝文。有专门的读祝官，跪在皇帝右侧宣读祝文。皇帝在跪着倾听全部祝文之后方可起立，所以有时祝文较长，内务府官员恐皇帝劳累，不得不把跪褥加厚。读完祝文，再行三献礼。行礼之际，凡皇帝跪拜，月台上下的全体王公大臣均随赞礼官的口令行礼。行礼完毕是“望燎礼”，月台西南角专设有“望燎位”，皇上站在望燎位上面向焚帛亭。这时，主祭官把祝版、制帛以及大量的彩纸、金锭、银锭等祭物全部送入焚帛亭等处烧掉，至此祭陵大礼才告完成。

（三）“东巡”轶事

1. 惩办世臣

乾隆十九年（1754 年）九月，乾隆皇帝风尘仆仆地第二次来到盛京祭祀祖陵。按照祖宗辈分先祭兴京永陵，九月初十、十一两日祭奠福陵、昭陵，到此祭陵大礼告成。接着，往奉天行宫（今沈阳故宫崇政殿两侧的东宫和西宫）驻跸，以便在宫中举行祭天祭神还愿大礼，在崇政殿及大政殿举行祭陵礼成庆典。

九月十三日，乾隆皇帝在崇政殿举行例行朝会，当王公贝勒八旗大臣按班行礼之后，乾隆皇帝传旨：“召盛京礼部侍郎世臣进觐。”世臣不知所为何事、匆忙出班俯身跪在一旁说：“奴才世臣，叩见皇上！”言毕向皇上叩头。这时只见乾隆态度格外严肃、声音极为严厉地质问世臣说：“尔等可知福陵、昭陵祭器潦草，祭祀违制之事？”世臣闻罢内心十分惶恐，心想：大礼之前我曾亲自细心察验，与典制分毫不差，有何违制？遂作了几句辩解。想不到乾隆听了勃然大怒，当即传旨：“将世臣革职，发配黑龙江军前效力！”话音刚落，只见几名如狼似虎的锦衣卫士，走上前将世臣顶戴花翎摘下，反剪双臂押解出殿外，脱去朝服换上囚衣，交刑部送进大狱准备发遣。一位堂堂二品大员，转瞬之间沦为阶下之囚，不仅世臣本人对这突如其来的横祸懵然不知，就是盛京其他官员也都感到震惊和不可思议。其实，即便“祭器潦草”罪名成立，最多的惩治也不过是降职另行任用，怎么也不至于革职法办成为罪犯。何况其罪名尚有异议。然而事情至此并未完结。

就在世臣被宣告革职的同时，另一拨官兵急冲冲来到世臣官邸抄家。官兵将世臣家眷驱赶到空室，开始四处翻箱倒柜寻找家财及违禁之物，结果，发现一本《世臣诗集》，新任盛京将军清保当即将《世臣诗集》呈送御前审视。乾隆皇帝本人对诗情有独钟，一生写过上万首诗，他不仅是写诗的行家里手，对诗的政治内容更是十分敏感。他接过《世臣诗集》后逐首逐句翻看起来，当他看到其中的：“霜侵鬓朽叹途穷”“秋色朝人懒上朝”“半轮秋月西沉夜，应照长安尔我家”等心怀怨望的语句时，立即认为世臣是一个纵情诗酒、疏于公务、散布怨言的腐儒，他由此又联想到，盛京官员当中与世臣有同样思想和行为者也一定不在少数，此风断不可长，应借此为典型以警示其他。

翌日，乾隆在迪光殿召见盛京地方官，通告查获《世臣诗集》一事，又将这本《世臣诗集》拿出来让大家传阅。乾隆并且不无挖苦地对众臣说：“世臣不过是粗通文墨的腐儒，朕仅仅因为他资深提拔他做了盛京礼部侍郎，然而他非但不感待圣恩，反而怨天尤人，说什么‘霜侵鬓朽叹穷途’，竟敢把自己与宋代大儒苏轼相提并论，还把他在盛京为官比喻为苏轼被谪黄州，其用心何其恶也。其实，世臣之辈即使给苏轼做执马垂镫的马弁苏轼也会嫌弃。”乾隆紧接着又说：“世臣之流说什么‘半轮明月西沉夜，应照长安尔我家’，他把在盛京为官看得很厌倦很无聊。盛京是我朝发祥之地，是丰沛故里，而世臣身为满洲世仆不该忘记根本，其居心不可问。”乾隆又说：“昨日世臣发遣黑龙江现在看来只是从轻处置，当时尚未发现这本《世臣诗集》，否则要给予他更为严厉的惩处。”

随后，乾隆命内阁大臣拟定一道《上谕》，令盛京各个衙门将这件“圣旨”供奉于正堂，不时拜读，以示约束。《上谕》全文如下。

乾隆十九年九月十四日内阁奉上谕：盛京为我朝龙兴重地，自定鼎以来，设立五部侍郎及奉天府丞等官，分理庶政，教养旗民责任綦重，京师仅千有余里。方今天下一系，即在汉人中犹不可应稍存择地之见，况满世仆岂可遂忘根本？世臣本属庸才，粗通腐文，徒以资深擢用至盛京礼部侍郎。乃其诗稿中至有“霜侵鬓朽叹途穷”之句，世臣居心不可问。如此则昨天革世职发遣尚属轻典。夫纵情诗酒最为居官恶习，以满员而官盛京尚抑郁无聊，形绪吟咏，则从前汉人之出关为畏途又不足怪矣。此地风俗素淳，甚恐为此辈所坏。嗣后盛京各官当深以为戒，其有不思敬供厥职，妄以诗酒乃废公事者，朕必重治其罪。可将此旨各书一通悬之公署，令触目警心，永垂炯鉴。钦此。

从此，盛京各部官员每天入堂点卯之后，必向这件上谕顶礼膜拜，跪读谕文，以此约束行止。乾隆皇帝此举显然是在“杀一儆百”，警示盛京其他官员。

2. **献太宗黄袍**

乾隆四十三年（1778 年）八月，乾隆第三次来到盛京祭祖。八月三日祭祀昭陵礼成，照例前往奉天行宫驻跸。乾隆皇帝在诸王大臣前呼后拥之下，端坐在八人抬的龙头轻步舆上，在悠扬的鼓乐声中缓步进入外攘门（今小西门），只见街道两旁早已跪满了从四面八方聚集而来“瞻仰龙颜”的男女老少，皇驾从外攘门大街行至鼓楼，又从鼓楼南行，当行至西华门外时突然从人群中站起一人，此人叫玉麟，只见他双手托着一件黄色龙袍，对着皇驾连声高呼：“向皇上进献太宗文皇帝龙袍！”几名手持黑色皮鞭的侍卫见状迅速走过来拦阻，唯恐他冲突仪仗，因为此人一旦离开人群靠近皇驾就构成“冲突仪仗”罪，按《大清律》犯罪者要“杖一百”（满族人改杖刑为鞭刑），护卫官兵也要因为防范不严而被“杖七十”。乾隆坐在轻步舆上看到了这一幕，立即传旨：“停舆”，又命随扈大臣说：“将献袍人带来朕前。”玉麟高举龙袍惶恐地跪到皇帝驾下，乾隆对玉麟作了简短问话，站在一旁的盛京将军弘晌从玉麟手中接过龙袍，恭请乾隆钦视，乾隆一看此袍果然是先帝御物，随即对弘晌说：“将此人带往内务府，仔细询问龙袍来历。”皇帝谕罢，起驾进武功坊，由大清门入宫。

弘晌奉旨，命人将玉麟带至内务府值房，弘晌亲自对玉麟进行查问。玉麟随即向弘晌陈述一段家史传奇，玉麟说：“小人是正蓝旗满洲人，现年五十岁，父亲名讳齐木布已故，始祖名讳硕色乌巴什。始祖早年跟随太祖皇帝同使臣前往察哈尔，被巴克贝暗禁三年，始祖逃出后带兵前往，将太祖皇帝救出，太祖皇帝赏给始祖黄袍带子牛马人役等物；随后始祖受太祖之命，再次前往察哈尔将巴克贝勒擒获，太祖再次赏给始祖黄袍带子。太宗皇帝念及始祖有功，赏给子侄官职。父齐木布曾因向朝廷献太祖黄袍被赏给六品官，看守景陵（康熙陵）……小人玉麟无兄弟子嗣，恐怕身后将御袍遗失，因此恭交。”

乾隆皇帝阅罢玉麟的陈述，在上面御笔朱批道：“将衣敬谨收贮盛京，玉麟赏银百两。钦此。”从此，太宗龙袍与乾隆皇帝谕旨便一起被恭贮在了翔凤阁。

3. 乾隆留御袍

乾隆四十八年（1783 年）深秋九月，乾隆皇帝第四次来到盛京。当祭祀昭陵礼成，驻跸盛京行宫，在行宫举行祭天、祭祖、庆贺典礼等例行礼制，当所有这些礼仪完成以后，乾隆传旨给内大臣，把他一件最珍爱的“金钮缂丝龙袍”交盛京将军永玮，转送昭陵，“敬谨尊藏”于隆恩殿，每当大祭将龙袍请出悬挂于殿内旁侧。乾隆此举有他的用意，因为这年他已是七十二岁高龄的老人，京师距离盛京道路遥远，交通不便，自知很难再来。而且从东巡制度来说，其祖父康熙一生仅四次东巡（其中最后一次由雍亲王恭代），不宜“僭越”祖父，“东巡”次数不能超过康熙皇帝。为了永尽孝道，他经过反复思考，想出一个“变通”办法：把自己的御袍留在昭陵，替代自己永远侍奉祖宗。盛京将军奉旨，选择上好檀香木精制成一只木箱，将乾隆御袍恭贮其内，按时请出，祭礼完成照常供贮。

4. 道光祭陵发现“灵芝草”

道光九年（1829年），昭陵总管和掌关防官接到三陵衙门通知：道光皇帝要在某月某日前来昭陵祭祖。于是，总管及关防两署全体官兵、匠役人等上上下下紧张地忙碌起来：总管衙门忙于部署安全防卫，掌关防衙门忙于祭品制作和环境清扫。

环境清扫要求清除管区内所有灰土、杂草、杂物，使陵宫各处干干净净、整洁一新。特别是隆恩殿内外及其四周，更要精心打扫，因为这里是皇帝祭祖的主要场所，随驾王公、盛京文武大员也要来此站班随祭，这里的卫生更不能有一丝马虎。掌关防官对此处的卫生状况也格外用心和严格，他在院户们清扫完毕之后，又亲自反复检查了一番，直到未发现丝毫遗漏这才放心。

第二天，道光皇帝在王公大臣们的护拥下准时来到昭陵行大飨礼。道光皇帝在前引大臣引导下，从隆恩殿月台左侧石阶拾级而上进入隆恩殿，又按赞礼官口赞，先至拜位向太宗神牌上香、行三跪九叩大礼，向神位行“三献”礼，倾听读祝官宣读祝文等一番礼仪过后，这才走出光线昏暗的隆恩殿。这时，他突然发现月台东南角的护栏之下，长着几棵青翠的杂草，心中大为不悦，心想：朕亲自到此祭陵，陵官们对环境清扫尚且如此粗心，其平时大、小祭祀的应差情况可想而知。就在道光皇帝目光专注凝神思量的瞬间，站在他附近的盛京将军兼三陵守护大臣也发现了这一异常现象，赶忙上前跪地向皇帝请罪。常言说：“聪明不过帝王”，道光皇帝对盛京将军的举动未予理睬，因为他心中又一转念，陵官既然能把其他地方打扫得如此干净，隆恩殿如此要地岂能忽略？此草必然非同寻常。随即对御前大臣说：“将草取来送朕看视！”御前大臣遵旨，迅速过去将三棵青草连根拔下，恭呈皇帝，道光接过青草仔细一看，发现这确非一般青草，而是三棵罕见的“灵芝草”，是祥瑞和吉祥的征候。道光龙颜立即转嗔为喜，这才对盛京将军说：“朕赦尔无罪。”并将三棵灵芝草交给盛京将军说：“这三棵‘灵芝草’可在昭陵隆恩殿内永久收藏，每次大祭务将此草陈列于供案供祭。”盛京将军接过灵芝奉旨遵办。

道光皇帝祭祀三陵礼成后即将起驾回銮，他忽然想起这次祭祀昭陵发生的“灵芝草”异事，认为这是他此次来盛京出现的祥瑞征兆，说不定这个征兆是国家转危为安的信息。不过，他又一转念，目前朝廷内外交困，财力紧迫，以后很难再来盛京祭祖，接着他又想起皇祖乾隆皇帝曾在最后一次东巡时把御袍留在昭陵，以御袍代向祖宗祭祀。他想到这里，决定遵循祖宗前制，把自己所穿的三件龙袍交给盛京将军，御留在昭陵隆恩殿，大祭时与“灵芝草”同时请出，代皇帝祭祀。从此，昭陵每次大祭都要将龙袍请出，挂在隆恩殿内一侧，三棵“灵芝草”则插在五供香筒之内供奉。每年六月六日还要将三件龙袍请出，放在隆恩殿月台上通风晾晒，防虫防蛀。人们称六月六日为“晒龙衣节”。

十二、清末昭陵沧桑

清朝末年盛京经历了两次大的劫难，一次是光绪二十六年（1900 年）沙俄入侵；另一次是光绪三十一年（1905 年）的日俄战争。昭陵是这两次劫难的“重灾区”。

（一）锡特恒额父女殉忠

光绪二十六年（1900 年），正当反帝爱国的义和团运动进入高潮的时候，沙皇俄国也加快了侵略中国的步伐，他们一面伙同英美等八国联军进攻天津、北京；一面又以“护路”为名出兵东北，俄军出兵十七万，兵分七路，其中第六路军在中将苏鲍齐指挥下从旅顺登陆，北犯盖平，于八月八日侵占沈阳，盛京将军增琪在得知俄匪进犯的消息后，不仅不调兵抵抗，反而置盛京百姓于不顾，率领文武官员乘夜逃之夭夭。俄匪侵占盛京城，开始大肆烧杀掠夺，最先将户部银库砸开，抢走大量库存黄金白银，接着抢劫商号，城内一百多家商号无一幸免，还有官钱局、当铺以及一些富豪之家也全部被抢，小西关、大北关有许多店铺被抢后又被焚毁。盛京将军增琪在新民府派人与俄匪交涉，要求俄方准其回归盛京，增琪回到盛京后，俄匪强迫他签订了《奉天交地暂且章程》，俄匪对盛京实施了长达两年的所谓军政统治。增琪也成了受俄方驱使的“傀儡将军”。

俄匪在盛京的残暴罪行受到广大民众的强烈抗争。在昭陵发生陵官锡特恒额父女以死相抗的惨烈事件。

锡特恒额姓爱新觉罗氏，系清太祖努尔哈赤堂祖父（三祖）索长阿后裔，父名恒吉，隶属满洲正白旗。锡特恒额时任昭陵总管衙门满洲正白旗防御，官阶五品。其家居住在地载门（小北门）外正白旗界，妻子早逝，全家只有他和女儿二人相依为命。

事发当天，锡特恒额率领本旗官兵在正白旗堆房守陵，忽见一群沙俄匪兵骑马举旗横冲直撞来到拒马木前，想由此入陵抢劫。锡持恒额立即走出堆房出面拦挡，俄匪举枪示意锡特恒额把拒马木搬开（拒马木以木制成，以长八尺粗四寸的大木为“腰挺”，在腰挺两端各钉一十字形木架为“脚”，又名鹿角或挡众木，是一种起防御和拦挡作用的设施，昭陵四周有千余架拒马木），锡特恒额坚决不从，俄军遂一拥而上，将拒马木推倒，然后上马直向正红门冲去。俄匪见正红门紧闭，便大喊大叫连连开枪乱射，最后砸开正红门闯入陵寝。锡特恒额十分惭愧和悲愤。心中暗想：身为大清命官、肩负守陵之责，竟无力阻止俄匪，致使祖陵受到亵渎和践踏。于是他面陵而跪，向皇陵叩头谢罪，起身后毅然投环自尽。俄匪一见非常震惊，对他的坚贞报国精神十分钦敬，随即自动从昭陵撤走。

锡特恒额之女是一位年方十七岁的花季少女，尚未嫁人许亲。她在得知父亲为国尽忠的消息后，有如五雷轰顶、悲痛欲绝，虽然在邻人百般相劝下暂时停止了痛哭，但是面对自己从此孤身一人、生活无着落的现实，加之又恐遭到俄匪的凌辱，思来想去之后，便在当天晚上乘人不备，凄惨地投身入井，待第二天邻人发现早已无法救治。

锡特恒额父女为抗御沙俄暴行而双双殒命的悲壮事件发生后，奉天当局及时向朝廷呈奏，光绪皇帝闻奏，传旨对锡特恒额父女予以“旌表”，赏赐银两，在盛京为其建立一座旌表牌坊。

（二）梅氏兄弟惨遭残害

光绪三十年（1904）日本与沙皇俄国为争夺在中国东北的霸主地位，进而控制亚洲及太平洋地区，在我国东北进行了一场鏖战，史称“日俄战争”。盛京成为会战的主战场。

光绪三十一年（1905 年）日俄战争期间，昭陵曾沦为战场。是年年初，日俄战争战场不断北移。当日军逼近盛京之时，俄军司令库罗巴特金宣布："从此不再后退一步。"盛京于是成为日俄争夺的主要战场。俄军以昭陵为北部制高点，抵御日军。昭陵正兵高海山等人制止俄军进陵，被俄军抢去枪械和马匹后惨遭杀害。

此年二月九日及十日俄日两国分别宣战，双方出动兵力九十余万，各种大炮二千多门，在我国东北地区展开了大战，腐败无能的清政府竟置国家主权、民族利益于不顾，宣布"局外中立"，任凭侵略者恣意横行。光绪三十一年（1905年）三月一日，这场不义之战打到了盛京，奉天方圆二百里遂陷入战火之中。沈阳城北成了主战场，转弯桥、造化屯、四台子、观音屯、奶妈坟、李官堡、昭陵等处都发生了激战，经过十多天的相互拼杀，俄军终以力竭而败北，俄军因昭陵古建筑高大坚固，松林密集，便把昭陵作为与日军最后拼死一搏的堡垒，三月十日，日军首领乃木率军攻占昭陵，在松林内与俄军展开激战，日军第三军齐藤旅团的村上联队也随后攻入昭陵，日军背靠方城与俄军对垒，俄军死伤惨重，最后不得不放弃昭陵，向文官屯方向逃窜。至此"奉天大会战"结束，日军占据盛京后又开始了搜捕沙俄残兵败将的行动，以便将沙俄匪军一网打尽。

三月十五日，日俄会战刚刚结束，一队日军便大摇大摆地来到昭陵搜捕沙俄残余。这天正是昭陵举行清明大祭的日子，但是由于时局不靖，昭陵不少守陵官兵借故躲藏起来，多日不到陵上应差，所以，参祭的官兵人数不多，都集中在了隆恩殿附近。因此日军搜捕队如入无人之境，他们穿过陵前拒马木，闯过大红门径直来到方城门外。日军从方城门洞望见大殿前有许多身穿朝服的官员，正在整齐地下跪、叩头。正当日军准备进入方城搜查时，站在月台上的主祭官突然发现隆恩门外有太阳旗和日军身影，立即命尚茶人梅玉林前去阻拦。梅玉林遵命急忙走下月台来到隆恩门，这时日军已从门洞进入方城，梅玉林一边张开双臂拦挡日军，一边朝日军高声呵斥道："祭典隆重，不得无礼擅闯禁地！"然而日军却将枪口直对着他的前胸，示意他赶紧让开。而梅玉林毫不畏惧，坚决不肯退让。残暴的日军随即扣动扳机，梅玉林应声倒地。这时，梅玉林的胞兄尚香人梅文衡听到枪声迅速跑来，见梅玉林已倒在血泊之中，遂不顾一切地冲上前去，试图与日军说理，可是还未等他开口说话也被日军开枪打死。其他参祭官员及守陵官兵被这突如其来的变故吓得不知所措，东躲西藏起来。日军登上隆恩殿月台，闯入殿内搜索，先是来到大暖阁前，用刺刀在暖阁里到处乱刺，又见供案上有许多盛放干果的银盘，随即将干果倒掉把银盘揣入怀中，然后走出隆恩殿，接着他们又来到东西配殿和配楼查看，然后折上方城，分别登上隆恩楼和宝顶，向陵内陵外四下观望，在确认没有俄军隐藏后，才若无其事地离开昭陵。

梅氏兄弟世居盛京城北大韩英屯，他们家都是祖祖辈辈在昭陵当差的“陵上人”。梅玉林是六品顶戴尚茶人，被害时年五十二岁；梅文衡是六品顶戴尚香人，时年五十六岁。惨剧发生后，软弱无能的盛京当局竟然未敢向日方提出抗议，仅给梅家一点微薄的抚恤，又以梅玉林之子梅德洁袭替父职——昭陵尚香人——了事。梅德洁一直到伪满时期还在昭陵担当祭祀员。梅氏兄弟只是“日俄奉天会战”中成百上千无辜遇难的中国同胞的代表；“日俄奉天会战”是沈阳历史上极为惨痛的一页。

图 36　守陵人梅德洁

大韩英屯梅氏始祖佟霭（父名“佟色”，有报上载文称“佟色”为“仪方”，乃属误读）。佟霭是太宗皇太极内府包衣参领，顺治年间被任为昭陵掌关防官，康熙二十年（1681 年）故去，陪葬昭陵，其墓遗址在望花屯，今其诰封碑尚存（由沈阳市文物管理部门收藏）。据其家谱记载，佟靄有二子，长子一支以佟为氏，次子一支以梅为氏。笔者友人梅鹤翔为其后人。

下篇　百年昭陵

十三、奉天三陵衙门主管时期

从1912年（清宣统三年，民国元年）至1920年（民国九年），昭陵由奉天三陵衙门主管。

1912年是中国历史上发生天翻地覆巨大变迁的重要年头——1月1日中华民国临时政府在南京成立，孙中山就任临时大总统；2月12日清宣统皇帝溥仪宣布退位，清王朝被推翻，中国结束了两千多年的封建统治。

然而，中国民主革命的成果却被大野心家袁世凯所窃取。孙中山在就职临时大总统的宣言中提出，中华民国临时政府的任务是“尽扫专制之流毒，确定共和，普利民生，以达革命之宗旨”；接着孙中山计划组织六路大军北伐，准备通过武力迫使清政府下台；可是他又致电时任清内阁总理大臣的袁世凯说：“倘由君之力，不劳战争，达国民之志愿……推公让能，自是公论”。意思是说，为减少国人战争之苦，只要袁世凯赞成共和，民国政府愿意将总统宝座让位给他。就这样，经过双方协商达成协议：由袁世凯促使清帝退位，给予清室以优待条件；南京政府在清帝退位之后让袁世凯当大总统。2月12日清帝发布退位诏书，2月15日民国政府兑现协议。

野心家袁世凯在取得民国政权之后，却将中国政局推入北洋军阀统治的苦难岁月。他阴谋复辟君主立宪，建立“洪宪帝国”，自立“洪宪皇帝”，结果招至国人的一致声讨而终告失败。北洋军阀由此分裂成以帝国主义为靠山的“直系”“奉系”“皖系”等不同派系，各派军阀你争我夺，像走马灯似的轮流控制北京政权，一时期中国政治舞台风云变幻、战乱不已。

在奉天，独霸省城军权的张作霖，见袁世凯“起洪宪”遭全国反对，趁机与冯德麟提出“奉人治奉”的口号，驱走袁世凯安插在奉天的亲信巡按使段芝贵，袁在不得已的形势下，只好任命张作霖为盛武将军兼职奉天巡按使，张从此总揽奉天省政务，随之与各路军阀争夺中原大权角逐混战。直到 1927 年北伐战争为止，北洋军阀混战长达数十年，给国人造成了严重损害和重大牺牲，是中国历史上又一段黑暗年代。

奉天三陵在国家改朝换代之后，却未能废弃前制，仍旧由三陵衙门掌管，这是袁世凯对清室实施“优待条件”[①] 所至。因为按着民国政府的承诺，清帝退位之后，准许溥仪在紫禁城维持一个“小朝廷”，每年由国民政府供给四百万两白银供其享用。同时，又为守护和祭祀三陵，保存关外三陵衙门组织机构，委任清朝遗老三多为三陵衙门守护大臣。

不过，此时的三陵衙门虽在体制上维持前朝，实际上却落入腐朽官僚三多之手，三多上任后，不顾国法，为所欲为，他极力主张向日本人出售昭陵陵地，结果日本人的“神原农场”不仅不向民国纳租，反而骗走数十万元赎金；他大肆侵吞三陵资财，监守自盗，竟敢将昭陵大祭用鼎搬回自家花园栽种荷花，又拆毁昭陵冰窖用以建盖私宅，给昭陵造成重大破坏。种种不法行为前所未闻，令人发指。

① 《清室优待条件》：

第一条：大清皇帝辞位之后，尊号仍存不废，中华民国以待各外国君主之礼相待。

第二条：大清皇帝辞位之后，岁用四百万两，俟铸新币后改为四百万元，此款由中华民国拨用。

第三条：大清皇帝辞位之后，暂居宫禁，日后移居颐和园，侍卫人等照常留用。

第四条：大清皇帝辞位之后，其宗庙陵寝，永远奉祀。由中华民国设卫兵，妥慎保护。

第五条：德宗崇陵未完工程，如制妥修，其奉安典礼，仍如旧制。所有实用经费，并由中华民国支出。

第六条：以前宫内所用各项执事人员，可照常留用，惟以后不得再招阉人。

第七条：大清皇帝辞位之后，其原有之私产由中华民国特别保护。

第八条：原有之禁卫军，归中华民国陆军部编制，额数俸饷仍如其旧。

（吴景洲：《故宫五年记》，页 134，上海书店出版社，2000 年）

（一）三陵衙门与守护大臣三多

1. 三陵衙门

袁世凯在就任大总统之后，对关外三陵的管理作了这样规定。

“盛京、兴京两陵副都统，向系守护陵寝之官。在官制未经更定以前，该副都统仍照旧日职权，督率原设各职官及兵丁等，妥慎保护，毋任弛玩”。也就是仍旧保持原来的组织机构，仍旧任用清朝原来的官员管理三陵。

当时，盛京守护福陵、昭陵的大臣是清朝盛京副都统兼署金州副都统辅国将军宗室德裕。同年 6 月，袁世凯任命清朝旧臣三多为盛京福昭二陵守护大臣，将宗室德裕调往兴京，改任兴京永陵守护大臣。同年 10 月 25 日，袁世凯以国体已更，将原盛京、兴京“副都统兼守护陵寝大臣”衔名改为“兼管陵寝事宜”。但实际上只是作了名称上的变更。1913 年（民国二年）奉天三陵衙门组织及人员情况如下。

图 37　三多像

盛京副都统兼管陵寝事宜衙门大臣：三多；

档房协领：寿聿彭；

下设三股：户股，礼股，工股；

礼股：设七品官一人，外郎一人，读祝官十二员，赞礼郎十四员；

七品官李毓鳌：职务是专司预备永陵、福陵、昭陵大小祭祀用蜂蜜、松子、鱼、乌梨、干梨等项，并管理园丁各匠役等差；

外郎沈裕：职务是帮同办理应备各陵祭品等物一切事宜；

读祝官十二员：金泰，洪鄂氏；乌云璞，觉罗察氏；书年，赫舍里氏；甲元，宁武图氏；书绅，他他拉氏；纯阳，爱新觉罗氏。职务是恭膺永陵、福陵、昭陵大小祭祀读祝，前引，并膺朝庙，长白山一切典礼事宜。

赞礼郎十四员：毓秀，瓜尔佳氏；常寿，瓜尔佳氏；常山，瓜尔佳氏；双煜，富察氏；英刚，图克色里氏；文普，喜塔拉氏；兴得布，瓜尔佳氏；双宝，瓜尔佳氏；多隆额，瓜尔佳氏；兴凯，爱新觉罗氏；扎普珊，爱新觉罗氏；纯颐，爱新觉罗氏；恩贵，爱新觉罗氏；玉麟，佟佳氏。职务是膺永陵、福陵、昭陵大小祭祀典礼，引见，并膺朝庙长白山典礼各项事宜。

除户股（略）、工股（略）之外，其他还有负责管理官庄的管庄衙门，供养三陵祭祀用牛、羊的彰武牧场，还有奉天官牛场及兴京官牛场，等等。三陵衙门掌管福陵、昭陵。二陵各设总管、掌关防，四品官衙门，具体分管本陵守护、祭祀、岁修等事务。

此时三陵衙门在组织上虽然依然存在，但在官兵俸饷方面并不能确保。例如，民国改元当年“官兵等只领得四十二天期分，至于津贴银两尤不能以时给”（辽宁省档案馆编：《一宫三陵档案史料选编》，页229）。

2. 守护大臣三多与协领寿聿彭

三多，字六桥，姓钟依氏，蒙古正白旗人，清同治十年（1871年）生于北京，其先人世代有功于朝廷，赐封有轻车都尉世职世袭。初受业于浙江俞越（曲园）太史，历任浙江武备学堂总办，督练公所洋务局提调，京师大学堂提调、杭州知府、第一标统兼候补道。光绪三十三年（1907 年）任民政部参议兼归化副都统，宣统元年（1910 年）改任库伦办事大臣、督办金矿大臣。宣统三年（1912 年）武昌起义消息传至库伦，三多被驱逐出外蒙。

1912 年 10 月三多被民国政府任命为奉天副都统兼三陵守护大臣，他在守护三陵期间利用职权之便，为所欲为，大肆侵吞三陵资财，被昭陵官兵联名告发，罪状多达十条。大总统徐世昌将其调回北平，三陵守护一职改由冯德麟继任。三多在离开奉天前强颜欢笑，由其长子舒华来奉祝寿，举行“夫妻五十双庆”。三多调京后改任北京侨务局总裁，继入将军府被晋为循威将军。不久又被溥仪委托组建盛京皇产事宜处，再次来到奉天专以清理皇产。

据称，三多极儒雅，能书善画，嗜金石，精鉴别，尤工汉隶，画以花卉见长，著有《瓜园诗词集》行世。1929 年 4 月三多与画家谭缘卿至奉，携来宋元明清历朝书画精品多件，于皇宫西院省教育会举办书画展览和售卖①。这时，三多一方面沉湎于书画，一方面又跑天津在溥仪鞍前马后效劳，“九一八”事变后，溥仪当上伪满傀儡执政，三多被任命为“电信株式会社”副总裁。但不久却去职，回到北平，1940 年病故。

三多在三陵守护大臣期间的得力助手：协领寿聿彭，字先五，祖籍奉天，光绪十一年（1885 年）生，1912 年毕业于奉天法政学堂，1912 年任奉天三陵衙门协领，1915 年任奉天内务府坐办，1918 年任黑龙江国防筹备处科长，1922 年任东三省兵工厂庶务科长，1925 年任该厂材料处长，1926 年兼职奉天造币厂长，1928 年任西安煤矿公司总办，1932 年任伪满民政部土地局长，1937 年任伪恩赏局长②。三多在三陵衙门所作所为，许多主意都出自寿聿彭。

① 《新民晚报》民国十八年四月十五日。

② 《吉林文史资料》第 18 辑 163。

（二）昭陵管理

1. 祭祀状况

（1）三多进京讨要昭陵祭祀费

民国初年，昭陵的祭祀依然按照前朝旧制执行：即每年清明、中元、冬至、岁暮和忌辰六大祭；每月朔、望两小祭。只是祭品、祭礼由三陵衙门办理，而祭祀一切费用则每年由民国政府按《清室优待条件》支给清皇室经费四百万项下开支，不列入奉省地方预算。然而民国政府却未能兑现承诺，溥仪小朝廷也因此对三陵祭祀费用常常拖欠。为此，守护大臣三多不得不亲自进京向溥仪“要账”。例如，1914 年（民国三年）3 月 13 日，三多乘坐京奉铁路早班火车赴京，就祭祀经费开支与皇室协商。同年 5 月 28 日三多又因奉祀典礼经费维艰，再次赴京与清内务府大臣商筹。而清室方面因祭陵事大，每次都慷慨答应，但是因囊中羞涩拿不出钱来，如此反反复复最后气得三多竟然表示说：“决计辞职，以让贤路，而免误要公。”当然这只是他的气话，实际上他哪里肯失去这个“肥差”呢？

由于向清室讨要经费的办法只是权宜之计，必须有一个长久之策。最后当局决定，将三陵祭祀费用直接由陵地收入中支出。三陵官地官山共计有七八十万亩之多，每年收入租款计小洋二十七八万元，用于三陵祭祀费用绰绰有余。

（2）昭陵“九月特祭”

1914 年（民国三年）5 月 17 日奉天民政长官张锡銮奉袁世凯电令谓：“民国优待清皇室条件现在修改，兹奉省有永、福、昭三陵，例行大祭而外，自今岁起，每年于九月间举行民国特祭一次，以崇典礼。”奉天三陵衙门遵令按时于永、福、昭三陵分别举行了隆重的祭典。然而，这项所谓每年“九月特祭”三陵计划，仅此一次也就不了了之。因为这并非是“袁大总统”一时心血来潮，而是他精心策划“复辟”帝制，自称“洪宪皇帝”的舆论准备。1915 年 8 月，袁世凯及其党徒们经过一系列“自讨自论，自赞自成，自请自愿，自推自戴”[1]，至 12 月宣布复辟“成功”，并准备于 1916 年元旦在清宫居仁堂举行“登基”大典。然而，袁世凯的倒行逆施在全国许多省份引发了反袁护国战争，1916 年 6 月 6 日在全国人民一片唾骂声中结束了可耻的一生。毛泽东指出：袁世凯是“搬起石头砸自己的脚”，比喻得十分恰当。

（3）“分克食”不公引起争斗

1919 年 8 月 12 日，福、昭二陵中元大祭，三多亲赴昭陵主祭，福陵则由奉祀官恭代。当三多主祭礼成之后，按照惯例要“分克食”，就是把祭祀用过的牛、羊、酒、果品等祭物从隆恩殿撤下，抬到隆恩门外的丹墀上，然后按照所有参祭官员级别的高低分配“克食”。可是这次分配却发生了麻烦，由于三多主持分配不公，该多者不多，该少者不少，当场引起一些官员的不满，他们说三道四，你争我夺，最后甚至大打出手。这种混乱可笑的现象，昭陵有史以来可从未听说。

（4）昭陵祭祀也有称道时

民国初年昭陵祭典最盛大的一次，是 1915 年 4 月 8 日清明大祭。这次大祭所以引人注目，是因为奉天所有军政大员全部到场，如，张上将军金波（张锡銮），张巡按贞午（张元奇），张师长雨亭（张作霖），省会警务厅长宋墨林（宋文郁），沈阳县知事赵寅生（赵恭寅），恭同守护大臣三多副都统前往致祭。还有几位虽已老态龙钟却声名很高的前清遗老：锡聘之[2]，尚雅贞，庆云阁，世耀东[3]等多人随班致祭。一时大批军警前呼后拥，旗幡

---

① 择自梁启超：《饮冰室合集，专集之三十三》，页 99－100。

② 锡聘之，名锡珍，生于 1840 年。蒙古镶白旗人。光绪三年进士，任翰林院编修官内阁侍读学士西藏办事大臣，内阁政务提调，辛亥革命中辞官回奉，任奉天法政学堂监督，不久辞职，1924 年卒。著有《容容斋诗草》诗集存世。

③ 世耀东，字仁甫，又字耀东，生于 1860 年，蒙石镶白旗人，世居抚顺，后移居沈阳。光绪十九年（1893 年）中举人。光绪二十一年中进士，授翰林院编修，历任司读司讲学士，官至文渊阁校理。民国成立退居奉天省城，曾任学务总理，统办全省一切学务。1915 年秋任教于国立沈阳高等师范学校，1916 年至 1919 年任奉天国立图书馆馆长。1929 年去世。著有《静观斋文稿》《静观斋丛录》存世。

招展令人目眩，香车宝马列队成行，颇极隆重。大批行人驻足跷首，指手画脚观瞻这些在奉省政坛上地位显赫的大员们的尊容，一时“途为之塞”。

2. 昭陵解禁

(1)“奉天第一公园”

早在1916年就有人在《盛京时报》上载文称：北陵是“奉天之第一公园”。这可能是昭陵历史上被称作“公园”的最早记载，现将这篇要文转引如下。

北陵近日之热闹

> 北陵向称风景名胜之地。故一届夏间，无论中外人士咸欲往游。近来天气适合，所有中外人士，男女学生，均接踵而往，以资娱乐。并有小商人在该处设备茶楼酒市，以及其他商行颇多。因之每日买卖畅旺，且享马车厂之马车亦当络绎不绝，其间预备乘客所有一切，布轩极称完备。闻于礼拜日，各界人士往者甚多。加以女师范教员，学生前往游览点赘，亦复不鲜。彼时游人如鲫，风景亦佳。说者均谓为：奉天之第一公园云。

十年之后，昭陵果然被辟为沈城最大的公园，亦是客观条件使然，这是民众所愿。

(2) 从永陵调日语翻译

昭陵从民国元年（1912年）解禁以来，每年夏秋季节前来瞻仰游览者非常多，其中，有不少是外国人士慕名而来。例如，1913年9月，哈尔滨交涉员致函电奉天都督张锡銮说，俄总参谋处交通司中将多勃雷兴并该员等人，拟于9月20日前往奉天昭陵参观，请妥为招待（《盛京皇宫和关外三陵档案》，页400）。由于昭陵经常有外国人士来来往往，而管理官员当中却无一人懂得外语，在接待和相互交流上十分困难。守护大臣三多听说永陵翼长锡庆精通日语，于是向省署呈文说：“昭陵地方常有邻邦人士入内游览，该处翼长非具有法学知识及精通日语者，不足以资招待，是以咨请都督将永陵右翼翼长锡庆君调署，所遗是缺即以昭陵左翼翼长文超充任，各专责成。”意思是将永陵翼长锡庆调到昭陵，将昭陵左翼长文超调往永陵，两人互换，以便于接待外人。

（3）禁在林中放枪打鸟

此外，还有1916年8月守护大臣三多根据福陵、昭陵总管衙门报告说：中外人等在陵内游览时，任便行走，还在林内随便放枪打鸟及饮酒喧嚣等事，殊为不敬，且与皇陵安全有虞。三多为此上报奉天都督，转饬交涉司，以便照会各驻奉领事，向本国在奉商民说明昭陵游览禁规，一体遵行；同时，拟定汉文、英文、日文三种《告示》，每种抄写四张在陵内各处张贴，以示宣传。（《盛京皇宫和关外三陵档案》，页399）告示全文如下。

告　示

为出示晓谕事：

恭照：福、昭陵系属禁地，理宜严肃。去年因外国商民前往瞻仰，间有放枪打鸟以及饮酒喧嚣等事，业经出示查禁并照准各国领事在案。乃近来前赴瞻仰者，仍不免有放枪喧扰情事，殊失尊敬之道，合再出示晓谕。为此示仰各项人等一体遵照。自示之后倘再有此不敬行为，应由守护人员送交地方官惩办，其为外人则拘送交涉司，转交该管领事严加处分，以示惩儆而昭诫肃，其各凛遵。切切！特示。

福昭陵守护大臣三陵承办事务大臣
盛京副都统　　兼署金州副都统署
中华民国元年八月三日

从此，随便在树林中放枪打鸟等混乱现象减少了许多。

（4）索要“开门费”

昭陵在开禁之后，当局为方便游人，还采取了维修入陵道路，在陵墓内设置茶棚等措施。例如，1912年（民国元年）3月奉天实业司冯绍唐司长，以近日来外人到奉游历，每至福、昭两陵参观，惟道路崎岖不便行走，未免贻笑外人。拟饬工大加修治，道路两旁栽植树木，以期平坦而重卫生。1914 年 7 月三多提出，昭陵福陵山水环境草木葱茏，每届春末夏初中外人士游观者络绎不绝，拟修盖茶棚以便招待。

1920 年 4 月 24 日，三多发现，昭陵守陵人向游人索取“开门费”，否则禁止进入方城的现象。三多传令说：“守陵旗丁既有薪饷，自不应额外索费，且陵禁已开尤不应有是行为。”因之饬令昭陵旗丁，对“游人不准额外勒索，以除积弊”。

（三）三多向日本人出售陵地恶果

1. 出售陵地遭官兵联名反对

1918 年 2 月 21 日，昭陵总管、掌关防两署官兵公推代表那凯元进京，向溥仪“小朝廷”呈递《联结》[1]，请求将三陵大臣三多及沈阳县知事赵恭寅等人出售给日人的昭陵水田收回。《联结》全文如下。

为联合公推代表（就昭）陵地水旱田租与日人情形，呈明查办收回出具《联结》事：

窃照：皇室备款从日人手中将陵地完全赎回。不意，陵地范围内又复租与日人水田约二千余亩，风闻定租六百余元；除租与日人水田外剩旱田二千余亩，前经沈阳县赵恭寅与三陵掌办协领寿聿彭，拟议将此旱田作为国有，归与民户承领起科。陵署官兵等因此不平，除具情禀请按都两宪听候批示外，复推举陵署管领下优附生那凯元，为全体代表，出首争持，幸将旱田收回，归与陵署。官兵承领纳租洋四千五百余元，解交三陵都护收管。此项租价虽系甚巨，然而旱田收回，仍归陵有，尚不失皇产之名义。唯水田一节，仍复租与日人，该日

① 《联结》是群众自发签订的协议。

人借此随便侵占践踏，职等世为陵仆，不忍目见。但以职守攸关，未便轻离，是以公推优附生那凯元仍为代表，务收陵地范围内租与日人之水田，并被日人将陵地残破之现状，具情呈明京师总管内务府查办施行。至该代表办理如何，职等均无异言。为此出具联结是实。

昭陵总管署八旗三族官员兵等发起人（略）

关防署官员兵等发起人（略）

宣统九年二月十一日①

从上述《联结》的内容得知如下情况。

其一，昭陵陵地此前已被日本人盗买，清室出巨资将陵地从日本人手中全部赎回。

其二，收回的昭陵陵地有旱田和水田两部分。

其三，在三多主张之下，三陵衙门将已经收回的水田二千余亩又重新回租给了日本人，租价为每年“六百余元”。

其四，收回的昭陵旱田本应由昭陵官兵承领耕种。可是，三陵衙门主管官三多及寿聿彭，伙同沈阳县知事赵恭寅，拟将这些旱田收归为国有，交由民户承领起科收赋。由于此举侵犯了昭陵官兵权益，大约在1916年（民国五年），全体官兵推举优附生那启元为代表，向奉天巡按督军两位宪台大人呈请，得到二宪批准，将此项旱田收回，归昭陵官兵承领，官兵拿出四千五百余元为租洋，交与三多。

其五，对于水田租与日人之事昭陵官兵极力反对。但是，三陵衙门方面阻力很大，官兵们只好第二次公推那启元为代表，入京“小朝廷”向内务府陈明，请内务府出面制止。时在1918年2月，这件《联结》就是公举那启元进京前，官兵应那之要求，所立的一分协议书。

但是，“强龙压不住地头蛇”。溥仪听说他花巨资赎回的陵地，又被重新租给了被赎人，大为不满。下谕要求三多将地撤

① “宣统九年”即1918年（民国七年），因溥仪“小朝廷”受“优待条件”，仍准予使用“宣统”年号。奉天三陵与其内务府的行文亦使用同样年号。

回，可是三多却以种种理由拒绝执行。

2. 无恶不作的“神原农场”

1919年，三多在违背溥仪旨意，在昭陵官兵的一致反对声中，将昭陵水田租给日本人。6月12日，三多会同沈阳县知事赵恭寅与日本浪人神原政雄的代表共同签订了正式“出租合同”。合同规定：“商租水田款数仍以百町为限，合华尺一千六百七十亩，租价小洋六百元，租限为三十年：自1913年起至1942年止。”另有菜地三十亩房子七间每年租价一百元。从此，日本浪人的“神原农场”在昭陵近旁第二次正式挂牌成立。

原来，日本浪人神原政雄早在1906年（光绪三十二年）日俄战争之后就流窜到奉天，先是借助动乱时局和日本军队势力在昭陵附近霸占大片土地，谎称这些土地是中国人所卖；1913年又与溥丰模范农场公司串通，双方订立假合同，假言溥沣公司欠神原巨资，溥沣以“公司租地全部管理经营权限，此后三十年属于神原”，用以偿还所欠；1916年神原又以袁世凯在灭亡中国的“二十一条”中准许日本人可在南满“租贷或购买其需地亩”为口实，勾通日本军警，强行霸占昭陵所属白脸关公庙香火地。建起“神原农场”。据知情者回忆当时神原强占陵地的情形时说：

> 1916年（民国五年）的谷雨前后，当陈姓各家携带种子、牛具下田耕种时，突然来了几十名日本武装军警……散开一个包围圈，设置岗哨，驱使大批朝鲜浪人进入圈内，见着中国人就打，硬把种子、牲畜抢走，日本兵将这片土地抢占，并在周围钉上木桩，上写“神原农场所有”。陈老道率领陈家各户到奉天交涉司告状，拖了好久交涉司才非正式地告知陈老道，这是袁大总统答应日本有商租权，地是要不回来了，只可向神原索讨租金。神原抢占皇太极庙上这一大片土地，使用朝鲜人，把中国水利局调通的新开河硬扒个口子放水，改旱田为水田……水利局前往神原农场征收水利费和陈老道索讨地租均遭到毒打。中国官方对于神原的横行

霸道一点对策都没有，受害人更是无能为力，只能听之任之①。

就在神原强占昭陵关公庙陵地不久，三多呈请清皇室出面与日本进行交涉，要求收回陵地。狡猾的神原提出：所占陵地是溥丰公司偿还其所欠二十万元，清室必须以同样价格赎回。经过双方反复争辩，最后还是清室让步，花二十万元代价将这些土地收回。但是，这是神原耍的又一个花招，他在骗得二十万元赎金之后，又以日本人浦本正一郎的名义从三陵衙门手中租得“北陵水田一千六百亩，旱田三十亩，房七间”。而且，承租协议规定：日人每年需交纳租金奉小洋七百元，然而从签订合同第二年直至1931年“九一八”事变，他们一直拖欠不交。结果，神原不仅骗得清室二十万元赎金，而且未花一分钱强行占种北陵陵地十多年。神原政雄自知理亏，自骗取清室大笔赎金后很少露面，只派他的亲信替他支撑“神原农场”。农场总部设在昭陵东南的长宁寺内，神原的大管家名叫池之内岩光，他手下有绰号“金大头”的朝鲜浪人带领四十多户鲜族人为他承种水田。池之内岩光称霸昭陵地方，绑票，敲乍勒索，杀人越货，无恶不作，无人敢惹。有一次，他从新民绑架来的一名“肉票”，撞破窗户准备逃跑，池之内岩光发现立即开枪将其打死，当地警方闻报命案急忙赶赴现场，可是一看到“神原农场”的牌子，连大门未进就离开了。

（四）官兵联名举报三多

1918年昭陵全体官兵三百二十一人，联名上告顶头上司——三陵守护大臣二品大员——三多。《诉状》全文如下。

呈：为违例渎职蒙上虐下，恳请鉴核查办以肃官常而舒陵困事。

窃查：盛京副都统兼守护三多，莅任多年毫无善政，不惟陵署官兵疲其虐待已极，生计维艰，而且任用

① 佟尔佳：《神原农场》，文载《辽宁文史资料》第九辑。

协领寿聿彭等，狼狈为奸，毁坏陵寝，轻侮祀典，种种营私有大不堪设想之虞。职等仅摄其敝端之大者，逐一而陈明之：

一、甘心媚外私租陵地。查昭陵明堂之地，前因溥丰农场执事崔潮盗押与日本神原政雄，开垦耕种，贻害陵寝，嗣维皇室备款二十万元一律赎回，免去日后纠葛之患。当时立有正副合同，内附详则七条，不意交款收地之后，副都统三多因沈阳县知事函请商议，仍将陵地转租与日人细梅一百町，合中亩一千六百亩，该守护甘自放弃主任之权，不能据约相争，仅以“未便主持”一语，混含推过抹杀条约。

二、官田出卖饰词蒙蔽。查四品官署设有砖窑柴佃之地。风闻经守护仆役李有，三陵外郎胡正廉等，假托张焕柏接买。转卖与日人，得价六万元，而副都统自文已过，声称：“事后查出，向皇室索款十六万元拟以赎回”。其弊之二也。

三、变卖祭品欺朦皇室。查，昭陵原设银制祭器五百六十八件，无一虚闲之具，亦无破坏不适用者之器。而副都统假以敷余破坏为名，呈请皇室融化变卖，抵还中国银行之债，现在供器纯系洋铁制造，污锈不堪，实难入目，此其弊之三也。

四、宝顶不抹任其渗漏。查宝顶为太宗皇帝之墓，历年抹修一次，自副都统到任向未修抹，现有坑陷渗漏之虞，此其弊之四也。

五、鹿角不修任其践踏，查昭陵神道以南原设鹿角四百八十架，按年修补。而今毫无一架到工股修理之处，仍旧设有。此其弊之五也。

六、乳牛供祭污辱祀典。查牧放供祭牛羊之苏拉荒地，民国四年维副都统卖出得价七万余元，从此供祭牛羊零星凑买，杂毛疾病姑不必论，甚以怀胎乳羊进祭，曾经副关防奎山禀请在案。此其弊之六也。

七、折减祭品随便色买。查祭品均经各计贡献。近年全行折减数，甚至外郎胡正廉从吕（李）有包买情形。此其弊之七也。

八、折毁冰窖擅用木料。查原设冰窖藏冰，以备夏祭镇吸牛羊血食物品。而守护于民国四年三月间，擅自折毁木料，运至伊府需用。嗣后无地藏冰，而夏祭品任其腐败。至凿运冰费现不知作何用项。此其弊八也。

九、擅移烹鼎栽种荷花。查原设巨鼎一具，高四尺，径七尺，系精铜细铁合制。而守护于民国四年四月间，遣人抬伊府内栽种荷花。此其弊之九也。

十、任用仆役轻侮官制。查三陵原设官制各有应升阶级。而副都统任用役仆李有，充当户股六品官。再掌关防原属典礼之官，现该关防李裕珍病故，宜由该署熟悉典礼应升人员递补，而守护竟以距省七百余里之金州协领王鹏举，隔署调充，甫经接任即以乳羊收入祭品之列。此其弊之十也……

盛京昭陵总管关防两署官兵三百二十一名等代表：

署副关防尚膳正董书麟

优附生邓凯元

头等侍卫世袭轻车都尉兼职云骑尉宝勋

头等侍卫世袭轻车都尉副关防奎山

防御扎拉芬，纯忠

族长章京品级玉珩，章京品级英萃

中华民国七年　月　日

以上十条罪状除了第四条第五条及第十条之外，可以说件件都是重罪，特别是折毁昭陵冰窖，将梁木用来建盖私宅；将昭陵祭祀用以烹煮祭牛、祭羊之鼎，盗回家去作花盆栽花种草以及变卖祭祀用银器等事，这些罪名如果是在清代，都是“十恶不赦”的大罪，仅其中一条就足以被“凌迟处死”。然而，奉天省署在接案之后，只在《诉状》之后写了这样一道简单批语：

原控变卖祭品欺朦皇室一节。查，福陵、昭陵共存银质祭器九百八十九件，副都统提出破坏各器五百六十八件，咨明内务府熔化变卖归旧保存，以备祭用，业由内务府查明，醇亲王著照所拟办理等谕，有内务府核查可证。所称副都统欺朦皇室殊属非是。

上述批语的意思是说，三多“变卖祭器”是奉“醇亲王”谕旨所行，并非三多自为。不存在“欺朦清室”问题。“醇亲王”即载沣，是溥仪之父，溥仪三岁继皇帝位，因年幼由载沣摄政，是朝廷大权的实际掌握者，民国初期的溥仪“小朝廷”依然如此。但是，从常理讲，溥仪“小朝廷”是绝对不会指使三多“变卖”祭祀祖宗用的“神器”的。变卖祭器一事必定是三多首先向摄政王载沣提出的，他可以编造出许多理由“欺朦皇室”，让载沣就范，昭陵官兵“旁观者清”，三多这条罪名是绝对推脱不掉的。当局对三多有偏袒之嫌，原因可能是不愿将这件事闹大，尽可能“低调”处理，尽可能将大事化小。当局对三多其他罪状未加可否，说明事实俱在，无可否定。三多在案发第二年，无声无息地被调往北平。

三陵历史上曾出现过多起官兵投诉本陵总管、翼长或掌关防官的案件，而敢状告三陵总司大人的案子这可能是头一件。这件耸人听闻的违法事例曝光后，在社会上轰动一时，影响重大，直到 1925 年 4 月《盛京时报》还发表署名“隐卿”的文章说：

初以为三六桥者知名士也，性耽金石雅好诗书。而事出意外，盛名之下实不相副，在任之时任用私人，偷盗库物，最可愕者，如城内四平街出卖房产一事，置房主人为江省吴兴帅（吴俊升），当成交时吴氏以清室破产殊堪悯侧，原值五万，吴督以八万购之。而三多在内务府档案上仅收四万元。四万元为现洋？为奉票？也不可知。三多又从中提出五千元为活动经费，其余三万五千元是否交到废帝溥仪手中也未可知。

此时距三多离开奉天已五六载，奉天继续有人揭露三多侵吞资财的事实。

十四、奉天副都统主管时期

昭陵从1920年（民国九年）6月至1925年（民国十四年）4月，由奉天副都统主管。

这段时期正是军阀混战的年代，张作霖自控制东北政局之后，在北洋军阀中取得了与直、皖两系鼎足而立的显要地位，其野心日益膨胀。1920年（民国九年）7月直皖战争爆发，张作霖趁机率奉军入关助直倒皖。皖军失败，皖系首领段祺瑞下野，张作霖与直系曹锟共同把持北京政府。张作霖因此在原任东三省巡阅使基础之外，又升官加爵被授予蒙疆经略使，节制蒙古、热河、绥远及察哈尔等广大地区，大有不可一世的架势。

1922年（民国十一年）4月，张作霖再次率军入关，与直系吴佩孚作战，发起第一次直奉战争。结果却因指挥有误被直军所败，并被直系控制的北京政府免去身兼各职。张作霖在盛怒之下宣布“东北独立”，与北京政府断绝关系。张作霖为报“一箭之仇”，总结教训，整军经武，又于1924年（民国十三年）9月，趁“江浙战争”之机率领奉军进攻山海关及热河，发起第二次直奉战争。这时，直系冯玉祥阵前倒戈发动“北京政变”，致使直军溃败。张作霖与冯玉祥共同控制北京政权。

冯玉祥发动“北京政变”后作了一件大事：修改袁世凯主张的《清室优待条件》[①]，把溥仪驱逐出紫禁城，废掉皇帝尊号。张作霖则趁机将奉系势力扩展至河北、山东、江苏及安徽。但时过

① 《修正清室优待条件》：第一条：大清宣统帝从即日起，永远废除皇帝尊号，与中华民国国民在法律上享有同等一切之权利。第二条：自本条件修正后，民国政府每年补助清室家用五十万元。并特支出二百万元，开办北京贫民工厂，尽先收容旗籍贫民。第三条：清室应按照优待条件即日移出宫禁，以后得自由选择住居，但民国政府仍负保护责任。第四条：清室之宗庙陵寝永远奉祀，由民国酌设卫兵妥为保护。第五条：清室私产归清室完全享有，民国政府当为特别保护，其一切公产归民国政府所有。中华民国十三年十一月五日（《故宫五年记》，而133）。

不久，这些地盘又先后失去。

北洋军阀混战巅峰时期，关外三陵政治体制发生重大变化。自1912年国家建立民国政体以来，已过去将近十个年头，而三陵这方“小天地”却还一直因袭清朝旧制，未与国家同步，未享受民国成果。冯德麟上任伊始率先对三陵政体进行改革：先是撤销三陵衙门，接着取缔福陵、昭陵总管，掌关防及四品官三大衙门①，同时在副都统署设立“四处”以取而代之。从此，昭陵三大衙门“这台运转”了二百多年的封建管理“机器”被彻底“关机”；昔日“繁华”紧张忙碌的昭陵“舞台”，也瞬息万变，人去台空。

然而，冯德麟“改革”昭陵体制的结果是将三陵纳入其个人独裁之下，三陵尽归冯德麟一人，他大权独揽，胡作非为，滥捕滥杀，大肆勒索。他曾向下级四品官索贿三十万，而福昭两陵守卫队长侵占空饷仅几百元，就被他双双处死。可以说，冯德麟始终离不开他的兵痞胡匪习性，其所作所为较之其前任三多有过之而无不及。昭陵在他的控制之下陷入了新的困境。

（一）撤销三陵衙门归并副都统署

1. 冯德麟其人

冯德麟，又名冯麟阁，海城县人，生于清同治六年（1867年）。青年时期曾在海城县公署充当衙役，因为与绿林中人有交往而被革职。而他却不甘示弱，索性加入了绿林，成了绿林中人。最初冯德麟仅有徒众八十多人，后来发展到数千人，并控制了辽河东岸，随着实力的加大，他又向辽西发展，成为锦州一带的绿林霸主。

---

① 从前认为三陵衙门及福陵昭陵总管掌关防四品官三大衙门裁撤于1925年（民国十四年）的说法有误，应改为1920年。详见拙著：《关外三陵历史研究》及《奉天三陵衙门及福昭两陵之总管关防三大衙门撤销于1920年考》一文。

“日俄战争”之初，冯德麟被日本人收买，组织起“抗俄东亚义勇军”，在辽南一带为日军搜集情报，后被俄军发现将其逮捕，押解到库页岛上拘禁，后经奉天士绅袁金凯等人斡旋，得以保释。光绪二十九年（1903 年）他被清政府招抚，朝廷授予他统领衔官职。

民国元年（1912 年）九月，冯德麟出任陆军第二十八师师长，驻防于广宁（今北镇）。1916 年改任奉天军务帮办，翌年他因涉嫌“张勋复辟”一案被囚禁于北京。张作霖为兼并陆军二十八师，出面将冯德麟保释。这一时期他与张作霖平起平坐，地位相当。可是自他与张作霖合谋逼走段芝贵，张作霖掌管奉天大权之后，冯德麟只当了军务帮办，由此两人关系出现裂痕。

图 38　19 世纪末冯德麟(二排左二)、杜立三(二排左一)率辽东民团乡勇照

1917 年“张勋复辟”，冯德麟在京对张勋有所赞助，复辟失败，冯德麟在天津被捕。张作霖则趁机兼并了他的二十八师。可是，张作霖又感到自己的做法有点过分，为了让冯德麟的旧部知道自己对冯德麟的义气，不避嫌疑多方奔走，将冯德麟保释出

狱，接着他又商请当局归还冯德麟从前的勋位和勋章，赦免冯德麟无罪。冯德麟虽然回到奉天，但已失去了军权。1920年6月冯德麟在张作霖的力荐下，被大总统徐世昌任命为“三陵承办、盛京副都统兼金州副都统”，接替三多掌管永、福、昭三陵祭祀及陵地事宜，还有金州地区旗务。冯德麟对张作霖感恩戴德欣然受命，从此迁入奉天三陵衙门（今小东门外三陵里，遗址尚在）。

冯德麟虽然与三多连任为官，他俩却是在出身、教养、经历各个方面完全不同，三多是“世家”出身的清朝官吏，受过良好的传统教育，在儒雅之气背后隐藏着虚伪和贪婪；而冯德麟则是典型的“绿林”出身，历经磨难九死一生，凶狠贪欲而毫不遮掩。可是他们有一点是共同的——不择手段聚敛财富。冯德麟甚至比三多还更进一层——置人命于不顾。冯德麟在副都统任上将近五载，其间，他首先将原三陵衙门及两陵总管、掌关防衙门撤销，这是他的一件功绩，不过他此举的目的在于独揽三陵大权。1925年因废帝溥仪出走天津日本租界，当局决定收归溥仪的皇产，三陵副都统署因此撤销，冯德麟也随之免职，告老还乡回到北镇。北镇是冯任二十八师师长时的驻防地，其驻军营房在西门外北镇庙南，其司令部和公馆设于城内西街。冯德麟于此广置果园、森林、田产、房宅，开了多家以“同字”为名号的商号。就像张作霖家的生意一律以“三余堂”为名一样。冯德麟在失去二十八师师长宝座后，他在北镇仍有自己的武装实力。1925年1月三陵衙门撤销，三陵由奉天省公署接收。冯德麟从此结束三陵任事，回归原二十八师驻地北镇颐养天年，离职第二年他患上时疫，虽然请了无数名医，仍然不治身亡于北镇家宅。冯德麟的丧礼据说极为隆重，仅丧期就办了“七七四十九”天，这在民间丧礼中是等级最高的。丧礼之后移柩于北镇城西五峰村冯家园子安葬。（邱德富主编：《医巫闾山志》万卷出版社，页728）后来他的儿子冯庸将其父的一部分家财拿出来办教育，建了一座冯庸大学。

2. 撤销三陵衙门设立都统署“四处”

冯德麟上任后的第一件事是裁撤三陵衙门，撤销福陵昭陵总管关防等衙门，将这些衙门的职权都集中于他直接掌控的副都统署，在都统署成立“四处”取而代之。这在三陵历史上是一件破天荒的大事，有关这件大事的详情，档案资料是最有权威性和可靠性的，现援引冯德麟当时签发的《训令》以资说明：

三陵承办兼职守护事务盛京金州副都统公署训令：

照得：三陵设官分署承办陵寝事宜，迄今二百余年，迁延因循百端废弛。所有机关以之糜款则有余，以之治事则不足，泄泄沓沓坐糜饷项。以致陵寝不修，树株残毁，官产遗失，莫可究诘。此在国家鼎盛之时，体制攸关，自诸求完备改革，以迁事权。既已迁移官署，自当改变，岂可踵旧席奢，坐困咨嗟，在公家供论，无事机关废地要务；在员司模一糜有限饷糈，贻误光阴。何若改弦更张乎？为归并，官家得极力整顿；各员亦可随意谋生。一免豢养之累，一除倚赖之习，洵为两便。曾与巡阅使兼省长张一再核对，议意相同，爰于旧历十一月十七日，将整顿陵寝并官职署，淘汰冗员一切事宜，恭折所陈，本都统公署设立四处：

一曰总务处，接管旧三陵衙门，都统署文案处(除关于典礼会计之事）及各处范围以外之事项；

一曰典礼处，专司奉祀备办祭品，接管礼股档房及关防衙门各事；一曰会计处，接管官庄衙门及官庄档卷一切款项事宜；

一曰庶务处，接管工股及关于工程各事。

各处均委处长、科员、书记，分司其事。

两陵守卫由旧兵拣选百名，共编一连，设连长一员，排长三员，书记二名，保卫陵寝看守树株。

奉天官牛场，设委员一名，书记一名，牧长一名，牧夫车夫一名；彰武排牧场，设委员一名，书记一名，差役五名。

再于本署，设副官一名，委员遣差弁几名，以备随时差办各事。所有福昭两陵总管衙门，关防衙门及三陵衙门，管庄衙门，户，礼，工股档房，及兴京官牛场等等各机关，各员司、兵役等一律裁撤。以阳历九年十二月三十一日为止，即由十年一月一日统归都署四处办理，以节饷源而储修工之费。其有品行修饬才堪任用者则另加委任，以示优异，至于被裁员兵之前有微劳及年老，则为之筹划生计，不使冻馁。以上体皇室推恩子姓之至意。现在改组伊始，除各员另委主分行外，合亟令仰各该衙门，各该员司等分别交接，务要清晰，仍将交接情形具报为要。此令！

各衙门接到这件《训令》之后立即行动，首先将关防大印上交，表示该衙门正式关闭。以下是三陵衙门和昭陵四品官衙门上交关防大印的两份呈文（其他衙门略）：

三陵衙门呈文：

呈：为报遵令交卸协领关防事务日期事：

十年一月十七日奉冯都宪训令内开……奉此，协领遵即督饬员书赶办交代。兹于本年一月二十八日，将三陵衙门协领铜质光字第647号关防一颗及案卷工切事务一并交卸……

三陵衙门署协领文启

中华民国十年一月二十八日

昭陵四品官衙门呈文：

呈为呈报遵令交卸四品官钤记事务日期事：

十年一月二十五日，奉冯都宪训令内开：整顿陵寝裁并官署淘汰冗员等一案，所有各机关员司兵役等一律裁撤一切事务令仰交接具报等因，奉此：品官遵即督饬员司赶办交代。兹于本年一月二十八日将昭陵四品官铜质乾字第11024号钤记一颗，暨一切事务一律交卸，除分呈外理合照抄训令备文呈报省长鉴核施行。

昭陵四品官胡俊

中华民国十年一月二十八日

撤销三陵衙门，是彻底清除清朝遗留下来的封建管理体制及管理机构，是三陵历史的一次革命。

当然，对于那些世世代代“吃三陵饭”的数万“八旗、三户、食辛者库人”来说，是一次不小的“阵痛”：他们一夜之间失去了差缺，失去了“钱粮”，失去了随缺地，失去了生活来源……他们怨声载道，斥责怒骂种种不满可想而知。

（二）冯德麟专擅行止

1. 处决福陵昭陵守卫队长

1921年（民国十年）7月，冯德麟下令将福陵和昭陵两名守卫队长处决。这件爆炸性新闻很快在奉天街头巷尾茶棚酒肆流传开来，人们议论纷纷，说法不一，同情者有之，斥责者亦有之……那么这个案件到底是怎样的来龙去脉？现援引冯德麟就此案给张作霖的报告说得可谓十分详细。

咨：

三陵承办守护事务盛京金州副都统公署为咨请事。

案查：本公署派遣守护福陵、昭陵之卫队队长：王士忠、陶长春二员，各带目兵五十名，分驻两陵，看守山河树株，及任陵寝内外一切保卫之责。迭经严切申令：务须清白，忠心谨慎职守，于率带目兵，则勤加训练：于领发饷糈，则涓滴秉公。倘有纵兵蚀饷情敝，一经查觉定按军法相绳，决不稍存姑息。谕约至再。在案。讵意该队长自去岁十月间编置卫队以后，即逐月克扣旷饷，侵蚀兵额：该王士忠每月得饷八九名，该陶长春每月得饷七八名，虽空额有多寡之分，然不过以五十步笑百步耳，其侵蚀克扣则一也。综计迄今已历八个月份之久，每一额月饷洋十元，该队长等每人侵蚀入已之饷核洋均在六七百元之有奇，现经本公署调查明确，俱已花用无存，毫无疑义。遂将该队长等撤差严押在署。查兵饷丝毫为重，兹伊等所得者为数均愈五百元以上，侵蚀克扣军法难容，既入刑事范围应即依法惩治。惟本公署未便擅专办理，特请贵署核准，以重法权，拟将该王士忠、陶长春处以军法，一律枪毙，以为侵蚀兵额克扣旷饷者戒。俟接准复知，再将该王士忠、陶长春验明正身，派员监视执行枪决。将行刑日期，监刑职名，另文咨达查核。并随时分咨总管内务府……

奉天省长公署三陵承办守护大臣冯德麟

中华民国十年七月十一日

7月18日傍晚，王、陶二人被从三陵副都统署提出，押往风雨坛空地，执行死刑。

有关王、陶二人的情况，据知情者透露：王士忠（又名王喜亭）原籍辽阳，本是冯德麟“亲信之人”，其家道小康，有一妻一妾；陶长春系黑山人，原在山海关任职，当年春辞职来奉任北陵守卫队长。这两人的年龄都在三十余岁，正值青壮年。知情者又说，当他们二人得知有可能被严惩的消息后，曾托人求情于张大帅的五姨太寿氏夫人，寿夫人是张大帅的宠妻，她如果在大帅面前表白一下，大帅是不会不给情面的，可是不知为什么，“门路走妥”（可能是寿夫人承诺了此事），却未能改变案件的处理结果。

这个案件当时在社会上轰动很大，不少人对王、陶二人表示同情，对冯德麟持有疑议。例如，有人在报刊上发表文章说：“清室既经退位，民国自有法律，该都统不将陶、王两人交付司法机关按罪惩治，而徒以禀准张使（张作霖巡按使）擅自杀人，不免自忘其民国官吏矣，呜呼！武人专权，法纪荡然！”

2. 处决盗卖两陵余地犯

冯德麟处决两陵守卫队长本以为“杀鸡给猴看”，扼制各种违法乱纪之风。想不到卖土地及陵木等案件仍然层出不穷。1921

年6月17日，福陵又发生陵丁联名举报前总管裕某克扣陵丁生计费一案，陵丁呼吁冯都统公断。为此，冯氏决定亲赴东北两陵视察，以明真相。

9月8日冯德麟从福陵和昭陵查获六名盗卖余地的旗人，立即禀报巡按使张作霖，将人犯送交军署军法课，准备将这些人犯处以死刑。

所谓“余地”又称为禁荒、隙地、余荒、夹荒。均属三陵禁地内可耕的开垦土地。这些禁地在清代即不许盗卖，但盗卖者并无死罪。冯德麟之举可谓不顾法纪，随意而为。

3. 勒索昭陵旗官和庄头

冯德麟上任后，先后将原四品官李有、六品官李福庭、庄头曾锡柏、纪长春等富豪抓捕，向其勒索巨资。

四品官李有本是三多的仆人，因在三多身边效力多年，为三多效尽犬马之劳。所以，三多在就任三陵守护大臣之后，把他安排到昭陵四品官钤记衙门，提拔他作了四品官衙门的主管。四品官衙门专门负责昭陵岁修，掌管着众多田产及林地，其中仅窑柴材官地一项就有数万亩，其手下还有千余名工匠人丁，各种收入无有尽数。四品官一般都是由外郎等逐级升上来的差官，而且与掌关防官一样，必须熟悉本行业务。三多竟滥用职权，擅自将他的仆人提拔为四品官，成为三多一条罪名。三多在调往北京之时，李有继续留在奉天当他的四品官。冯德麟到任之后首先选择这位“最肥”的差官下手，冯德麟拘捕李有简直同土匪绑票一样，竟然明目张胆直言不讳地向其开价“三十万元”，一分钱不许少。而且明确告诉他：“否则无期开放”，长期关押。李有无奈答应了冯的条件，只是提出“取保”回家，以筹巨款。

冯德麟继拘押李有之后又于同年2月15日将六品官李福庭监押。向其“大索”款项，具体数额虽然不得而知，估计数目也不会太少：1922年（民国十一年）4月8日，冯都统又将官庄庄头曾锡柏、纪长春等拘押，原因据说是该庄应交之款未能如期上交，仅交一百余元。欲加之罪何患无辞，知情人说：“此番拘押应如何赎出，尚不可知”。

还有，1923 年 9 月 2 日冯德麟看到昭陵租窑柴地有利可图，想租用这些官地谋利。昭陵窑柴官地位于沈阳县黑林子、吴家荒、陈家荒及永安桥一带地方（今属沈阳市于洪区），面积二千余日，共二万四千余亩。冯德麟听说地方士绅张焕柏想租这些官地，张焕柏这个人当时在奉天挺有名，他曾承租过昭陵窑柴官地，将地转手租给日本人，当年三多向日本人神原正雄索要昭陵官地一事，就是同他与溥丰公司接洽办理。只是此时张焕柏因事被沈阳县看押在狱中。冯得知立刻与县知事赵恭寅说情，张焕柏很快获释，冯遂将昭陵窑柴官地承租给张。据知情者透露说，此项官地共二千余日，每日地（十亩）“于官租外另获洋五角，（冯副统仅此一项）当年可得洋一万余元”。

4. “山禁綦严”

在农耕时代，百姓的生活来源很大一部分是“靠山吃山，靠水吃水”。多年来居住在昭陵、福陵周边的陵户们也是如此。他们时常要偷偷地进入附近的皇陵青桩甚至白桩界内打柴、拾荒或采集山货，以贴补生活。冯德麟裁撤三陵所有差缺，切断陵户们的“钱粮”之后，为加强对陵地的防护，又改编了两陵守备队，冯还对守卫队下达命令：对胆敢违禁进入陵地者，一律“施以重惩”，绝不姑息。两陵附近百姓的生活因此陷入困境之中。《盛京时报》记者在实地调查后，在报上载文说，现在两陵百姓“不敢（进山）捡拾寸草寸木。更兼旧有之差缺一律裁去，实觉不能聊生。前数年仅愁其吃，今则连烧亦愁，大有嗷嗷之态”。仅剩五十人的守卫队徒守空陵。使所有看守和服务于昭陵的“八旗、三户、食辛者库人”等官兵，执事员役及其家属共万余人失去生计。

5. 圣号碑画“麻姑献寿图”

“圣号碑”位于大明楼内，又称“朱砂碑”。此碑通体用优质石材雕成。高四米有余，方趺、龙首。碑首正中开光部分用满蒙汉三种文体刻有“昭陵”二字；碑身正面竖刻“太宗文皇帝之陵”七个大字，也是三种文体；碑座为须弥式。周身用朱砂涂成深红，碑文描金，碑身四周的游龙纹饰以及须弥座等处均用红、黄、蓝、白、绿五色描绘，其中的红色用的是朱砂，这是它又叫“朱砂碑”的原因，据说采用朱砂的理由是为陵墓主人“招魂”。通体金光闪烁、五色斑斓、鲜艳夺目，在庄严肃穆的皇陵氛围中显得格外耀眼和突出。此碑背后（碑阴）与“神功圣德碑”具有同样的奇异现象——每遇天气阴雨会显现“人形”。不同之处在于它所显现的“人形”，好似一幅水墨丹青的“麻姑献寿图”。所谓麻姑，晋代葛洪《神仙传》一书说，东海有位名叫王远的人，他考中孝廉后当上了中散大夫的大官。此人对“天文图谶河洛”之学十分精通，后因厌倦官场的虚伪生活，竟辞官不作，跑到深山老林寻找得道高人学道去了，他经过多年的修炼成了名仙。麻姑是名仙王远的妹妹，她生得非常俊俏，打扮也十分入时，经常是“头顶上作髻，余发散垂至腰，身穿文彩绣衣”，美中不足的是她的手却是鸟爪。这位鸟爪美女十分长寿，她曾“见东海三为桑田”，“蓬莱之水也浅干旧时一半”，说明他已经活了不下几千个春秋，所以人称她为“寿女”。传说每年的三月三日是西天王母娘娘诞辰之日，每到这时要在西天召开一场盛大的蟠桃会，到时候各路神仙都要带着最好的寿礼前去祝寿，麻姑更是首当其冲，她把在绛珠河边用灵芝精心酿制的寿酒，带到西天献给王母娘娘，受到王母的喜爱。后人便把麻姑向王母娘娘敬献寿酒的场面绘成画，此画就叫“麻姑献寿图”。

不过，圣号碑上的图案只是“神似”，主要靠游人的揣摩和传闻。所以时常引来许多游人驻足观看。有一次冯德麟来到昭陵视察，他对圣号碑奇特现象早有耳闻，趁机也前来查个究竟，可是他看了老半天却没看出个子丑卯酉，最后竟不耐烦地说了句：干脆把麻姑献寿图画上不就结了，也省得费劲去琢磨它，说罢拂袖而去。可是副都统大人的话就成了“圣旨”，昭陵管事赶紧请来几位有名的画匠在碑身子的背面画上了一幅色彩鲜艳的“麻姑献寿图”。这真是滑稽可笑，画蛇添足，不伦不类。

后来，冯都统被撤职，奉天省署指示昭陵管理人员说，在陵碑上画“麻姑献寿图”的做法不雅，应尽快将画面涂掉。然而绘画容易涂掉则难，因为所用的绘画颜料都是油彩，很难清除尽净。同年5月，辽宁省公安处派苗文华为昭陵监视员，苗文华到任后，见“麻姑献寿图”虽然已被涂掉，而油漆痕迹宛然尚在，他因此感慨地说：“圣号碑被无端画图的做法，是既可笑而又可惜。”

伪满洲国时期，大明楼被雷火击中焚毁，圣号碑也难逃被烧的厄运。碑身被烧裂，油彩残迹始得彻底清除。后来又对此碑进行了修整。所以，今天有些游人想在圣号碑上寻找当年“麻姑献寿图”的残迹，已无从可见。

6. 压榨陵工

福陵、昭陵三大衙门撤销后，陵内只有五十人的守卫队护陵，陵中其他事务则无人料理。于是，冯德麟决定从原来的三大衙门各留下十几个人，从事维修等临时差务。不过，原来的差缺和“钱粮”既已革除，现行的留职只是雇佣的“临时工”而已。再有，冯德麟为雇用这些人，又规定每陵每月仅给五十元雇用费，这点钱按人计算是每人每月两元至三元不等，不管你从前是什么身份一概如此。因此有的人嫌钱少不辞而去，只有少数人不得已而认可。

昭陵自民国以来已有多年未予修缮，三多曾于1915年以昭陵年久失修，有坍塌不堪者，有罅漏须补者，计划予以修补，只因困于经费而作罢。冯德麟在这方面较比三多略胜一筹，他在到任的第二年，将三陵年久失修的严重状态，向溥仪“小朝廷”作了夸大呈报，内称：福昭两陵“经风雨摧残半多坍塌”，如果再不及时修缮有倒塌危险。溥仪闻报立即“允准”他的请求，拨出一笔巨款。但是，冯德麟历来嗜财如命，对人十分吝啬和苛刻。他是否把这些钱都用于正项，不得而知。但有一个例子很能说明问题：1921年8月14日修补昭陵城墙，所用的城砖八万八千块，冯德麟竟然分文未花，完全是从承修官乌某身上盘剥下来的。乌某从前是福陵防御，也是被冯德麟雇用来的“临时工”之一，冯德麟委用他承包修城墙工程，然而在施工过程中冯德麟“鸡蛋里头挑骨头”，硬是罚乌某城砖八万八千块作为赔偿，否则对他进行严惩。乌某惧怕，只好任冯德麟宰割。

（三）昭陵开禁

1.“奉天省乡耆会”代表游昭陵

1919年（民国八年）11月，执掌东北三省大权的张作霖为表示勤政爱民、关心乡民疾苦，在奉天召开首届“奉天乡耆会”。要求与会者的条件是：年龄在六十岁以上，与官府没有往来关系，而且是经过公举出来的朴实公正的普通农民。当时奉天全省共五十六个县，共选出代表三百三十人。这些人大都是未出过远门甚至连汽车都未见过的山野村夫，据说有的还梳着小辫，有的腰扎布带。代表到来之前，张作霖下令城内各大旅馆一律腾空，作为代表们的寓所。代表到奉的第二天，张作霖亲自到各寓所看望，并派副官每天关心老人们的起居，会期共三天，每天大宴一次，席间张作霖及省署要人讲话，张作霖还将老人们迎进帅府询问老人家况及地方政事，会后还将老人们的地捐一律降为每日（十亩）一元。代表们所得实惠不少，会议期间代表们还参观了城内许多名胜古迹，第一次看到外面的精彩世界。

1924年（民国十三年）5月，张作霖又主持召开了第二次乡耆会，这次乡耆会的老人们得以来到昭陵游览。时间是5月5日上午，百余名老人在省署招待人员陪同下分乘马车四十六辆，浩浩荡荡地来到昭陵，他们之中有的对昭陵早有耳闻，有的则是闻所未闻、一无所知，所以一进皇陵恍如进入另外一个世界，一切都感到稀奇古怪，他们从上午十时入陵，直到下午就餐时间已过依然不肯离去，最后在招待人员们的一再催促下，才恋恋不舍地返回寓所。

2. 增加护陵警察

昭陵每当春令游人日渐增多，一直到九十月间，游人才会逐渐减少。循环往复，年年如此。由于人多手杂，时而会发生攀花折柳、损坏陵物等现象，冯德麟有鉴于此，特令守卫队长制作一批木牌，在上面写上游陵禁规：(一) 禁止折花损树；(二) 正门甬道不准通车马；(三) 游人入陵参观必须到休息室签名接洽；(四) 不准酗酒争斗致碍公安。立于各主要道路路口及西红门。

又因为昭陵各衙门取消，仅有五十名守卫队兵轮流守陵，无法维持日渐增加的游人的秩序，冯德麟又决定招募十名护陵警察，以补陵兵之不足。1921 年 5 月 7 日，向护陵警察发放陵兵夏季制服，制服的样式与陆军军装略同，差别在于军帽，陵警的帽子上加了一道黄箍，用以区别。这套装束乍看起来与晚清时期的禁卫军有些相似。

还有，一到旅游旺季，游人成群结队、熙熙攘攘，入陵的主要门户——西红门及隆恩门有时拥挤不堪，甚至还经常发生与护陵警察口角撕扯的状况，所以冯都统又决定：无论是中国游人还是外国游人，如果是结队而来，必须持有机关执照证明；如果是学校学生，必须持有该校旗帜，否则禁止入陵；对于普通零散游人，则一律收取“开门费”，每人两毛钱。而且要等人多时始准开门放行。这项收费在三多时期曾被禁止，如今又重行恢复。

（四）撤销三陵副都统

1925 年（民国十四年）4 月，奉天督办张作霖以“撙节经费”为由，裁撤三陵副都统冯德麟及兴京副都统德裕，将永、福、昭三陵收归奉天省政府直接管辖。

有关裁撤奉天及兴京两副都统一事，早在当年 3 月 27 日的《盛京时报》就载有这样一条消息：

废止副都统之近况

张督办为撙节经费，拟将兴京、盛京两副都裁撤，所有两署事宜归并省公署办理，宣传已久迄未实行。兹闻已于24日致电中央政府，请将该二缺裁撤，并将冯德麟与德裕兴两副都统免职。所有两署事宜归奉天省署办理云。

这条新闻表明，张作霖对裁撤三陵两副都统这件事酝酿许久，至于裁撤的原因，按张的解释是“撙节经费”。其实，事情并不那么简单，“撙节经费”只是冠冕堂皇的理由，更深一层的内幕是张作霖为发动“第二次直奉战争”，实现他更大的政治野心，整军经武，扩大军事实力，需要大量财力。

同年4月30日，冯德麟遵照指令向省长公署移交奉天副都统印信及《盛京副都统移交官山园地地皮数目表》册①。公事交验之后，他带着全家妻儿老小及多年搜刮的大批金银财宝，“衣锦还乡”回归辽西北镇“颐养天年”去了。

---

① 《盛京（冯）副都统移交官山园地官房数目表》：
兴京县林子头、错草沟官山二处，共地2556.5亩
抚顺县宋家官山1215.4亩；
铁岭县树芽子野鸡官山194.9亩；
沈阳县汪家河子果园388亩；
沈阳县罗士圈子果园321.9亩；
沈阳县木厂果园209亩；
沈阳县八家子果园448亩；
沈阳县大南边门外秫楷厂12亩；
沈阳县大东边门外窑场官地100亩；
沈阳县大南边门外两陵瓜菜园地324亩；
沈阳县大南关下头，面匠房地皮二块（共）2.6亩；
沈阳县小北门里路东，官地皮一块4.038亩；
沈阳县大东边门外潘家坟、土山子（两处）都统随缺地40亩；
本城大东关下头官园；
本城小西关斗母宫地皮12亩；
岫岩县羊蜡峪花红园地270亩。
总计：6098.358亩。
《冯副都统移交官房数目表》：
大东关华家胡同官房一处8间；
小北天后宫官房3处27间；
大东砖城里官房一处12间；
大东关上头三陵衙门官房一处12间（原注：冯处长住，现已迁出）；
大东关上头官庄衙门官房一处5间；
大东关街北副都统署官房处43间。

十五、奉天省长公署直辖时期

昭陵从1925年（民国十四年）至1930年（民国十九年）由奉天省长公署直辖。其间，1926年（民国十五年）奉天成立市政公所后，昭陵由县界划入市区辟建公园。又由省长公署与市政公所共同管理（详见下文），直到1930年（民国十九年）省警务处监督员撤除，结束省长直辖，又因为三陵归由省长直辖，有人称张作霖为“三陵总理”。

这段历史是昭陵的又一个重要历史拐点。昭陵自1912年改朝换代以来，由于民国政府对旧清室采取“优待政策”，以及掌权者多为清朝遗老，所以昭陵的管理一直被前朝官僚政客们所把持、所控制。直到1925年（民国十四年）三陵副都统撤销，昭陵移交奉天省长公署，才算实际回归民国政府。

在此期间，1925年（民国十四年）11月奉系发生“郭军反奉”内战，军长郭松龄以张作霖穷兵黩武，民不聊生，起兵倒戈，张作霖被迫准备“下野”，打算烧掉大帅府退守辽南。后在日本支持下将郭军击溃，将郭松龄处决，平息了这次危机。张作霖平定“郭军反奉”，刚刚稳住阵脚，却又重新燃起对中原的野心。1926年（民国十五年）他联合直系吴佩孚、阎锡山打败冯玉祥，并重新控制北京政府，并于1927年6月在北平成立“安国军政府”，张作霖自任“大元帅”。然而这是他政治生涯的极致，也是他命运急转直下的开始。1928年（民国十七年）4月以蒋介石为首的国民党新军阀在美国支持下，对奉军施以“北伐”，张作霖迫于北伐军的节节进逼，以及财政、对日外交等困难，决定放弃北平，退往奉天。6月4日当他的专列行至皇姑屯两洞桥时被日本关东军炸死（史称“皇姑屯事件”）。从此也结束了奉系军阀的历史。同年12月，主政东北的张学良宣布“东北易帜”，与南京国民政府合作，从此实现国家南北统一。在这种曲折背景下，昭陵回归省长公署，省警务处在昭陵设立监视员办事处，对昭陵实行监管。

（一）昭陵监视员办事处

1925 年（民国十四年）4 月公署接收三陵后，开始研究如何管理的问题。对此，《盛京时报》多次载文报道，例如：1925 年 4 月 24 日《两陵卫兵已遣散》一文称：省长王岷源以宫殿两陵均已由省署派员接收，所有东北两陵卫护责任则由当地警甲负担，该陵原置卫兵无容留之必要，决定日内尽予遣散。

关于裁撤都统之后的关外三陵，据档案记载："省垣东北两陵及兴京永陵自当局裁撤三陵都统后，几无人管理陵务，殊非尊崇清陵之道，张作霖有鉴于此特委军署副官尤吉庆等三人各管陵，并留陵兵五十名藉资保护云。"

张作霖曾打算把三陵、内务府、皇产事宜处等所有皇产统一由省长公署第二科接管，并将从前"所有名义悉行取消，所有人员悉行解散"。然而省长莫德惠认为此法行不通，莫省长认为"两陵事务繁杂，该科不能兼顾"。张作霖遂又决定成立一个专门管理两陵的"二陵办事处"，委任省署政治顾问魁星阶为两陵事务主任，其办公处设于皇宫院内。魁星阶奉令开始组建班底：设立两科，委金某为第一科长，吴某为第二科长。又调王芝香为庶务员，专事财政，当即开始办公。可是没过多久，张作霖可能又感到两陵管理治安防范至关重要，没有一个权威机构，没有一个控制武力的部门掌管无法管好，又决定将二陵交由全省警务处具体管理。

"奉天全省警务处"是负责全省治安的首要机关。由省长直接指挥，监督统兼全省警察行政事务。内设处长一人，秘书一至二人，科长四人，科员十二人，视察长一人，视察员八人，技正一人。1929 年 1 月改称"奉天全省公安管理处"。

奉天全省警务处在接手昭陵之后，首先决定在昭陵设置"监视员办事处"，作为管理机构，并从警务处八名视察员当中选派最干练的苗文华，作为昭陵首任监视员，全权管理昭陵。同时指令省警察厅调派警察十二名随视察员驻陵守护；又因昭陵地属沈阳县，省长公署又饬令沈阳县公署派地方警甲参与看守，沈阳县遵令，由县公安队保甲公所派警二十五名及甲丁二十人，交由监督员统一指挥；办事处设在昭陵原“鏍房”遗址（隆恩门外西侧最北的一座），内设监视员室、警察室、保甲室，另在其东南的“仪仗房”（隆恩门外东侧最南的一座）设一接待室。又将陵前的省牲亭及更衣亭作为守陵警甲驻地。还有，盛京副都统署撤销，溥仪为祭祀三陵，在奉天设立“清室驻奉办事处”，每遇大小祭期至昭陵祭祀。因此，这段时期昭陵的管理体制比较复杂。

昭陵监督员办事处是民国政府在昭陵设置的第一个管理机构；监督员苗文华是民国政府任命的第一位管理官。这个时期的管理工作主要有以下几项。

1. 守护工作

苗文华根据昭陵的建筑布局特点，将守护防地分为两片区域：一片是红城以内，一片是红城以外。省县两级守护警甲也分为两部分，即省警察厅十二名警察负责红城以内守护；县属警察及甲丁四十五名负责守护红城以外地面。警甲们除了在西红门外设置岗哨，再者就是在陵内陵外日夜巡防。这期间发生了许多事情，现择其中两例。

一是1926年（民国十五年）2月2日，一名自称李芳亭的人带领七八名朝鲜人来到西红门岗亭，请求延见监视员。值班警察遂将他们带至监视员办事处后，李芳亭向苗禀报说：他是奉地东佟维骧之命前来砍伐陵外树木的。又说，佟地东告诉我们，西红门外除留出十丈地方不动外，其余由西南堆房至西北堆房一带连地带树尽归我们地东收买，佟地东已经在清丈局交过收买价款。苗文华当即回答说：“敝人未接到省长公署指令，这些地方的树木不准你们砍伐。”当即命令值班警察将其带出。李芳亭只好回去向佟维骧复命。

二是同年2月11日早晨七点钟，有朝鲜族人五名，手持锹镐

39　20世纪30年代北陵公园管理处
首任管理员苗文华

等工具，在西南下马碑附近砍伐柳树毛子及小榆树，正好赶上苗文华带令甲丁巡视，苗在很远的地方就听到了砍树的声音，当即向西下马碑方向收拢，把这几名砍树贼当场拿获，带回惩置。

由于苗文华铁面无私，截断了一些人的利益，这些人采取诬陷上告的办法想把他赶走。如1928年12月奉天省长公署收到署名赵维寰的一分诉状，诉状全文如下。

呈控警务处驻昭陵视察员兼市政管理员苗文华仗官侵夺民产，民与马文贞合股办黄土厂，被苗文华与赵启明、杜丛贵勾串马文贞强买土场十余亩，请饬处所及地审厅令伊退让，准民留职买而维定章由。

省署接案责成有关部门查办，最后的结论是苗文华是依法购买土场，尚无依势霸夺情事，拨回诉讼。

2. **祭祀事务**

1925年苗文华在接收昭陵时将各殿的锁钥及祭器全部接收下

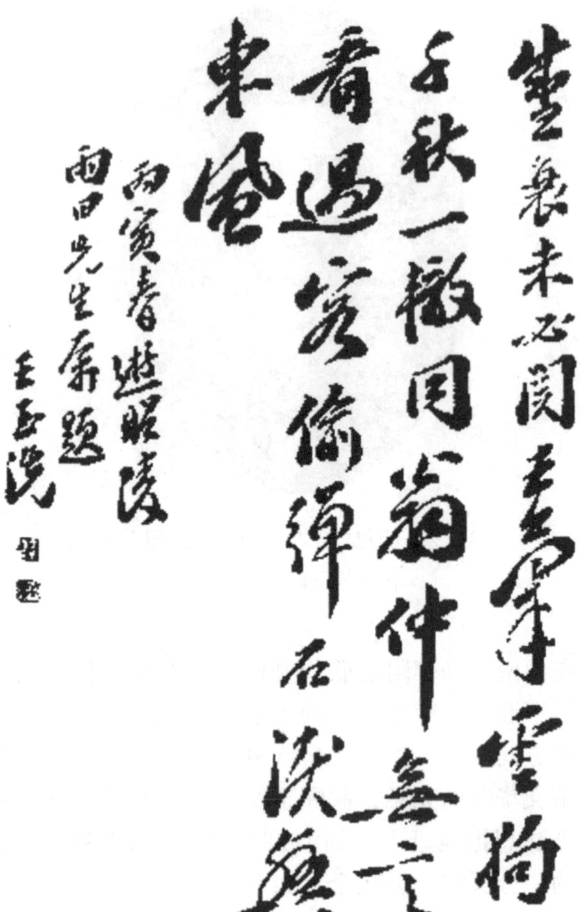

图 40　1928 年《东三省公报》主笔王玉洗瞻仰昭陵墨迹

来。清室驻奉办事处派人前来祭祀时临时领取锁钥和祭器。祭祀完毕将殿门锁牢原物交还。例如，1927 年（民国十六年）5 月 17 日昭陵大祭由清室驻奉办事处文启监礼就是如此。

1927 年 6 月 13 日，奉天省长张作霖命昭陵监视员将锁钥和祭祀器具交给清室驻奉办事处。清室驻奉办事处在陵内设置办公室。民国后期其祭祀次数次第减少，以永陵为例，每年仅为两次。

3. 修缮及售草

凡遇修缮之处，首由监督员上报警务处，警务处直接呈报省长公署。省长公署指派财政厅拨款，予以修缮。昭陵每到秋季要将陵内各处的杂草清理干净，一是为防火，二是清规环境。售草工作一律转给承包商来作，包括锄草、外运、整理现场等事务，承包采取招投标的方式，从中选出标价最高者中标。这是昭陵每年的一大笔收入。例如，1919 年 7 月苗文华就售草一事向警务处报告说："查北陵本年柴草，拟援照上年成案出租。兹由监督员切实估价，最低额为奉大洋九千元，以投标法取决之。并拟定于 8 月 1 日投标，投毕即行当众开标，以所投价格最高者为中标。"

（二）苗文华与《北陵志略》

1. 苗文华其人

苗文华，字雨田，辽宁铁岭人，大约出生于清光绪十五年（1880 年），光绪三十三年（1907 年）考入奉天法政学堂丁班学习。就在其入学后不久，学校根据时政要求开设狱政科，从各班挑选学习成绩优异者入学，苗被选中。他经过四年的努力学习，于宣统三年（1912 年，民国元年）六月十七日以优异成绩毕业。在苗就读期间，中国维新派提出"以日为师"的口号，一时东渡扶桑成为潮流，仅光绪三十二年（1906 年）官方就选派七十名学生赴日学习师范和法律。苗可能在毕业后曾赴日本学习或观光。

1912 年中华民国临时政府成立。奉省当局为加强狱政工作分别在沈阳县、辽阳县、铁岭县、营口县、昌图县及锦县分设九座监狱，苗文华被任为奉天省第二监狱典狱长，掌管辽阳监狱狱政。1919 年（民国八年）3 月苗因事呈请辞去典狱长一职回奉。1920 年（民国九年）苗进入奉天全省公安处所属保甲总办公所任视察员，1923 年（民国十二年）7 月保甲总办公所为了解各县办理保甲情形，将视察员分成东、西、北三路下去搞调查研究，苗文华被派往辽北铁岭、法库各县巡视。其间发生这样一件小小的“花絮”：据其亲属对笔者说，“有一次苗先生途经一个叫‘癞狗屯’的村子，苗文华对陪同他的县署官员说：‘这个地名不雅，要改。’县署果然遵从苗视察员的意见，把这个村名作了更改。”1925年奉天三陵副都统署撤销，永陵、福陵、昭陵由省署接收，省署将管理三陵的任务交给了全省警务处，警务处派员管理，苗文华被任命为昭陵视察员和监视员，奉命派驻昭陵。

1926年市政公所将昭陵划入奉天市，苗文华上书奉天市长李德新倡议建北陵公园。公园成立后苗文华被委任为公园管理员，1927年苗文华将位于陵堡子的原昭陵总管衙门旧址“正厢瓦房三间”购买下来，又在北陵区顺天街购置旱田九点五亩，准备在昭陵作长期打算。没想到三陵管理体制这时发生变化，1929年（民国十八年）6月5日，辽宁省政府颁布《三陵管理章程》，其中第二条：管理三陵之机关规定如下：永陵归新宾县管理；福陵归沈阳市管理；昭陵归沈阳市管理。按此规定，辽宁省警务处自行解除对昭陵的监督权利和责任，所设置的监督员亦应自行撤回。1930年苗文华编写完成《北陵志略》，同年4月苗因陵户任便砍伐树木管理不利被开除公园管理员兼职，仍以监督员身份驻陵。

在苗文华兼任北陵公园管理员同时，沈阳县公安队撤走，奉天市警察局派五分署第三分所警察十二名驻陵看守，省警务处第七、八分队派警三十二名驻陵前宰牲厅和更衣厅巡守，驻昭陵监视员。1930年5月25日由新任管理员赵云璞到职接收，苗以未接到警务处命令为由拒不交卸；8月16日又改由李管理员接收，李在接收中“只接收物品完整者，其他破乱不收”。为此，监视员苗文华向市长李德新报告，李市长指令：“不管是否破杂，均须点收”。交接的物品除办公物品、陈设之外，膳房祭祀用物品计有：

黄布罩单三件；带环大铁锅一口，无盖；牛羊接槽七件；大柜、立柜四个；洋铁盘一百零二个；供粉碗四件；供酒碗十二个；果桌四张；小桌五张；洋铁茶桶一件；大小锅二件；牛乌叉架一架；切桌三个，缸三口；供茶碗四个；供帛盒一件；平锅一口；大锅一口，代环；铁鏊三架；五供器五件；老木柜一个；老木箱一个；铁锅一口；肉槽一个，等等。

苗文华在办完交接手续后，调回省警务处。不久发生“九一八”事变，东北三省被日本军国主义占领。伪满初期苗文华曾经再版《北陵志略》一书，并且为避时嫌，特地将封面上张学良将军的签名用图案遮盖。此后的行迹不明，待考证。据其亲属对笔者介绍说，苗文华“有一子三女，今已无后人”。

2.《北陵志略》

苗文华一生的最大功绩是编写《北陵志略》一书。昭陵自清崇德八年（1643年）创建以来，至20世纪30年代的二百八十年间，国内竟然没有一位学者为其著书。虽然《大清实录》《大清会典》以及地方志对其有零星记载，一般人却很难查到。苗文华在昭陵任职监督员时对此颇感困惑。此时正值清朝逊国不久，昭陵建筑及文物依旧，前朝守陵人仍有多人健在。守陵人中流传着丰富的口头传说，苗文华为使这些“旧闻往迹不至湮没”，遂利用工作之余“广为搜罗”，又将这些“耳之所闻，目之所见”，甚至“道听途说，含沙射影，皆所不计”，逐条整理成篇。并“拍之以照片，分别神怪鄙俗兼存”并蓄，又将几年来省府要员社会名流游陵时留下的墨宝附于文前，编汇成册。当时少帅张学良经常在北陵长官别墅办公，苗文华遂将书稿呈少帅审阅，受到少帅的热切鼓励，并为其题写了《北陵志略》的书名，又指令东北大学印刷厂予以印制。

《北陵志略》一书开本为25厘米×17厘米，前附东北边防司令张学良、辽宁省主席翟文选、沈阳市长李德新等省市大员及作者肖像；其后为靳云鹏、朱庆澜、梁兆潢、王光烈、于詹、王玉洗、倪正誉、张之汉、杨令弗、李西还有班禅大师等二十二位社会名流翰墨及绘画；再下为本书正文四十八页，内有序言，北陵公园图说，述太宗皇帝得玺之由，北陵纪实，管理沿革，陵山旧制，祭祀典礼，宝顶，万年吉地，下马碑，红城，方城，丹墀，隆恩殿，贵妃园寝，蛇神庙等四十二篇，内附照片四十四幅，北陵公园平面图一份。全书字数约六千字。言简意赅，内容丰富，有些遗迹和景观今已泯殁无存，如“贵妃园”“贞臣安达里、敦达里殉葬墓”“武勋王杨古里墓”等遗址照片都已十分难得，书中有些内容已鲜为人知，具有一定的史料价值①。

（三）民国初年昭陵状况真实写照——《昭陵游记》

关于昭陵在民国初年的具体状况，这里引用一篇《昭陵游记》，这是笔者从多篇昭陵游记里选取的最佳篇章，这篇游记把昭陵当时的状态作了如实而细致的描述，具有史料价值。同时也是为了转换一下文体，如同在一桌酒席上加了一盘“新鲜菜肴”。

昭陵游记

宽甸　高心德

永陵，福陵，昭陵，清代之遗迹，亦奉省之名胜古迹也。予频年来羁迹教坛，未得一观，每引以憾。今秋，宽邑举行参观团，予侧身其中。公余抽暇，因得偿夙愿。一观昭陵焉。

陵在省垣大北边门外，距城十里许，余同行三十八人，由李团长(本县视学充教育参观团长故以名——原注)为之导，时当高秋九月，风光黯淡。过钟鼓楼，愈奉海站，而至郊外。沿途经东北大学之工厂，直立云表，南阡北陌，半都农田，正忙于收获。而惊鸿嘹唳，征马蜘蹰，风霜高洁，水露清秀，尤足畅怀。同人等载言载笑，饱餐秋景。约二句钟，即目的地在望矣。周围荒草迷离，树木蓊郁，隙道旁边有松数株，上书陵路，盖以诏游人也。少坐片刻，循道入，约五分钟，乃至西华门（西红门——笔者注。下同）。峻宇雕墙，一碧辉

① 《北陵志略》一书目前存世者已经很少，省市几家图书馆多将原书秘不示人，只以复制本提供阅读。

煌，旁有木牌，上载警务处订《游陵章程》数条，院中石铺级道，极为光滑，苍松古柏，别饶佳趣。又数武，始至招待室，颇洁雅，仅一夫役服务其中。少顷，由陵寝特派员苗雨田君（监视员苗文华）亲自延见，即以来意余等具告之。苗君因言：此陵自清室颠覆后，归三陵冯都统所管辖者，十稔沧桑矣，公（冯德麟）因患宿疾，客秋（去年秋天）交卸，经省署接收，特由警务处委以视察员，司陵中一切事宜，自地方抽调甲丁二十人，值宿其中，负保守之责。现正计划明年开为公园（指辟建北陵公园一事），届时当必有一番可观。清谈娓娓，豁我胸襟，亦雅士也。顷，夫役捧茗进，味香洌，苗君出一册曰：此皆游陵人有所感而作也，诸君查为之续。余等接阅，中皆东省耆宿：袁洁翁（袁金凯），王希哲（王光烈），张仙舫（张之汉）之觥觥巨作，同人等自惭谫陋，皆隙逊谢不遑（此册后来被苗文华收入《北陵志略》）。旋由偏道入隆恩门，而至昭阳殿（隆恩殿），粉垩丹漆，高一巨桷，皆呈五脊六兽形，中有老松八株，盘根错节，葱青有致，名八大朝臣（“八大朝臣”应在隆恩门外）。道之西侧，有石骆驼，马，鹿，狮各一对，雕工整，类皆古代建筑，墓城分二：外城名方城（应为外城名红城），内城名红城（应为内城为方城），又名月牙城（月牙城在方城之后），由方城入为昭阳殿（隆恩殿），旁有配殿，配楼，意即天子至寝陵休憩之意屿，前有小楼名焚箔，有柱名华表，闳丽，当年香火之盛于兹可见。再次为昭明殿（应为明楼）内有碑名明楼（应为圣号碑），其碑高丈寻，上书太宗文皇帝之墓，右书以满文，殿前二石柱，一名望君入，一名望君出。两殿往来之级道皆砌以方石，名曰丹墀（应为甬道），询之云，取诗云：“独对丹墀日未斜”之义。殿之东侧有某氏题诗一首云：

胜地寻芳北陵游，夕阳残照古渡头。

故国江山今安在，登高怀古涕泗流。

辞虽不工，语报沉痛，余悲从中出免和一首：

不堪回首村达观，松涛宿雨作我眠。

浇愁惟有井中月，休话兴亡意自闲。

折处西下则至墓门，土阜隆起，前陈石桌，祭器罗列，有石怪兽踞其上（指二柱门），墓顶有榆树一株，枝叶密，祭时由墓门入，旋闭之。昔日英雄今复何在？青山有幸，白骨长馨，一壤黄土，徒供人凭吊耳。同人等至此于愿已偿，或敬坐石上，共话兴亡。或拈诗低吟，藉护郁怀，以满清上之陵寝我辈遨游其间，游目骋怀，得饱眼福，不可谓非幸也。此外，若仪仗房，茶房，奶房，果房，膳房星罗棋布，不一而足。同人等俱得一一目见，钩心斗角，具见缔造之不易。语云："富贵莫如帝王家"。信然？若夫，山容树色，节近冬令足观者。游览既竟，乃复入招待室，时有日人八名正与苗君接谈，不问可知，为游陵者。同人等遂起告辞。循原路归，至东北大学稍为勾留，抵寓已万家灯火，近黄昏矣。遂濡笔记之。

这是1926年（民国十五年）9月，宽甸县教育界赴奉参观团教师高心德参观昭陵撰写的心得。

此时昭陵由省警务处监督员苗文华负责管理。从游记可知：当时入陵必须走西红门，正红门封闭不开，人们称西红门为"西华门"。西红门外的红墙上挂有警务处出示的《游陵章程》木牌。陵内设有接待游人的"休息室"，集体游人由监督员苗文华出面接待，苗向游人简单扼要地介绍民国以来昭陵的管理历史和前景规划，讲话间陵役为大家送上茶水，接着苗监督员取出一本册簿，请大家留墨。众人翻阅册簿，见留墨者有袁洁翁（东北政务委员袁金凯）、王希哲（东三省公报馆总经理王光烈）、张仙舫（省实业厅长张之汉）等"东省耆宿"，皆望而却步"逊谢不遑"。休息已罢，众人从隆恩门鱼贯而入方城，一一观瞻隆恩殿、明楼、二柱门、月牙城、宝城。可能在东配殿的墙壁上，高老师在众多题壁诗中发现一首“胜地寻芳北陵游……”的诗，高心德随即在其旁题诗“不堪回首村达观……”一首以示回敬。在古时，由于物质条件的关系，人们出行游览，凡有所思往往随手写在（或刻画）建筑物上。此举称之为“题壁”。例如，著名鼓词《忆真妃》中的前四句：“马嵬坡下草青青，今日犹存妃子陵。题壁有诗皆抱憾，入祠无客不伤情。”写的就是词人在看罢了祠中的题壁诗，联想到一代佳人杨贵妃的凄惨命运而引发的感叹之情。当时祠中的题壁诗一定很多，而且都对杨贵妃表示同情，所以才有“皆抱憾”之谓。今天社会进步，物质丰富，文明程度提高，法制健全，不再有人敢在古建筑上“涂鸦”了。

（四）昭陵十景

我国自古就有这样的传统习俗——把一座城市或一座名胜古迹的人文景观及自然景观，概括成八景、十景、十六景乃至更多的景物，并以易于朗朗上口、易于广为流传的四言诗作为景物的名称。有的景物还附有景物诗或简明生动的注释，使人们通过欣赏历史景物的内容和特色，进一步了解历史，增强对祖国对家乡的热爱之情，也有助于人们增强知识情趣和审美修养。这项传统始于北宋大科学家沈括的“潇湘八景”，后世相沿为制，长久不衰。

沈阳城历史上也有八景、十景、十六景之说。八景之中还有新、旧之别。例如，康熙时期的“留都（盛京）十六景”是：“天柱衡云”“开城霁雪”“东园泛菊”“龙石观莲”“实胜斜辉”“浑河晚渡”“御园春望”“黄山秋猎”“沈水春游”“永安秋水”“大堤踏月”“塔湾落雁”“景佑晓钟”“天坛松月”“南塔柳荫”“望云列障”。昭陵作为著名历史名胜古迹，同样也有自身的景点景观。昭陵的景观有十处：隆山积雪、宝顶凝晖、山门灯火、碑楼月光、柞林烟雨、浑河潮流、草甸莺颤、城楼燕雀、华表升仙、龙头瀑布，现分述如下。

1. **隆山积雪**

“隆山”即隆业山，位于宝城身后，是昭陵的“风水”坐山，由人工堆积而成。山呈月牙形，高约七八丈，上有九顶，虽不甚高大，却树草葱茏。北方冬季寒冷降雪较多，每至严冬山上白雪皑皑，熠熠生光，宛如一条披着白色鳞甲的“银龙”横卧在陵园之后，气势十分壮观。这时，游人纷至沓来踏雪登高，或极目远眺，或俯瞰昭陵全貌，转换观赏视角别有一番情趣。

2. **宝顶凝晖**

月牙城之后，宝城正中，突起一半圆形土丘，是为宝顶，其下为地宫，宝顶高约二丈，周围约三十余丈，以三合土夯造，表皮以白灰掺和糯米汁涂盖，坚硬光滑，呈灰白色，每当天气晴朗之日，强烈的阳光照射其上，折射出熠熠光辉，令人目眩。

3. **山门灯火**

“山门”即大红门。这里地势较高。昔年，昭陵与沈阳古城之间并无高大建筑物阻挡，每当艳阳高照，站在大红门前远望十里外的古城，墙垣、城楼、宝塔等依稀在目。特别是每年的“上元之夜”，寂寞的守陵人总要聚集在正红门前，远眺盛京古城内外五色灯火，星星点点，若隐若现，令人感慨万千。

4. **碑楼月光**

“碑楼”即神功圣德碑亭。据守陵人相传，此楼顶部的琉璃瓦在月光折射之下，会泛出耀眼的微光。特别是每月十五，天空浩瀚明月皎洁之时，其光亮尤强。泛光原因不详，有人推测这里的琉璃瓦成分可能比它处特殊，含有可折光的金属？也有一些不经之言。此景为昭陵增添了些许神秘。

5. **柞林烟雨**

“柞林”在东红门外之北，这里有一片昔年栽种的柞树。每当夏季一阵大雨滂沱过后，天气骤然转晴，这时的柞林在阳光照射下，会出现烟雾蒙蒙、雾气腾腾的特殊景象。据说，这种景观的形成是因为柞树的叶子肥厚，易于吸收水分，而当它受到骤热之后，叶子水分又会迅速蒸发升腾，形成烟雾之故。

6. 浑河潮流

民间相传，今天昭陵前面的新开河乃是浑河故道，本是昭陵的“风水”河。此河河水的大小涨落随季节而不同。有一年夏季多雨河水泛涨，致使主祭官未能即时到达昭陵延误了祭期，皇帝盛怒之下传旨将浑河改道于沈城南。

7. 草甸莺颤

“草甸”是位红墙以北的一片旷野，俗称“白草甸子”，这里百草丛生，百花齐放。每年到了春分，百鸟从四面八方飞来，到此捉食嬉戏，繁衍生息。其中有一种鸟叫莺颤，样子有些像鹞鹰，专以捕捉小鸟为食，是鸟中之王，它在扑食之后会上下翻飞，不时发出得意的鸣叫。

8. 城楼燕雀

“城楼”即方城门楼，是一座歇山式三重檐建筑，建筑精美壮观，俗称其五凤楼。此楼是昭陵最高建筑，凌空高矗是燕雀们最理想的栖息之处。楼檐鸟穴很多，每至黄昏，经过一天觅食的燕雀，从四面八方云集而归，围绕五凤楼上下翻飞、鸣叫，然后回到各自的窝巢，全家大小度过一个温馨之夜。

9. 华表升仙

华表是一种圆形雕龙石柱，属于装饰性建筑。昭陵共有三对华表，一对在大红门之南，下马碑旁；一对在大红门内石像生之前；一对在神功圣德碑之旁。华表升仙所说的是一桩民间掌故，相传，古时候辽阳有一个名叫丁令威的人，他学道千年成仙，因怀念家乡，化作一只白鹤飞回故乡，落在辽阳城外的华表柱上，饱览家乡的变迁。有一少年见鹤拿出弓箭欲射，白鹤立即飞离华表唱道："有鸟丁令仙威，去家千年今始归，城郭如故人民非，何不学道家累累"。歌罢飞走。从此，凡是有华表的地方都会与丁令威的故事相连。成为一种习俗。

10. 龙头瀑布

"龙头"是指昭陵隆恩殿月台四角向外伸出的兽头，这个兽头据传是龙生九子之一，因为它生性好水，所以把它作为桥梁、宫殿等处排水口的装饰。"龙头瀑布"指的是每逢大雨隆恩殿月台上的积水，就会从这些龙头的口中倾泻而出，场景如同瀑布一般，颇为壮观。

另外，"沈阳八景"也取纳了昭陵的几处景观，例如，"北陵红叶""隆业春游""三台夕照"等。其中北陵红叶诗云："北陵多枫柳，西风黄叶，红满秋林，故名北陵红叶。"

如今，"昭陵十景"已成为历史。各种新的景观已多得数不胜数。可能有一天，人们会把昭陵新的景观编制成新的"昭陵十景"、"昭陵十六景"甚至"昭陵三十二景"。

十六、奉天市政公所主管时期

昭陵于1926年（民国十五年）6月由沈阳县划入奉天市区，归奉天市政公所直接管辖。至1931年（民国二十年）“九一八”事变，连续由市政公所管理五载。

奉天地区在清朝解体之后的行政区划是：以砖城内为奉天省城，省城西部划为商埠地，其他地面均划为沈阳县。昭陵、福陵等处都属于县界。当时还没有“奉天市”一说。奉天省城改为奉天市之由来出自张作霖。

1922年（民国十一年）5月，张作霖在第一次直奉战争中失败，北京政府撤掉了他的本兼各职。他一气之下宣布东北独立，与北京政府断绝关系，实行三省联省自治。他为提高奉天省城地位，加强对省城管理，又于1923年（民国十二年）8月将原沈阳县城区以及商埠地一带划为市区，正式成立奉天市政公所。这是沈阳有史以来第一次作为“市”的建制，第一次有了近代城市管理机构。

奉天第一任市长曾有翼，沈阳城南红菱堡人，历任奉天教育会长等官职，1926年6月因涉嫌总统曹锟贿选案辞去市长之职；第二任市长李德新①。李德新于1926年（民国十五年）9月2日上任，他胸怀远大，工作兢兢业业，努力实干，在任五年期间成

① 李德新，字法权，辽宁营口人，曾留学于日本东京帝国大学。1923年（民国十二年）毕业回国，上书省长王永江条陈市政数十万言，擘画精详论列切当，令其协助筹备市政。旋任卫生课课长，交涉署科长，樽俎折衡，颇有作为。1926年（民国十五所）6月（应为9月）任奉天市长，1928年（民国十七年）又兼商埠局总办，策划市政踔厉风发，添铺油漆道路，开辟两陵公园之道路，建设桥梁，增修电车线路，筹办自来水下水道，增设小学，开辟市场，在经费紧缺的情况下兴办了众多实业，使市政大为改观。“九一八”事变，日伪当局令其交出职权后，却从此失踪下落不明，成为沈阳历史谜案（引自《沈阳百科》，页207，沈阳出版社1990年版）。

图 41　李德新

为沈阳城建事业发展最迅速的一段历史时期。特别是对昭陵的发展和建设有着突出作为。

李德新对昭陵的改革建设主要有以下三个方面；一是将昭陵由沈阳县划入市区，并辟建“北陵公园”；二是增建北陵火车站并加修北陵铁路支线；三是将“北陵公园”扩展为“伟大公园”。

（一）昭陵辟建“北陵公园”

1. “北陵公园”辟建经过

昭陵从清崇德八年（1643 年）创建，至 1926 年（民国十五年）的二百八十多年间一直作为皇陵进行保护、祭祀、瞻仰和游览。1927 年（民国十六年）发生了历史性巨变——由“皇陵禁地”辟建为“北陵公园”。从此，昭陵从单一的皇陵成为皇陵与园林相结合的综合性游览胜地。后来的历史证明，这一重大转变是昭陵历史发展的必然，是昭陵最佳的生存方式和最佳的发展道路。

常言说“新官上任三把火”。1926 年（民国十五年）9 月，市长李德新上任后所“烧”的“第一把火”就是把城北十里的昭陵划进市区，因为昭陵距省城切近，有着良好的自然生态环境条件，将它融入市区对改善城市环境，扩大民众游览休闲区域有着十分重大的作用。再有，这也是长久以来广大民众所需、广大民心所愿的大好事，老百姓早就把昭陵定位是“奉天第一大公园”。这是李德新在市政公所任职期间也一直在关注和思考的问题。为此他在接过市长委任之后立即向奉天省长公署提出这项议案，并很快得到省署批复。

昭陵划入市区是辟建公园的重要前提。昭陵辟建公园第一人是时任奉天昭陵监视员苗文华，他是一位思想活跃的人，当年他在奉天法政学堂学习时曾到日本学习参观，日本的上野公园引起他的关注，上野是一座由古代陵墓建起的综合性公园，远近驰名，给苗留下了难以磨灭的印象。凑巧的是 1926 年（民国十五年）春，苗文华受省公安处派遣到昭陵担任监视员，由此他联想到了日本的上野公园，萌生将昭陵改建公园的设想。同年秋昭陵被划入奉天市区，昭陵建公园具备了充分条件，于是他在 9 月 3 日拟具《筹备昭陵公园意见书》，上呈给新任奉天市长李德新，提议“仿日本上野公园，将北陵稍加点缀，改造成天然公园”。市长李德新其实也早有此意，而且他对日本上野公园的情况甚至比苗文华更为熟悉，因为李德新在日留学数年，曾多次造访上野，他所以极力将昭陵划入市区也有这方面的打算。苗文华的意见与他的想法可谓是“英雄所见略同”。于是，李市长以“奉天市居东北政治中心，为京奉、南满、奉海各铁路交点，交通便利，商贾云集，社会发达，大有一日千里之势”，“奉天市规模日趋完善，而娱乐之地、游观之场寥寥无几”等理由，向市政公所总办张学良提出组建北陵公园的设想，张学良对此项打算大为支持，接着李市长将辟建北陵公园的方案和筹办事项等形成正式文件上报省长公署，省公署通过行政程序进行讨论，很快得到批准。所以，昭陵辟建公园之事已在1926年秋冬作出决定。正因为如此，是年9月，苗文华在接待宽甸教育参观团介绍昭陵现状时声言："现正计划明年开为公园，届时当必有一番可观"的话语。同年12月3日《盛京时报》有一篇报道讲述昭陵当时的情形：

> 北陵南头设一木门，上书"北陵公园"四字，在陵门道路两旁，亦立起木标，上书某某占领之地址，将来拉出街基即当建筑，以便与公园相联接。

这就是说，已在昭陵石牌坊南修设了一座木门，又在木门之上挂起了一块"北陵公园"的匾牌；并且在通往陵寝道路的两侧划好地基，准备开春招商供摆布摊床营业之用。

1927年（民国十六年）3月8日为拟具"扩张市区范围及清丈局陵前官地处置方法并北陵公园管理权"呈奉天省长。

1927年5月15日奉天市北陵公园正式成立，当时市政公所人员缺少，李德新因昭陵监视员苗文华为首倡辟建公园之人，而且年轻有为，随即任命他为兼职北陵公园首任管理员。苗文华欣然受命，并立即着手公园建设。

公园设管理员一人（苗文华），月俸大洋八十元；

助理员一人，月俸五十元；

雇员六人，每人月俸三十元；

夫役二人，每人月俸二十元。

建园工作分"五部"进行，即发售门票，设立茶社，禁止损坏园物，安置道路指示，酌修道路。

发售门票，售票仅限于陵内，陵外无须购票；票分普通、团体、半票三种。普通票为奉小洋一元。军人免票。

改造道路，园内道路高低不平，宽狭曲直不一，道路进行平整铺垫。

设置指示游人标牌，防止往来车辆互相冲突之事发生，拟在北陵北口、岔路、茶厅、过桥、西北偶、上岗子、西北隅到三台子道、后陵、陵堡子、西门外等处，共设立道路指示牌二十面。

牌长二尺五寸，宽一尺八寸，牌杆长七尺五寸，埋入地下一尺五寸，在各个路口处设置，统一为白地红字。

招商设置若干座茶社、摊床，以便为游人供应饮食。茶社月捐二十至五十元不等；摊床月捐五至十五元不等。

制定出禁止游人携带猎枪，禁折花木、禁止打鸟扑鱼，禁止烟火，禁止抛弃物品，禁止吵闹喧哗，禁止袒胸露背等规章。经过如此一番筹办之后，北陵公园正式对外售票接纳游人。

安装电灯，昭陵从前一直用的是油灯，所用燃料最早用籽油，清末改用煤油。用油灯照明不仅光度有限，更主要的是容易引发火灾。1918 年 8 月，奉天市长李德新经过与电灯厂反复协商，开始在北陵陵内安装电灯，从此昭陵的面貌大为改观。其中仅从公园正门起，至大碑楼这一段，共埋设了二丈四尺高的线杆十九根，安装二十五瓦电灯十二盏。园内办公室、房屋、甬道两则及休息室分别安装了二十五瓦及五十瓦的电灯四十盏，古陵里第一次注入了现代生活气息。

2. 制订《北陵公园十年分期计划》

公园开办数月之后，市长李德新在总办张学良授意下，又于 1927 年 10 月 4 日制订出一分规模宏大的《北陵公园十年分期计划》，计划从 1927 年至 1936 年分十年将北陵公园建成。

其中，在组织机构方面，设园长一人。下设总务、财务、博物、园艺、警备五股。每股设股长一人，护员若干；园长总理园务，监督各股执行事务；总务股辅助园长办理园内一切事务；财务股管理园内预算及财务收支；博物股掌管技术一切事务，调查其他关于学术上研究事项并保护树木草卉及动物之责；园艺股专掌园艺技术事务，调查其他关于园艺学术研究事项；警备股专掌园内警备事务。

在公园建设方面，笔者还查阅到 1927 年（民国十六年）9 月绘制的《北陵公园图》，从图中所见，公园以昭陵陵寝为中心，红城东北修“高尔夫球场”；西北修“养苗圃”，采集园内树木及野生花卉之种子而培育之，以渐次补充园内之衰老植物；东红门外修“足球场”、“网球场”、“赛跑场”和“棒球场”；西红门外为“露店用地”，实为供应游人餐饮服务的露天市场。露天市场往西是“植物园”及“温室”，植物园内搜集栽培东三省植物；正红门外石牌楼前修一圆形“喷泉”；喷泉东侧修“滑冰场”“游泳场”；喷泉西侧修“北陵公园管理处”，管理处西侧修“儿童运动场”及“音乐室”，喷泉之南修公园“正门”，门外修“停留场”。停留场之东修有“动物园”，停留场往西建有旅馆，旅馆之南修有“小沼”，开凿水池设小舟。总之是应有尽有，基本是东半部为体育运动区，西半部为植物观赏、音乐娱乐和休闲区。

省长在审核时建议将机构中的“五股”合并成“三股”。

1928年12月29日在张学良主持下，实现东北“易帜”，从原来的“东北独立”实现“南北统一”。随之，奉天省改称辽宁省，奉天市改称沈阳市。奉天北陵公园亦更名为“沈阳市北陵公园管理处”。

然而，《北陵公园十年分期计划》一直停留在纸面上，主要原因在于财力不足。1931年（民国二十年）《北陵公园十年分期计划》实施，时间过半却依然毫无起色，5月29日李市长为扭转这种困顿局面，上呈省府请求先建一座简单的儿童游艺场，李市长在报告中说：

> 北陵公园内部设备亟应及时添办，因财力关系迟至今日未克实现。兹斟酌财力量入为出，拟将费款不多轻而易举者先行筹办。兹拟在茶厅前树木较少游人较多地方设儿童游戏场一处，内备滑台二部，轩轾杠二部，椅子秋迁二部，绳子秋迁四部等运动器十项。请款现大洋三千五百余元。

然而，不久发生“九一八”事变，这项游艺场修建计划随之告停，《北陵公园十年分期计划》自然也付诸东流。

3. 公园守卫

随着北陵公园的开办，昭陵的公安守卫也作了相应的调整和部署。对此，市长李德新在呈报给省长公署《关于管理北陵公园各项办法及预算》中说的十分明确：

> 北陵之地系前清陵寝，所有关于该陵之保护及其他一切事务，自有主管机关执掌其事，不能因此次办理公园即将原有陵务取消，是以该地经此次办理公园后，含有两种性质，一为原有之陵地，一为此次新辟之公园。关于原有陵地一切事务，从前旧有之主管机关，自当仍依照从前各项旧案继续办理，不能因办理公园有所停止，所有保护该陵之原有警甲自应继续存在，执行保护之职，务不能因办理公园有所取消。关于新办公园之一切事务，自应由职所督饬所属次第计划切实进行。如此分别权限既清，遇事各自负责，自无互相推诿之弊。职所恐有关各机关或有未能彻底洞明此义者，为避免误会计，业经派员分向警务处、警察厅及沈阳县声明斯旨。（《盛京皇宫和关外三陵档案》页338）

李市长这段话的大意是说，昭陵在改公园之前其公安守护是由全省警务处（后先后改称“全省公安处”“全省公安局”）及沈阳县第五区警察和保甲两家分别守护，其中，警务处警察驻扎茶膳房，负责红墙以内地面；沈阳县警甲驻扎于省牲厅、更衣厅二厅，负责红墙外地面，双方各有分工各有管辖范围。辟建公园后，公园的守护由奉天省警察厅派警负责。上述三套警甲均由昭陵监视员兼北陵公园管理员苗文华一人指挥。原有组织不能因为办理公园而“有所取消”，仍按建园之前规制继续行使职权。为此，李市长派专人至警务处、警察厅及沈阳县分别作了说明。并且又在1927年5月14日公园正式成立头一天，由奉天省警察厅调警察第五署三分署（东北大学分驻所）拨来警察十一名至北陵公园，成立北陵公园警察分驻所，以维持公园治安秩序。

1929年6月26日辽宁省政府颁布《管理三陵章程》，明确规定昭陵交由沈阳市管辖。原省警务处派驻之昭陵监视员撤销。1930年（民国十九年）监督员苗文华回归本处，同时沈阳县保甲也随之撤出，昭陵及北陵公园仍由省会公安局及警察厅两家负责。

1931 年 5 月 21 日驻陵警察进行了一次大调动：省会公安局第四分队警察二十九名进驻省牲厅、更衣厅，守护红墙外地面；而将原守护红墙外的第七、八两个分队三十二名警察移驻红墙内，守护红墙以里地面，原守卫公园的第五分局第三分所警察调往东北大学（此警为 1927 年 5 月 14 日调进），北陵公园由奉天省警察厅派警守护。

4. 来自旧清室方面的反对声音

就在北陵公园开办的第六天，省长公署收到清室驻奉办事处的一封公函，内容是对昭陵辟为公园提出反对意见，要求将北陵公园“取消”，信函全文如下。

敬启者：

顷据敝处庶务科科长文启称：本月十七日昭陵大祭，奉派恭代监理。祭毕，查看陵内添驻有警察，询悉系市政公所新由东北大学分驻所拨来巡官一员，巡长一名，巡警九名，驻扎果房内，以备团体售票，理合呈请鉴核等情。

据此窃思：昭陵乃清室先陵，与公共坛庙大有区别，即以平等视之，与民间有主坟茔无异，自应归其后人保守，焉得目为公产。昭陵现有人承奉祭祀，以有主之坟茔改作公园，似觉于理不顺，关内各省历代帝王陵寝，自入民国以来均视为古迹加以保护，只任人瞻仰，并未闻有改作公园之议。昭陵本先朝陵寝，为沈阳古迹，亦当与历代帝王一律看待，加以保护，不应改为公共娱乐场所。伏查，陵内岁时祭祀必须先期筹备，一改公园，则房屋均被占用，锁钥归之公家，所有预备祭品无处存放，承办祭典之人每遇出入启门闭户多感不便，直若有主之坟茔子孙祭扫反不能自主，转求许可于外人，又况陵内殿宇宏崇，树木稠密，与房屋互相连接，既作公园租赁摊床，则售食物者必安置炉灶，设有疏虑以致数百年工程浩大之古迹丧于一旦，实属可惜，使其后人视之亦觉难安，揆诸情理，实不应视为公产，仍须由其后人永远保守奉祀，平时照常任人瞻仰，庶于公理私情两不相悖。应请贵公署转令市政公所将开放公园之议取消，以符优待，无任感祷，相应函达，即希查照见覆施行。此致

奉天省长公署

清室驻奉办事处

中华民国十六年五月二十一日

信函虽然讲出了一些道理，但终归还是出于维护旧清皇室一小撮人的利益，与时代发展、时代进步相悖。事实证明，昭陵改公园的做法是顺遂历史潮流，是代表了民意民需。古诗有云："沉舟侧畔千帆过，病树前头万木春"，旧清皇室的要求不过是"沉舟"和"病树"而已。

（二）修建公路铁路及"北陵火车站"

图 42　北陵火车站

1. 修北陵游园公路

1928年（民国十七年）“北陵公园”十年规划蓝图向社会公布，筹备工作也紧锣密鼓地开始，昭陵成为东北及华北广大地区的旅游热点。于是，市政部门及铁路部门开始为北陵修建公路和铁路，以利于游人往来。例如，1929年3月10日《盛京时报》报道，市长李德新向省府呈请建筑北陵陵前马路一段，并于两侧栽柳树一千一百四十六株，定于十五日开工。此路共分两段：第一段由惠工工业区的二马路（今团结路）两端起至日本桥（两洞桥）止，第二段由日本桥起至北陵木桥（今省政府西门前大桥），全长两千七百四十四米，宽二十八点五米，均为土路（《沈阳城建大事记》，页45）。与此同时，市长李德新又因福、昭两陵同为沈阳名胜，开始修筑一条公路，公路西起沈海路，东至东山咀子讲武堂，全长四千六百零七米，宽十二米（《沈阳城建成大事记》，页44），以便与福陵、昭陵相衔接。

2. 修“北陵铁路专用线”及“北陵火车站”

北宁铁路局（原“京奉铁路”1929年4月改称）认为昭陵改公园是一个好商机，决定为昭陵修建一条铁路，这条铁路专线南起“皇姑屯站”（老“沈阳站”：另有一说其起点在小西边门）转向东北，经过原东北大学工厂，续向东北方向（今辽宁省公安厅后院）经五一商店附近，至航空总局为终点（今“沈飞”厂区内），全长十一点八一千米。名为“北宁路北陵支线”。并在昭陵和东北大学之间设立“北陵火车站”。（《东北大学校志》第一卷，上册页73）火车站地址相当于今龙江中学位置。1929年（民国十八年）铁路及车站相继建成，同年5月5日举行通车仪式，从此每日售票搭载往来乘客（《盛京时报》）。当然，修建这条铁路支线还有两个原因：一是当时第十四届华北（包括东北）运动会确定在东北大学体育场召开，这是华北及东北地区的一次体育盛会，华北体育联合会在会前积极出面向当局提请修建此路，以谋各地运动员及参观之便利；再是东北大学及所属工厂陆续建成，运送机械、原料及产品需要。

3. 北陵铁路支线被拆毁事件

这条铁路支线只运行了短短五十几天，便发生了“神原农场”强行拆除事件。

1929 年 6 月 27 日晨 4 时许，日本“守备队”三十余人，各个骑着高头大马，手持枪械，后面跟着十辆电车，载着工人三十余名，趁着天色刚亮，行人稀少无人注意的机会，到达北陵火车站附近，只听守备队长一声令下，工人们七手八脚地将火车站北侧的铁路连续拆毁两段，并将拆下的枕木横在铁道上码成堆，又用铁蒺藜将枕木围起，还在枕木堆插上一面红色旗帜，旗上用白字写着：“神原农场，禁止通行”八个大字，用以阻挡铁路运行。对此严重侵犯中国主权的行为，辽宁交涉署向日本驻沈阳总领事馆提出严重抗议。

由于“北陵铁路支线”被日本侵略者强行拆断，“北陵火车站”也成了无人问津的“摆设”，不久也被拆毁。这是“九一八”事变发生前奉天诡谲形势的一个缩影。

（三）北陵公园扩展“伟大公园”计划

踌躇满志的市长李德新在顺利打开北陵公园局面，完成《北陵公园十年分期规划》之后，又雄心勃勃提出一项更大的发展计划——将北陵公园以南地区扩建为“伟大公园”。事情经过是这样的。

1929 年（民国十八年）3 月 1 日，李德新上书给东北边防军司令长官张学良。他在信中说，北陵陵前一带土地“东连奉海路，西接工业区，南满、京奉两条铁路亦紧相衔绕，尤以新开河以北，北陵公园以南，地势优异，风景绝佳，实具近代各国盛昌之田园都市形态”。当时，市内的万泉河公园、商埠公园、西公园等都在整顿，但是，李市长认为这些公园“远不如北陵公园之具天然风景也”，仅就园内树木一项，北陵的森林古松便远非其他公园所能比，北陵古迹，中外人士来游东北者必以先观为快。还有，当时京奉铁路局正在筹划修设北陵铁路支线，一旦铁路建成，“该处之发展定有一日千里之势”。为此李市长提出本着重视风景名胜保护，应将新开河以北业经清丈局丈放未经建房的空地按原价收回，与北陵公园合并修成“伟大公园”。由于当时北陵一带陵地多由权贵们领放收回殊非易事，为说服张学良破除情面支持建设“伟大公园”的计划，先是说明收回土地手续并不烦琐，并分析了当时的形势，李市长又从经营角度挑明建设“伟大公园”的好处：“与其耗款于其他多数公园，实不如集中财力于一伟大公园”，又说辽宁为东北首善之区，引领着全东北的文化方向，关于伟大公园的建设以时代以区位论都为当务之急。

1929年4月29日张学良给李德新复函，信函全文如下。

法权市长兄鉴：

来呈及附图均悉。筹建成北陵伟大公园，既辟游观之地，且开实业之源，用意深远，其益良多。惟兹事体大，筹费用兴工恐非一蹴所能企及，究须如何计划，有无窒碍，应即请省政府核议，以期妥善。此复。问刻安！

张学良　启

四月二十六日到

李市长按照张学良的指示，于4月30日至函省政府主席翟文选，备陈建设伟大公园的想法；5月1日李市长再以公函形式致翟主席，提出建设伟大公园需要着手解决的事项，特别是收回陵前土地问题。李市长又说建成伟大公园，“如在他处开辟经营即耗资几百万，亦不如北陵之具天然伟大之风致，此机一失殊为可惜”。因此他极力希望促成此事。

8月23日，李市长在给翟主席的信函中又称“伟大公园”的第一项工程修建“伟大广场”，广场正中树立大元帅铜像。8月23日省政府下达第七六七号“训令”：

(关于建设伟大公园一事已经)“省政府委员会第五十二次会议决定：“应由市政公所将北陵已放之地另作计划，按

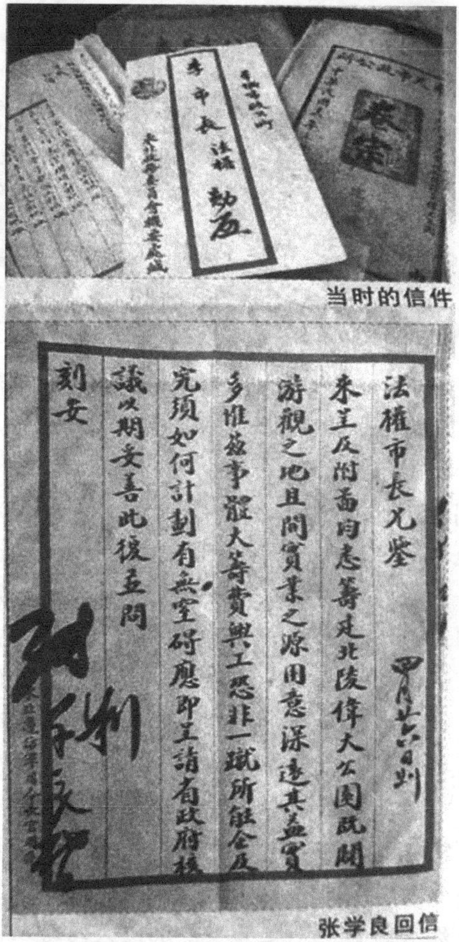

图 43　张学良就修建“伟大公园”一事给李德新的复信

原领地亩另行清放，并收道路修筑费，速即开工修路。对于建筑房屋，最多限于所领地面积三分之一，并由公所取缔图式已成之树木，不准砍伐，如必须砍伐时，须在图及说明书上陈明，由公所许可后方准砍伐。等因。通过在案”。

再者是“陵内西侧楼房，务需修理完好，作为旅馆，以便游

图 44　昭陵警示牌。此牌为蓝色搪瓷烧制，白荣海先生收藏

人歇宿”。

11 月 25 日市政公所呈省署呈文：为遵令另行计划北陵已放之地，谨将通盘规划道路情形绘具详图仰祈鉴核示遵事：窃查：职所前拟收回北陵已放官地筹建伟大公园，嗣因遵令圈定界限，呈奉钧府（8 月 25 日）第七六七号训令云云。奉此自应尊令照办，顾另作计划之步骤须先由规划道路入手，因道路为市区各种设施之基础，道路之系统如俱适宜，则一切设施均可循序进行。北陵新开河南北地方铁路环抱，地势优异，且有北陵公园为之点缀，不惟今后之发展可以预知，即东北之模范市区实亦舍此莫属，是以对于该处道路一项近察形势，远瞩将来殊有通盘规划之必要。北陵大马路以西如保合堡、蓝家窝堡、四营房四村。前已商得沈阳县政府同意划归市区以内，范围即较前扩大。此次规划之范围南至南满铁路，东至南部界居住区，北部界法库大道，西至保合堡，经蓝家窝堡、御花园而达北陵西界，北至北陵前。此项范围内除东北大学工厂，第三中学司令长官别墅，卫队营房，粮秣厂军，草厂等用地因有特殊情形未予规划道路，以及新开河南稻田，因 11 月 26 日市政公所张贴布告，布告称新开河北岸建伟大公园之计划业经

省政府方面通过，即将进入实施，要求各领户为配合按期规划北陵前新开河北侧街道，速来市政公所报到。

档案接续记载：

12月9日“为提议事，案据沈阳市政公所呈称：遵令另行计划北陵已放之地。谨将规划道路情形连同详图，请核示。等情。查，此次建筑北陵公园范围既属扩大，究竟现在有无此项财力，并垂行改修道路是否影响市民生计，均有详慎考虑之必要。相应照抄原呈检同原图提出讨论，敬候公决”。

12月20日省政府指令：“此案现经提出省委会第一百七十六次会议，佥以此案所拟计划系将北陵内部及附近之道路一并规划在内，将来以此为整理之标准，自无不可，于最短期间予以实施。非惟财力未能逮，抑恐影响多端，应由该所按照所订计划相其所急分期办理，并于办理之前，专案呈核，以资稽考”。

翟文选更是鼎力相助，并决定收回已放之陵地。关于伟大公园的规模是“东至法库大道，西至堆子房，南到新开河，北至昭陵原界”，除东南隅东北大学原占地基五百余亩不计外，该公园面积为十二平方里零四分，按每平方里五百四十亩计算，计合总面积为六千六百九十六亩，约合四百四十六点四万平方米，是现在北陵公园面积三百三十万平方米的一点四倍。

不过，这项计划终因耗资过巨以及触及到某些利益集团招至强烈阻碍阻挠而最终搁浅。不久发生了“九一八”事变，北陵公园扩充“伟大公园”的计划就此在历史上“定格”。

十七、东北沦陷时期

1931年至1945年昭陵受日伪黑暗统治十四载。

自溥仪被民国政府逐出宫禁，迁入其父载沣的“北府”后，虽然口头上一再说自己要作民国公民，实际上其封建立场未变，仍旧怀有复辟的幻想。1924年（民国十三年）11月29日他在大臣郑孝胥及日本人的阴谋策划下，潜入日本使馆；1925年（民国十四年）2月23日又由日本使馆逃入天津日租界地，给他七年后的伪满洲国傀儡执政埋下了伏笔。

1931年（民国二十年）9月18日，蓄谋已久的日本关东军在沈阳城北“南满”铁路柳条湖段，预先制造一个假现场——自己炸毁了一段铁道，然后贼喊捉贼地诬陷是中国军队破坏和挑衅。随后以此作为借口向东北军驻地北大营进攻，进而炮轰沈阳城（史称“九一八”事变）。当晚，正在北平担任陆海空副司令的张学良闻变，急电南京军事委员会请示如何应对。得到的回电却是：“绝对不准抵抗！”数十万东北军眼含热泪不得不奉令退出沈阳，撤往辽西。沈阳城一夜之间沦为强盗们的天下，他们抢掠奸淫烧杀，无恶不作，令人发指。作家马秋芬形象地称这一天是沈阳的“云黑烟冷日”。

沈阳沦陷的第二天，日本关东军将奉天市政公所改称奉天市政公署，强迫原市长李德新交权。接着指使汉奸于冲汉、袁金铠、阚朝玺等人组织“奉天地方自治维持会”，10月24日又将旧清恭亲王溥伟从大连弄到沈阳，取代阚朝玺为“四民维持会会长”，并宣扬成立什么“明光帝国”，以溥伟为“皇帝”等乱象。而暗地里已确定清朝末帝溥仪为关东军傀儡。

1932年3月1日，日本关东军操纵伪东北行政委员会发表所谓“建国宣言”，拼凑伪满洲国，溥仪粉墨登场成为伪满傀儡“执政”，年号“大同”，伪都为“新京”（今长春市）；1934年3

月1日又改“执政”为“帝制”，以溥仪为傀儡“皇帝”，年号改“大同”为“康德”，此时东北全境已经沦陷。

然而，中国人民从不屈从外国侵略势力，在中国共产党领导下，东北抗日义勇军以及其他各种反满抗日势力风起云涌、锐不可当，不断给日寇以沉重打击，使日伪统治岁无宁日。

昭陵在伪满统治时期的历史状况可以从两个方面概括，一是昭陵的管理体制；二是昭陵发生的一些事件。

昭陵在伪满期间由“奉天陵庙承办事务处”及“奉天市政公署”双重管理，前者负责陵寝祭祀，后者负责公园管理，陵寝修缮以及守护等事；昭陵在伪满时期的发生的一些事件，是这个特定历史的侧面反映。由于伪满洲国一直处于风雨飘摇、天昏地暗、千疮百孔、日益衰败的混浊状态。这个时期的昭陵也同样是杂乱无章，虚于应付，朝不知夕。

（一）双重管理体制

1. 伪奉天陵庙承办事务处

伪奉天陵庙承办事务处隶属于伪满洲国管理皇室事务的宫内府近侍处，近侍处下设典守和陵庙两个科，陵庙科又下设“北平两陵承办事务所”和“奉天陵庙承办事务处”两个分支，北平两陵承办事务所由溥仪的叔父载涛主持其事，管理清东陵和清西陵（分别在河北遵化、易县两地），其经费也由溥仪按月拨给（秦翰才：《满宫残照记》，页54）；伪奉天陵庙承办事务处负责管理关外三陵及奉天太庙、宫殿等事。

伪奉天陵庙承办事务处是“清室驻奉办事处”的承接。清室驻奉办事处是民国后期三陵衙门撤销后，旧清室在沈阳大东门外原清代“三陵衙门”设立，主要是祭祀三陵与民国政府争取皇产。九一八事变发生后，“清室驻奉办事处”摇身一变成为伪三陵总管衙门，办事处原总管文启也自称起“三陵总管”。1932年3月16日，伪满洲国成立仅半个月，文启就急不可耐地跑到长春，请求谒见“执政”溥仪，希望得以封官加委。文启从16日抵达伪宫，一直等到18日上午才得以面见“执政”。文启见到溥仪后首先向“皇上请安”，对其荣登“满洲国执政”宝座表示拥戴和恭贺，尔后把几年来“清室驻奉办事处”如何在条件困难的情况下仍遵礼准时恭祭祖宗三陵，又在伪满洲国成立后即时按新的国体将旧署改为“三陵办事处”，接着又向溥仪报告保护和祭祀三陵的现状以及下一步如何保护祭祀三陵的种种设想和建议事宜。报告后，“执政”溥仪以事关祖宗祭祀，欣悦非常，他对文启说：“尔等自民国以来待遇甚微，虽由前奉天省政府拨给祭祀费，究系无几，竟能苦心昭理并祭祀无缺，诚属关心祖陵，殊属可嘉。”并当时谕其“赶紧回省，速拟祭礼预算书等，俟报到后即可亲派大员代赴各陵祭典”，且谕该氏谓：“此后仍委其办理，此后该项经费不必求自政府方面，此系个人私有，理应自出也。”文启此行如愿以偿，既得到“执政”对他的认可和委任，又得到了一大笔经费。

1932年4月1日，三陵清明大祭在即，伪宫方面的恭祭大员亦马上到奉，然而“奉天三陵办事处”的准备工作尚未备齐，特别是缺少缮写祝版的司员，因为祝版居大祭祭品之首，绝对不可缺少，三陵总办文启十分焦急，几次派人四处查访一直没有结果，直到大祭前一天得知伪省政府第四科办事员刘恩三熟悉满文，而且还曾缮写过祝版，文启得知立即向“省署”请借刘恩三，因事关三陵大祭，“省署”不敢怠慢，随即将刘恩三调至三陵办事处，专职恭写三陵祝版。

4月7日，溥仪派以“太子少保”宝熙为首的致祭三陵代表及陪祭各官，由“新京”启程来到奉天。他们带来了大量祭品，其中仅祭牲就有“活猪二十四头，牛十六头，羊二十四头”，等等，其祭祀程序原计划先赴兴京祭祀永陵，再祭福陵和昭陵，但是到达奉天之后，三陵总办文启等人告知：永陵道路遥远，而且沿途治安不宁，恐途中生事，建议暂请免祭。经电请溥仪，得到溥仪准许。4月9日午前11时，宝熙、文启等人在大批军警保卫下乘汽车来到福陵，祭祀时各代表均穿着清朝朝衣朝帽，制度礼仪一如旧典，非常隆重。当日午后1时，他们又乘车来到昭陵祭祀，礼仪与福陵相同。代表在完满祭毕福昭两陵后，于11日回“京”复命。

1933年3月和9月春秋两次大祭，溥仪派“执政府参议”赵景琪前来奉天代祭。然而不知什么原因，赵景琪在完成祭礼后却产生了滞留奉天的愿望。经向溥仪申明，溥仪满足了他的请求，并委任他为“驻奉三陵办事处三陵总管”，原总办文启只好“屈尊”三陵会办。1935年5月14日，三陵办事处改称“奉天陵庙承办事务处”，同时处址也由大东门外迁入皇宫院内。

赵景琪，又名贵福，字时敏，蒙古旗人，生于清光绪元年（1875年），进士出身，入翰林院为翰林，简放浙江绍兴府，著名的革命志士秋瑾女士就是经他批捕处决的。后转调安徽宁国府知府；民国改元，任奉天商埠局局长，沈阳县知事；伪满时期赵景琪继续受到重用，曾任伪执政府秘书处行走，伪兴安省参与官等职。伪宫内府理事官，其子赵国圻为溥仪四妹夫，1934年在三陵总办任上曾有被任命“热河省民政厅长”之说。1937年1月赵景琪客死奉天。溥仪以赵“生前颇著劳绩”，特赐其“效忠勤事”匾额一方。

继赵景琪主持奉天陵庙承办事务处者为毓善（又称“罗善”或“罗毓善”）。1939年10月奉天陵庙承办事务处向“近侍处”报告：

> 永陵（陵）域尚待确定测量。
>
> 福陵陵域总面积668.2998陌（每陌为1公顷）；
>
> 昭陵陵域总面积211.9353陌，内针叶树林50.7610（陌），阔叶树林80.1141（陌）（秦翰才：《满宫残照记》，页52）

奉天陵庙承办事务处在永陵、福陵、昭陵各设一处分支机构——“司祭兼看守员办事处”，以祭祀和管理三陵事务。

奉天昭陵司祭兼看守员办事处，共设员役十九人：即司祭兼看守员一员，读祝员一人，赞礼员一人，执事员四人，顾员二人，陵役六人。其中，司祭兼看守员为总管，负责祭礼及看守等全面事务；读祝员负责为大祀时恭读祝版和焚烧祝版，因为祝版均以满文书写，读祝员必须熟悉满文满语；赞礼员负责大祭时礼仪导引和赞唱；执事员负责大小祭祀时摆设祭品及撤供等项事务；顾员主要负责各项行政事务；陵役负责殿堂及内外环境洒扫等事。各员役每月都有固定俸饷：司祭员每月为五十元；读祝员、赞礼员每月二十二元；执事员每月二十四元；顾员每月二十元；陵役每月十五元（见“附录”）。昭陵办事处设置于陵内方城前面西侧之果房，正门前廊柱上挂着“昭陵司祭兼看守员办事处”的牌子。

伪《康德五年（1938年）八月份昭陵司祭兼看守员办事处员役薪饷工资花名册》

计开：

司祭员兼看守员：志恒，应领本年八月份薪饷五十元；
读祝员：恩元，应领本年八月份薪饷二十二元；
赞礼员：兴德布，应领本年八月份薪饷二十二元；
执事员：庆禄，应领本年八月份薪饷二十四元；
执事员：富维揆，应领本年八月份薪饷二十四元；
执事员：费文佑，应领本年八月份薪饷二十四元；
执事员：希圣，应领本年八月份薪饷二十四元；
顾　员：苏志彬，应领本年八月份薪饷二十元；
顾　员：金尚清，应领本年八月份薪饷二十元；
陵　役：王兴武，应领本年八月份薪饷十五元；
陵　役：曹英仑，应领本年八月份薪饷十五元；
陵　役：章宇光，应领本年八月份薪饷十五元；
陵　役：杨英志，应领本年八月份薪饷十五元；
陵　役：郭宏寿，应领本年八月份薪饷十五元；
陵　役：秦子彬，应领本年八月份薪饷十五元。

昭陵司祭兼看守员办事处的主要职责是祭祀和守护。伪满之初，伪省公署对昭福二陵的年度奉祀费是十万元奉大洋（每陵奉祀费用各五万元），这些经费可以满足每年大小祭祀之用。各职司人员也都有较高的薪水。然而好景不长，日本军国主义占领中国东北后，一方面从经济上、资源上进行残酷掠夺；另一方面又不断扩张侵略范围，特别是1941年日本发动太平洋战争以后，更加疯狂地进行掠夺。致使伪满洲国财政空虚，捉襟见肘，三陵的祭祀费用也逐年削减，只好采取减少祭祀次数，削减祭品种类和数量，削减办事处司员，直至免发司员薪水等办法勉强支撑。

例如，福陵、昭陵在祭祀次数方面，伪满之初仍按古制：大祭为清明、中元、冬至、岁暮、忌辰；永陵为清明、中元、冬至、岁暮四祭；三陵小祭均为每月朔、望两祭。1934年1月6日将三陵大祭降为春、秋二祭，小祭降为每月朔日（十五日）一次。而且小祭费用仅限九元。

再如，祭品方面：清代三陵大祭一律用"太牢"，即黑牛一头羊两只，煮熟后，以头、尾、脊、蹄制成"整牛供"和"整羊供"，其他祭还有羹饭脯醢一筵，共计五十八盘，饼饵果品一筵，共计六十五盘。具体食材近百种，总量不少于千斤。伪满之初的三陵大祭依然供有"太牢"，而伪满后期大祭祭品仅有十种：即牛羊肉十斤，每斤三角，合现洋三元；果品二十斤，每斤三点五角，合现洋七元：干果四斤，每斤五角，合现洋二元；玉棠米一斤，每斤现洋四角；元酒一斤，每斤现洋三角；牛奶一盒，每盒现洋一元；帛一端，现洋五角；祝版一块，现洋一元；檀香一两，现洋二角；白烛二对，合现洋六角。比之常规大祭祭品已相差甚远。

小祭祭品五种：传统小祭均用"少牢"，即羊一只，时鲜果品十二样，还有酒、香、烛等品。而现今小祭祭品，仅为羊肉四斤，每斤三角，合现洋一元二角；干果四斤，每斤五角，合现洋二元；元酒一斤，合现洋三角；檀香一两，合现洋二角；白烛一对，合现洋三角"。

还有，司祭员办事处司职人员的数量和薪水也做了很大削减，办事处原来是十九人，而后期却降为大祭用九人，小祭用四人，并且全部免除薪水，只在大小祭祀时发给很少的"车费"。例如，大祭时发给监礼兼承祭一员，车费用洋四元；司祭员一员，车费用洋二元；赞读二员，车费用洋二元；供酒员四员，每员车费洋一元；差役一名，工资洋二元：小祭时发给司祭员车费二元；供酒员二员，每员车费一元；差役一名，工资洋二元。另外，司祭兼看守员的任用也极不稳定，仅以 1937 年 8—10 月为例：8 月为志恒，9 月改为丁树德、熊伦，10 月为范纪，官员走马灯式的变化状况是社会动荡不安的写照。

那么，昭陵司祭兼看守员办事处面对这种经费缺乏，薪水无着，祭品短缺，大祭小祭流于形式的极端困难状态下，为何依然维系不忍散去呢，原因是这些人都是清朝遗老（满俗称其为“旧人”），有的甚是清宗室，昭陵为其祖陵，守陵是其本分；再者是大小祭祀的“车马费”，尽管数目少得可怜，毕竟还有点收入；三是祭祀完毕可以分得一点点“祭余”。对此，伪满时期曾经在东陵担任陵役的白祥久老人生前这样回忆说：“（每次祭祀）由陵庙办公室送来一头牛，两只羊和有龙凤图案的点心（十公斤），一坛绍兴酒”。“祭祀结束，祭品返还办公室一半，另一半由守陵人分配”。白老先生所言指的是伪满初期，那时祭祀还用整牛整羊——“太牢”，但是，祭祀完毕将部分“祭余”（满语称其为“克食”）分给祭陵人员是通常的做法，昭陵当然也是如此。

2. 伪奉天市政公署

“九一八”事变后，原沈阳市政公所改称为“奉天市政公署”。市政公署下设工务处，处长方毓恺。北陵公园隶属于工务处，又因原北陵公园管理处李管理员在“事变”后自行离职，伪奉天市政公署市长赵欣伯于 1932 年 3 月 14 日委任隋绍明为北陵公园管理员。

北陵公园自“九一八”事变后，因社会动荡一度停止接待游人。只在春夏之季短时期开放。1935 年 3 月 9 日，伪满当局为稳定民心，推行所谓“日满协和”，决定再次开放。对此《盛京时报》为粉饰太平载文报道说：“东北两陵每于春季即行开放。兹届春季，春光明媚之期转瞬又至，正是仕女游览之时，故该陵正筹备开放中，约在本月下旬或来月上旬即行开放”。然而，对于身处水深火热的奉天广大市民来说，生命尚且难保，衣食尚且无着，哪有闲情逸致跑到北陵赏花观景？到北陵游览者毕竟是社会中的少数人，北陵虽曰“开放”，其潇索冷落状态可想而知。

1936年6月1日，伪市政公署以昭陵由奉天陵庙办事处及市政公署双重管理不便为由，将北陵公园交给奉天陵庙办事处统一管理。但是，半年之后奉天市当局为进一步扩充区域起见，又向奉天省公署屡次磋商，请求将东、北二陵重新收回。同时，伪市政公署还要求把与奉天市邻接的沈阳县第九区保安堡、永安堡、久安堡、治安堡、靖安堡、阜安堡、平安堡、同仁堡、永信堡和笃信堡等十四个村屯，土地二百零七余平方千米，人口十三万余人全部划归奉天市区。此议经伪民政部审议核定后决定：暂时将东陵划归三陵办事处，北陵归市政。将来该二陵实施编入市区后一切由伪市政公署经营。并且计划将北陵建设成一大规模公园，以期达到奉天市民之渴望。至于县区十四个村屯将于明年三月划入市区。

1938年，北陵公园再次归由伪市政公署工务局管理，同时定名为“奉天北陵公园管理处”。奉天伪市政公署又计划在东、北两陵红墙外建设花园，因宫内府近侍处处长陈曾寿反对而未建。

还有，昭陵在正常状况下是“小修年年有，十年一大修”。但是从民国后期以来已有数年未作任何修缮。1934年4月11日恭亲王溥伟奉命祭祀三陵时，见三陵“年久失修”，殿宇墙垣多处倾圮，“尤以福昭二陵宝顶塌坍不堪”为甚。祭礼完成后溥伟回到伪都新京，向溥仪报告三陵现状，溥仪“为追先祖永留纪念起见，特谕令宫内府筹备修葺，计划约于本月底即可动工大事兴修”。但是由于各种原因计划一再推迟，直到1935年3月5日，才正式大兴土木。这次大修溥仪拨出“内币”充当部分修缮经费，余下部分费用由伪政府支付。二陵宝顶工程在当年六七月间完工，三陵整个修缮工程持续将近一年。

（二）昭陵状况

1.“恭亲王”溥伟祭陵

1931年10月26日上午10时，正当昭陵守护人员对突如其来的“九一八”事变心怀余悸惊魂未定之际，忽然听到从远处传来一阵阵与周围气氛极不和谐的锣号声和鼓乐声，乐声由远而近，只见来者浩浩荡荡有两三千人，走在最前边的是一百多名身穿红色僧衣的诵经喇嘛，喇嘛后边是几名日本便衣和伪市政公署官员，还有一批地方要员和士绅，他们簇拥着一位身穿清朝礼服的人，小心翼翼地缓缓前行，再往后是打着各种各色旗帜排队无序的人群，旗帜上写着各种团体的名号，四周还有许多日本兵保护。守陵人员为他们打开隆恩殿门，那位身穿清朝礼服的人还有几名陪同者，在一阵诵经声中进入殿内，草草地向神牌行了三拜九叩礼，又宣读《祭文》，然后将《祭文》送焚帛亭焚化。那位领祭大员率众走出殿外，在隆恩殿前带领全体参祭人员举手宣誓，宣誓完毕退出，大队人马也遂之作鸟兽散。第二天《盛京时报》以《恭王展拜祖陵》为题作了以下报道。

> 恭亲王自大连来沈阳迄未旋归，曾向各方声称：此来，系将为展谒祖陵。但念旬以来未见实行。兹者该已率随员及各界代表四十余团体，于二十六日午前十时实行展拜昭陵，并携带祭祀物品甚夥。际此边关早寒，六出花飞中，恭王足踏满清先人陵侧，固不免有沧桑兴亡之感。兹志其《告祭太宗文》原文如此：
>
> 远系溥伟，久在连滨，不能拜谒祖庙。倾葵心切，忆口远隔，日夕阙望，悼怀悉切幸赖祖宗之威灵，善邻证义，盘踞二十年之奸党，忽焉凋零偷据四省之张贼，倏尔溃窜，当天日复明，光华再现之日，沈阳故乡之士民，公举臣伟请就四民维持会正会长，臣愉咸沸交颈愧恻不能矣，恭拜庙貌诰太宗在天之灵位四者之民，怀彼遐方可还，口仰遗迹于往时，尽诚义天当世，永敦和平安乐之福祉，臣伟虔祷赖祖宗之神灵俾四民于景福，尚飨。
>
> 中华民国二十年十月二十六日

这位溥伟不是别人，他是溥仪的近支兄弟，世袭“恭亲王”，清朝逊国之后从北京迁至大连隐居，并在自家厅堂挂起亲书“静观”二字的横匾，把“坐山观虎斗”，等待有利时机，复辟大清，取代溥仪，作为自己的信念和目标。溥仪出宫在天津作寓公时，他到天津曾向溥仪表示说：“有溥伟在，大清就一定不会亡！”这句话引起溥仪的警觉。其实，溥仪出走天津和溥伟隐居大连都是日本的阴谋，都是日本所“豢养”的傀儡预备人选。

“九一八”事变之后，日本关东军首先将溥伟弄到奉天，出任“四民维持会”会长，溥伟以“救济”名义，为制造伪满洲国大造舆论。并且叫嚷：“满人治满”“永远与日本人合作”。以满铁总裁内田康哉为首的日本政客也主张迎立溥伟组建“明光帝国”。10月26日溥伟在昭陵《祭文》中假借民意宣扬复辟谬论。又在誓词中说：“此际仰仗祖宗灵威，及日本正义，推翻盘踞二十年之仇敌（指民国张氏政权——笔者注），臣今后当竭其心力，恢复祖宗之基业”（陈觉《国难痛史资料》第3卷，页51），溥伟竟俨然以未来的帝王自居。

10月30日，日本关东军首领土肥原以及溥伟、金梁等十人在大和旅馆开会，商讨怎样建立“明光帝国”，政体是共和还是君主立宪，以及由谁为“君主”等问题。这时溥伟表态说：不赞成溥仪上台。明显表达自己要登“皇帝”宝座。而金梁等人却一致说：“非溥仪出头，弗能号召”。会议没有结论。11月12日前后关东军又召集全省各县镇商会会长会议，准备签字公推溥伟为“皇帝”，悬挂龙旗，宣布与中国国民政府脱离关系。然而因为受到商会中重要人物的抵制而破产。其实，溥伟不过是一个“客串小丑”，关东军早已决定利用清朝废帝溥仪作为伪满洲国的傀儡。

2. 张学良别墅改伪皇帝行宫

1928年（民国十七年）张学良主政东北后，为便于与各国外交人员应酬活动，在北陵陵寝西南修建成一所别墅（今沈阳市北陵公园管理中心所在地），别墅为一座水泥罩面青砖西式二层小楼，二楼西侧楼下为舞厅，其他三十几间房屋为办公室、起居室、接待室，以及管理人员之公务室、保卫室，等等，占地约二十余亩。四周绿树掩映，高大的松树、柏树、槐树形成天然屏障，别墅之前设一大型花坛，里面栽种着张学良喜爱的各种兰花。环境十分幽雅，空气十分清新。每当春季张学良与赵四小姐由城内帅府迁至这里办理公务，有时在此召开政务会议，有时在此举行酒会和交际舞会，有时邀名角在此演戏，各路军政要人也常被召来商讨事务，冬季来临之前再迁回帅府。例如，1929 年《盛京时报》题为《张长官又迁别墅 》报道：

> 张长官迁北陵别墅办公已有数月，因天气寒冷，办理事务不便，随于上星期迁回边署。近日气候渐暖，于（3 月）27 日上午 11 时又迁回北陵别墅。

别墅最盛大的一次戏剧演出是 1930 年 6 月 3 日张学良三十寿辰，当时“四大名旦”中的梅兰芳、程砚秋，还有许多名角也都前来祝寿，梅兰芳演出了他的拿手好戏《贵妃醉酒》。戏剧演出后又举行了酒会和交际舞会，前来贺寿的东北地方要员，各国驻沈阳外交官也都参加了盛会，张学良的夫人于凤至、赵四小姐也都在舞会上一展风采，盛会通宵达旦。

张学良在此经常召开政务会议，经常召见政府要人。据说有一次张学良在大帅府与袁金铠、省长翟文选、警务处长黄显声等人相聚，袁金铠问翟文选说：听说羲人（翟字羲人）常至北陵别墅讲经说法，只是那里距日本站近，按“千斤之子坐不垂堂”的古语，那里也是一处险地，还是少去为好。黄显声插话说，洁翁说得对，来去别墅必须经过南满铁路桥洞子，如果鬼子在桥洞上安挺重机枪，来往车辆和别墅都在射程之内，非常不安全，当年修别墅为什么不去东陵修，那里有东大营，有讲武堂可以护卫。张学良听了之后就很少再去别墅了（张彪《北陵别墅》文载《辽海鹤鸣》，页 39）。1930 年 4 月 24 日，张学良下令在别墅附近建营房二百间，以加强守护力量，可能与此事有关。

1930 年 10 月张学良被蒋介石委任为中华民国陆海空军副司令，翌年 4 月张学良由沈阳赴北平组建副司令部。从此告别东北一去不返，北陵别墅亦人去楼空。

1932 年 3 月 7 日伪执政溥仪谕“国务院”，将奉天北陵张学良别墅改作“执政祭陵之行馆”，供溥仪恭祭昭陵占住。如同清时皇帝东巡祭永陵的“夏园行宫”。1934 年 10 月 21 日溥仪以傀儡皇帝至奉天祭祀祖陵仅在此更衣而已，时间也不过短短十几分钟。

3. 奉天维城学校师生祭昭陵

1934 年一个艳阳高照、秋高气爽的日子，奉天维城学校师生数十人，在校长庆厚的率领下到北陵祭祖。

奉天维城学校是专门收取和培养爱新觉罗子弟的教育机构，其前身是盛京宗室觉罗学校，清朝逊国时停办，1934 年 8 月 14 日重办，校址在奉天小南城门外。“维城”学校的名称为康熙皇帝御赐，康熙十年（1671 年）圣祖玄烨东巡盛京，在祭祀三陵礼成之后亲自召见宗室觉罗学学长和教授，并御笔亲赐“天潢维城”横匾一面，“天潢”意为皇室；“维城”意为国家藩篱和屏障。以此对“龙兴之地”爱新觉罗族人寄予后望。这块珍贵御制匾在维城学校复建时还在，并被挂在了学校的显要位置。维城学校设董事会和理事会，学校由两会承办，经旨由两公捐助，两会所有成员都是爱新觉罗家族中的社会名流。例如，理事长：熙洽，宝熙，吉兴，溥杰；理事：汤武涉，熙清，莫得力，斌宣；董事：札新然，文启，玉德，金松乔，升福，伊文郁，金铭士，等等。学校行政组织简练：校长一人，教务主任一人（教师兼），事务主任一人，办事员四人，舍监一人，教师十五人。校长庆厚是清太祖之弟勇壮贝勒穆尔哈齐后裔。学生为初中三年级的三个班。全校师生统一着装——头戴青色大盖帽，帽前有校徽，身穿青色中山装，十分鲜明整齐。

当全校师生打着校旗，迈着整齐的步伐，从昭陵西红门进入红城来到方城之前，校长一声口令，大家立定。这时昭陵司祭兼看守员志恒，带领读祝员、赞礼员等七位老者走出办公室，志恒因事前得到维城学校祭陵的联系，只见陵庙办事处所有司员都穿着花花绿绿满身金线的清朝大礼服，头戴红缨大帽，而且大都年过半百，有的甚至老态龙钟、步履维艰，与英姿勃发的维城师生形成鲜明反差。他们导引师生进入隆恩门，沿着神道两侧甬路登上隆恩殿月台。司祭员志恒对校长庆厚说，一般人祭陵只准在隆恩门外，咱们都是爱新觉罗宗室，特例在大殿月台上行祭。当师生们在殿前排列完毕，只听一位六十多岁的赞礼员高喊一声："三克拉"！师生们听了都面面相觑不知何意，正当司仪老人觉得纳闷之际，一位教师对大家说：这是满语，跪下叩头之意。于是大家立即下跪，行三拜九叩大礼（隆洪澍口述，肇恒昌整理：《我所了解的维城学校》，文载《沈阳市东陵区文史资料》第五辑）。行礼已毕，校长庆厚向司祭员志恒表示与办事处人员合影纪念。

如今，这幅照片成了一段历史的珍贵印迹，颇有史料价值。

4. 溥仪祭昭陵

溥仪在《我的前半生》一书对祭祀昭陵一事有这样一段话：

> 我当了皇帝以后，曾因为祭拜祖陵的问题跟吉岗（日本关东军为控制溥仪在他身边安插的"御用挂"）发生过争执，登极即位祭祖拜陵，这在我是天经地义之事，但是吉岗却说，我不是清朝皇帝，而是满蒙汉日朝五民族的皇帝，祭清朝祖陵引起误会，这是不可以的。我说我是爱新觉罗的子孙，自然可以祭爱新觉罗的祖先陵墓，他说那可以派个爱新觉罗的其他子孙去办。争论结果，当然是我屈服，打消了北陵之行，然而我却一面派人去代祭，一面关上门在家里自己祭。（《我的前半生》，页361～362）

然而不久溥仪却有了亲祭祖陵的机会：1934年10月日本主子命溥仪"巡狩"各地，10月20日下午14时20分，溥仪的专列由长春到奉天车站，在一百零一响的礼炮声中，溥仪身穿大元帅服走下火车，在伪满总理大臣郑孝胥，伪民政军政大臣熙洽、宝熙，伪宫内府大臣沈瑞麟以及伪奉天陵庙承办事务处总办赵景琪等"大员"的陪同下，进入事先准备好的御用朱色兰花轿车内，其他专车随之一齐开动，直奔城东福陵。沿途军警林立，15时09分抵达福陵，祭祀礼成后，于16时03分回到奉天城内。

第二天（21日）午前9时49分，溥仪抵达奉天皇宫拜谒太庙，祭拜列祖列宗之灵。10时出皇宫西华门前往昭陵。10时15分到“溥仪行宫”，溥仪脱去大元帅服，换上红缨结顶龙冠，青褂灰袍青缎朝靴，在陪祭大员陪同下乘车来到正红门，由正红门徒步进入方城，他们绕过隆恩殿来到殿后明楼石供案前，向明楼献祭，行三拜九叩礼，礼毕，溥仪面西站立，态度凝重，神情哀伤，良久不忍离去。这是清朝传统的“展谒礼”，只是未“举哀”大哭。然后又在导引官前引下进入隆恩殿，此前执事人员已将祭品在供案上摆齐，溥仪入殿后恭立神牌前，按赞礼官口赞：进香！行礼！进香三次，行三拜九叩礼三次。接着献酒、献茶、献帛，溥仪也要行礼，然后应跪在原位不动，听读祝官读祝文，可是，赞礼官刚要开口喊，却见溥仪依然站在跪位不动，全神贯注地凝视前方，若有所思。正当在场监礼及执事人等疑惑不解之际，又见溥仪原地下跪行礼，机敏的赞礼官趁溥仪行礼尚欲起立之机，口赞：读祝！这时司祝官跪读祝文，读祝完毕，赞礼官口赞：送燎！司祝、司帛将祝版及制帛请至殿外焚帛亭焚烧。至此“大飨礼”告成。溥仪走出隆恩殿，由前导人员导引登上宝城，在宝城恭视一周后，重新回到“行宫”更衣。10时47分离开昭陵，11时20分由奉天火车站发车返回“新京”。

溥仪坐在火车上，询问陪祭官宫内府大臣沈瑞麟等人：“隆恩殿内是否悬挂太宗文皇帝圣容（即画像）？”众臣异口同声回答：“没有啊！”溥仪这才解释他在隆恩殿“失态”的原委，原来，他在献祭跪拜起身后，突然见到太宗皇帝圣容悬在前面，圣像较常人大约两倍，头戴皇冠，面色微黄，神色愕然。于是他赶忙下跪，向太宗行礼，可是，当他起身前视时却只见太宗帝后神牌，并无太宗圣像。此事真有些奇怪?！大臣们不无奉承地说：这是太宗皇帝显圣，是“皇上”洪福，云云。

这可能是溥仪一生第一次亲祭昭陵，也是最后一次。

1934年2月7日，溥仪“执政”以旧历年将至，为追思先远，特令掌管三陵官赵景琪筹办年终大祭，赵氏奉电后刻正筹备一切，定于阴历二十九日举行。先祭昭陵，然后再祭福陵，闻此次大祭并新制绣龙清朝大衣一袭，以备祭典之用而昭郑重云。

5. 开放三陵红桩外陵地与“赐交皇产”

1935年5月14日，“奉天三陵办事处”奉溥仪之命，张贴出这样一分布告：

“顷奉宫内府近侍处令，恭敬查陵寝旧制：红桩以外另设白桩，地方辽阔迨至民国任意丈放已迫山陵。今我皇帝陛下肇基满洲统御东土陵寝重地亟应恢复旧日观，以符定制。第以丈放生息攸关，遽而收回必至纷扰，仅暂就红桩以内定为禁地，此后，禁地以内自不得再有其他设施。即以前之设施应酌量情形渐次恢复……

原来，伪满之初，溥仪本想在清查“皇产”之后，将民国时期已经丈放报领出去的三陵土地全部收回，主要是为了增加皇产收入。然而，此议一出反对之声骤起，特别是日本方面反响最大，因为许多陵地早已被日本浪人占据，开垦水田，开办农场。其中，最大的占领者是奉天“神原农场”（详见前文），他们强占昭陵陵地亩数十年，从不支付一分钱地租，民国政府都拿他们没办法。伪满洲国之后，神原农场的“腰板”更硬，更加肆无忌惮，更不把傀儡皇帝放在眼里。见广大民众对伪满这种做法反响甚大，出于维系统治地位需要，命赵景琪布告陵地领户，仅将红桩以内仍为禁地，红桩以外的土地已经丈放为民众报领，可不必收回。

1937年2月26日，傀儡皇帝溥仪颁发这样一道“上谕”：

朕兹将国内清室所有皇产，除陵庙及应保留者外，一概赐归国有，着宫内府熙洽传谕国务总理大臣张景惠钦遵办理此谕。

三月十一日伪总理大臣张景惠布告：

关于赐下清室原有皇产事项：

一、清室原有皇产，除左记特殊保留者外，归属政府所有。

（甲）奉天之福陵、昭陵、太庙、宫殿。

（乙）兴京之永陵。

二、保留之陵庙宫殿等地域范围，依附图所规定。

三、吉林之小白山享殿归宫内府管理。

四、宫内府所有关于应归政府之皇产文卷资料移交政府。

关于溥仪在奉天和吉林两地的原内务府官庄地产和贡山的数量，据《满洲皇产之沿革及现状》记载：奉天官庄地约七十三万一千八百多亩；吉林的贡山森林二十万晌，皇产土地约四十五万晌。其中已放出地亩租金，全部归溥仪所有。（秦翰才著：《满宫残照记》，页 50 ~ 51）从此，溥仪的“皇产”只剩下关外“三陵一庙一宫”及关内“二陵”。

那么溥仪为何如此“慷慨”，把大批皇产“赐归”伪政府呢？溥仪未作明言，笔者认为这与日本侵略者所处的局势有关——1936—1937 年，正是“西安事变”之后，国共抗日民族统一战线形成，日本军国主义加派重兵增强军备发动七七事变，准备在“两个月”内灭亡中国“结束战争”之时。为此日本需要大量战争经费，据说仅加派四个师就追加了二十五亿日元。溥仪将皇产赐归政府，显然是在日本主子的压力下不得已而为之。

6. 大明楼失火

1937 年 5 月 29 日，昭陵主体建筑大明楼被雷电击中起火，并被烧毁。有关这件事的时间、原因、过程等情况有些史书记载有误，而且不够详明。兹引证事发当时《盛京时报》记者的一篇报道，供读者们参考。

昭陵大明楼昨遭雷火化乌有

昭陵苑内，宝顶前垣上之大明楼，二十九日午前三时三十分许，该楼之二阶室内，突然发生火警。一时烈焰腾空，经该地驻在之警员及守陵员役急起救护，一方更电告市内消防署请求援助，满日消防队于接报后当即出动前往该地实行灌救工作，祗以该楼年久失修，所有栋梁木材率多干燥腐朽，致而攀登扑救上甚感不便。因是火势更形炽烈，迄至九时许仍未能稍息，市内满日关系各机关率多派员指导救助，市公署山口参与官亦率员前往，一方为便于灌救计，当饬市署卫生队全部水车一律总出动，担任往返运输水量，而满日警宪亦驰抵现场警备一切。经消防队极力扑救结果，迄于当日午后二时许方始息灭。但该楼全部已经化为乌有。

该楼之建筑距今约有三百余年之历史，全部工程率多松柏与砖瓦所砌成，为避免观游人之攀登或栖止危险计，早经禁止入内，所有门窗亦完全封闭，今者竟于此午夜人迹罕至期间肇此火灾，颇为各方所注视，但由于建筑时间过久，更参以连日来天气阴雨，雷电交加之种种原因，调查结果判明为雷火所发生云。

火灾发生后，奉天陵庙承办事务处立刻上报宫内府近侍处。溥仪得知惊恐万状，他笃信佛教，非常迷信，甚至每顿饭要“念一遍《往生咒》”，“家里终日佛声四起，木鱼铜磬响声不断”（《我的前半生》，页 373～374）。祖陵受到雷击，他认为这是“天公”发怒，是“大不祥之兆”，是对他卖身投靠日本“不忠不孝”的惩治。所以一方面在宫内所设祖宗牌位前祭告祈祷；另一方面令伪处长陈曾寿前往奉天调查详情。陈“处长”马不停蹄到奉天当日返回，将大明楼已全部烧毁、圣号碑炸裂等情如实报告，溥仪听罢痛心疾首，要陈曾寿尽快将大明楼修复，花多少钱一律从“内币”支付，并说：“圣号碑无法更换，可暂用铁箍箍住”。

两年后大明楼修复如初，可是溥仪内心的阴影却始终挥之不去，神情十分懊丧。

7.《三陵谨话》话昭陵

《三陵谨话》撰述时间大约在伪满时期，作者文焕，生于清光绪三年（1877 年），盛京左翼宗室正白旗人，可能是清太祖努尔哈赤第六子塔拜支裔，奉天法政学堂优等生毕业。任福陵厢蓝旗防御，1912年（民国元年）11月继福禄康阿为福陵左翼翼长（《一宫三陵档案史料选编》，页226）；1913年11月昭陵总管玉君因事辞职，委文焕接充；1914年（民国三年）补授昭陵掌关防官。其文颇有史料价值，尤其是对昭陵贵妃园的记载弥足珍贵，使我们第一次得知贵妃园四位侧妃中另两妃的名字，这条史料前所未见，为研究昭陵提供了重要依据。本文从中摘录描写昭陵部分①，其文如下。

> 昭陵山脉连接福陵，前临水利河，后傍人造山，形势虽不如永福雄壮，而有文雅深致之概。东西华门内，苍松翠柏古树参天，碑楼前左右有二石马（大白小白太宗创业时所乘之马也——原注）并石象、骆驼、狮吼等项，在前三门前有石牌楼一座，巍峨壮丽机巧玲珑，南神路旁有卧龙松一株，余任总管奉祀官十年，咏有参谒昭陵诗四首，录之于左：
>
> 亭护丰碑四而齐，螭龙曲绕驾灵墀。
> 仰怀圣德神功日，敬读先星御笔题。
>
> 陵宫缥缈似蓬莱，风过云山石径开。
> 雪后喜观松柏树，重重白塔傍银台。
>
> 衣马轻肥典守时，山河灵气望迷离。
> 有情松柏仪如盖，爱护银驹迄立姿。
>
> 隆业先陵重盛京，一经寂寞又尊荣。
> 葱茏佳气今犹在，花拂游人笑送迎。
>
> 昭陵山曰隆业山，在奉天城西北十里，奉安：太宗文皇帝，孝端文皇后。贵妃园寝在右，附葬：懿靖太贵妃、淑妃、德尔吉按巴福晋、纳纳合福晋、及格格等九

① 此文为《三陵丛话》一节，全文及内容研究请见拙著：《关外三陵论文集》《三陵新史料〈三陵丛话〉》一文。

位……史料中的“德尔吉按巴福晋”即太宗侧妃叶赫那拉氏；“纳纳和福晋”即侧妃扎鲁特氏。《大清实录》记载：此妃已被太宗赐给了大臣南楮。可是为什么会葬在了昭陵，其中一定另有隐情。

8. 陈曾寿与昭陵

谈到昭陵在伪满时期的历史，陈曾寿这个人是不可遗漏的，此人是清朝遗老，对大清忠心耿耿，甚至搞过复辟，可他对日本关东军却心怀几分敌意，曾为维护昭陵及福陵古松林，冒着生命危险，多次与日本方面进行抗争。对昭陵和福陵的保护作出过重要贡献。

陈曾寿是湖北浠水人，士家出身，光绪壬寅科进士，官至监察御史，辛亥革命后袁世凯请他出任提学使，陈不就，卜居杭州西湖，1917 年张勋复辟任学部侍郎，复辟失败，陈回到杭州以卖画为生，陈曾寿擅长诗词书画，诗名与江西义宁陈三立、福建闽侯陈衍并称“海内三陈”。1926 年移居上海。1930 年冬，经陈宝琛举荐至天津担任溥仪皇后婉容的老师。溥仪在津设立“清室驻天津办事处”，又以陈曾寿为“顾问”，受到溥仪重用。伪满洲国成立，溥仪为“执政”，命陈曾寿为“特任秘书”。而陈曾寿以溥仪未能复辟帝位，处处受日本军人控制，“只愿常侍左右，不居官职”为由请辞，并离开长春。溥仪改“帝制”，陈曾寿被授予“内廷局长”。成立“宫内府”，“内廷局”改称“近侍处”，陈曾寿任“近侍处长”，总揽“内廷”事务和“关内关外陵庙”事务。关于陈曾寿与日本人抗争保护两陵古松一事，陈曾寿的女婿周君适有这样一段回忆：

关于三陵事务，日本人是一向不注意的。1937 年春“宫内府次长”鹿儿岛虎雄忽然出差沈阳视察三陵，我以“干事”随行，鹿儿岛对福陵、昭陵的建筑只略略看了一回，对周围的树木却极为注意，差毕回长春不久，便向“近侍处”提出，福昭两陵树木管理不善，须交日方负责管理。陈曾寿表示，守护陵庙属于“近侍处”职责，陵寝范围一草一木均不得剪伐，更不容他人插手。拒绝了日方的要求。不久以后，“奉天市政府”计划在两陵红墙以外建设公园，归“市政府”管辖，已提交“国务院”会议通过，又因陈曾寿坚决反对而作罢。“宫内府”派日本人酒井为“近侍处事务官”驻关内东陵，陈曾寿又予驳回。当时“宫内府”各处科都有“日系”职员，惟独“近侍处”没有，日本人的指挥棒在“近侍处”耍不开，随时想找个借口赶走陈曾寿，换一个听话的“近侍处长”。正在此时发生了护军与日本人斗殴的事件。这一事件是关东军蓄意制造出来的，并以此为借口赶走了陈曾寿（《伪满侍卫官杂忆》页144）。

陈去职后迁居北平，1948年又从北平移居上海，在上海回首往事写了一首五言诗，题目为《戊子除夕感述》：

维昔壬申冬，倭难发津沽。避地劳我皇，旅顺荒海隅……二月临长春，国号易曼殊。百官内外杂，非族据要枢。

迭望而迭食，非马亦非驴。朋分后胜金。卖国甘为奴，越宿我潜去。密疏明区区，帝曰成汝志，内币仍颁诸，其年改官制，局设内廷初，职司奉陵庙，择人及庸愚。帝曰予家事，与国实分疏，义有不敢辞。黾免策骀驽。福陵气葱郁。乔木万万株，皇产有三川，林矿实上腴。生心肆攘夺。严绝誓不渝。撄怒讽使去。翻然返故都，卢沟事变起，倭患十载余……

陈曾寿身为矢志清朝的遗老，曾再三向溥仪表示不过问伪满洲国政治，只愿服侍于溥仪家事，但是，三陵的陵树，日本人虎视眈眈企图攘夺，使他无法尽典守之责，不得不甩手而去。这首诗可以说是对他追随溥仪的一个总结。

陈曾寿对三陵的保护尽管主要出于对清廷利益的维护，但是他对日本侵略者的痛恨、抵制也为国家保护三陵作出一定贡献，其民族主义精神可嘉。1949年8月陈曾寿在沪病故。

十八、东北解放战争时期

1945 年 8 月 15 日，日本军国主义在中国人民八年浴血抗战的反击下，被迫宣布无条件投降，伪满洲国垮台，结束了伪满十四年的奴役和黑暗统治。然而“前门去狼，后门进虎”，沈阳又陷入国民党的反动统治之下。

（一）国民党“接收”沈阳

1945 年 9 月 6 日，八路军冀热辽军区曾克林率部四千余人首先进驻沈阳，成立沈阳卫戍司令部。9 月 15 日中共中央决定成立东北局，以彭真为书记，以陈云、林枫等为委员。东北局即时召开会议分析形势确定当前主要任务。9 月 16 日冀热辽军区司令李运昌率军五千，以“东北民主自治军”名义进入沈阳。接着成立中共沈阳市委、沈阳民主联合政府、沈阳市公安局等管理机构。然而 11 月 21 日苏军根据《中苏友好同盟条约》将沈阳交给国民党政府接收。我军随即于当夜撤离，史称这一段历史为“沈阳第一次解放”。

国民党反动政府接收沈阳后，对沈阳人民进行严酷镇压和剥削，特务四处活动，抓捕和残害共产党员及爱国人士；国民党政府为扩大内战补充兵源，拟在全市征兵三千三百名，然而人们都认清形势，应征者寥寥无几，他们不得不到处抓兵；物资匮乏，物价飞涨，高粱米每斤涨到三十七点五万元，大米每斤六十万元，豆油每斤一百万元，当局竟然还要向沈阳人民征收两千万斤军粮。真可谓是兵荒马乱，人心惶惶，朝不知夕，一片恐怖气氛。

（二）时逢乱世的昭陵

国民党沈阳市政府于1946年1月13日成立工务局，先后由车启亮、赵心斋、吴安庸任代理局长和局长。内设三科，接管昭陵、福陵、故宫以及土地、道路、苗圃等全市公共设施。从现存《民国三十七年度陵寝管理所东陵备品清册》可知，工务局在福陵及昭陵各设有“陵寝管理所”。

此时，国民党对东北的“接收”实际只是占领了沈阳等几座大城市，东北绝大多数地区已为我人民解放军所控制。中共中央为建立巩固的东北根据地，正逐步积蓄力量，准备转入战略反攻，解放全东北。所以，国民党对沈阳的统治一直处于如坐针毡、岌岌可危的状态下。昭陵是扼控沈阳北大门的战略要地，国民党在这里驻守大批军队，因此这里也成为受国民党破坏严重的“重灾区”。现举其中几例。

① 国民党军队占领沈阳后，为扼控沈阳至铁岭、沈阳至法库三条铁路公路交通动脉，占据战略要地昭陵，在其附近布设驻军，盗伐陵地的松木劈柴烧，使陵地百年古松遭受巨大损失，陵寝东面陵地内古松所剩无几。(《沈阳市皇姑区文史资料》第3辑页71)

② 国民党兵为盗取宝物，曾挖开昭陵贵妃园的坟丘，企图寻找陪葬品，只是他们不了解清初墓葬是火葬墓特点，大量陪葬物品早已在火葬时焚化，所以，他们在丘冢中只见到一只不起眼的骨灰罐，除此之外并没有找到任何陪葬品，大失所望泱泱而去。

③ 1948年1月我东北人民解放军在新民巨流河等处歼击沈阳外围敌军，沈阳形势越发紧张，国民党军为加强沈阳北部防守，决定以北陵为驻兵兵营，国民党军入陵后“强制占用北陵陵寝管理所办公室及东厢房、东茶房、西膳房、西茶房厨房四角角楼、隆恩殿、东西配殿、东西配楼，还有宰牲厅等昭陵内外所有房屋全部作为营房，各屋原贮藏之物全部搬出，将电话线切断作为部队通讯之用，致使陵内建筑和陈设遭到严重损坏。将隆业山

作为制高点，派兵站岗放哨，控制城北地区。由于昭陵的特殊地理条件，使它成为国民党军沈阳北大门的一座兵营。与此同时国民党当局成立“城防工事构筑委员会”，于4月7日召开会议，会议由军方罗军长主持，工务局吴安庸参加，研究部署从两陵砍伐陵树加修工事事宜。据统计：仅“一个月内两陵古松就被砍伐三千五百九十九株”（《城市的接管与社会改造》沈阳卷，333页）。

④ 由于社会动荡不宁，民众生活苦不堪言，昭陵早已是游人稀少、门可罗雀。然而，4月22日市政工务局却强作欢颜突然发布《关于从本月26日起，将东陵、北陵及中山公园实行购票入园制，对外开放》的布告（《沈阳城市建设大事记》74页），企图粉饰太平，稳定民心。

但是，国民党所有这一切都是徒劳的，随着人民解放军越来越近的炮声，沈阳人民企盼已久的日子已经指日可待了。

十九、新中国阳光照耀下的昭陵

1948 年 11 月 2 日是沈阳人民特别的节日，从这一天开始，沈阳人民彻底摆脱奴役枷锁当家作主。古老的昭陵也从此获得新生，沐浴着中国共产党和共和国的幸福阳光。

昭陵在解放后由沈阳特别市政府建设局接收。1951 年市政府颁发《关于北陵、东陵暂行管理规则》，1963 年省人委将昭陵列为省级文物保护单位。1982 年 2 月 29 日国务院公布昭陵为全国重点文物保护单位。对于北陵公园的保护和建设，早在 20 世纪 50 年代初有关部门已制定《北陵公园总体规划方案》，方案明确规定以昭陵为中心，保持北部古松林貌辟为静区，重点开发公园南部的方针。多年以来，沈阳市城建局等主管部门一直遵循这项原则，采取了一系列有效保护措施，迅速收拾了旧社会遗留下来的乱摊子，将其建设成为沈阳规模最大、自然环境良好的历史古迹与园林相结合的文化游览胜地。特别是 2004 年“申遗”成功，昭陵被联合国科教文组织列入《世界文化遗产名录》，从此荣登世界文化平台，向世界展现它的魅力和辉煌。

（一）建筑保护

从 20 世纪 50 年代开始，省市各级政府为保护昭陵，陆续拨出经费不断对其进行修缮。仅据 1952 年至 1990 年之间的不完全统计，政府拨款多达一百二十三十万元。特别是 1978 年之后经费投入大幅度增加，如 1983 年、1986 年两次拨款近 50 万元，占 38 年间总经费的近二分之一（详见下表）。经过多次修缮，使昭陵焕发青春，恢复历史面貌。

1952年至1990年昭陵修缮表

年　份	经费/万元	主要修缮项目备注
1952	1.83	隆恩殿、东西配殿
1954	8	角楼、配楼、大红门、华表
1957	11.79	完成五项工程
1980	10	甬路、红墙、蛇神庙
1982	6	大明楼上顶、基座
1983	24.49	神桥
1986	25	隆恩殿、碑楼等八项
1987	10	串瓦700平方米、勾缝576米
1988	20	隆恩殿、配殿、碑楼、石牌坊加固，宝顶围墙
1990	12.5	大红门、东西红门红墙

（二）古松保护

昭陵以历史悠久，建筑恢宏，古松伟岸如山等三大特色著称于世。昭陵的古松群不仅在全国陵墓遗址中罕见，在世界上也是少有的自然奇观，被誉为是“我们居住这个星球上独一无二的绿色景观”。一位名叫迈克尔的欧盟树木专家在看到昭陵和福陵的古松群后惊奇地赞叹说：“在世界任何一个地方，也不会见到这样的奇迹，它不只是贵市的市宝，贵省的省宝，贵国的国宝，也是世界之宝”；沈阳园林专家李作文说，他曾在一位美国总统的一本著作中读到这样的话：“我到过世界一百多个国家和地区，但像沈阳这样大面积的古油松，却从未见到，毋庸置疑，这是一份无与伦比的世界性文化遗产”。正因为如此，沈阳市政府多年来对两陵古松群采取了许多保护措施，而且收到了很大的成效。

经受过无数次历史磨难的北陵古松，解放后已由从前的五千株减少至三千多株。为保护这批珍贵遗产，1962年沈阳市城市建设局颁布了《东北两陵古松养护管理方案》。1965年和1979年两次请专家考查古松衰亡原因，进行合理整治。虽然说古松与古建筑有同等重要的价值，但是古建筑可以修复，而古松是死一棵少一棵，无法再生。现在，昭陵古松尚存三千八百七十株。为使这些珍贵古树得以有效保护和延年益寿，昭陵园林管理处想尽许多办法，采取许多举措：在组织方面，成立专业养护队伍，实行定岗定责管理；在管理措施方面，对每棵树都作了统一挂牌编号，建立详细档案，输入微机，实行等级管理；在管理技术方面，作到定期巡查，即时清除树下杂草，松土，挖透气沟，种植豆科固氮植物，施肥增加养分，通风透光，喷洒药物，防治和消灭病虫害，等等。

同时，为“后继有松”，即时补种和栽植了大量松苗。国家为此也拨出专款，确保各项保护措施落实。经过采取以上综合保护措施，古松保护取得了显著成效。

（三）昭陵的象形松

在言及昭陵古松的同时，不能不向读者们推荐那些树类“精灵”——象形松。它们形态奇特，惟妙惟肖，常常令观赏者驻足赏鉴揣摩，令人折服大自然鬼斧神工和神奇造化，这些象形松也许是大自然对精心呵护者们的虔诚回敬和无私馈赠。

卧龙松：本是昭陵一道古老景物，位于神道旁边，以形态酷似卧龙得名，20 世纪 40 年代的报刊上仍见其存在，不知何时此松被伐除；现今所指的卧龙松，乃是 2004 年公园工作人员在东湖岸边，眺望台南发现的，它是一组由五十余株油松组成的象形松，此松是 20 世纪 60 年代栽种。“龙身”长约六十多米，“龙头”高约八米，观赏它的最佳位置是在西码头，站在码头向北望去，会发现这组油松仿佛是一条正在向昭陵拜祭的“苍龙”，浑然天成，栩栩如生。

观音树：位于陵后林区东大沟中部北侧，树的上部有一树瘿，树瘿很像观音的头，而且眉眼口鼻也都惟妙惟肖。其下部还有一个突起的树枝，颇似观音手中的净瓶。

夫妻树：位于公园北门东南侧，两树都在距地面一米多高处分成两枝，形成倒写的人字。两树如同夫妻二人手牵手并肩而立，窃窃私语。据说此树有雄雌阴阳之别，其中西南侧的一株为雄为阳，西北的一株为雌为阴。其试验方法是，站在距离树一米以外的地方，面向两树，双手平举，掌心对树，这时你的两手会有凉热不同的感觉：对着雄树的手，会有热感；而面对雌树的手，会感到凉意，真的有些奇怪。

姊妹树：位于陵后林区丁字路口东南，两株古松的主干十分相似，平行向上生长，挺拔俊秀，酷似一对孪生姊妹。

鼬雀争巢：位于公园管理处大楼东侧，在这株树上有两个树枝长得酷似鼬鼠和喜鹊，“鼬鼠”的形态是前爪在牢牢地抓住树枝，后腿翘起，身子前倾，好像在防范入侵；“喜鹊”的形态是双翅伸展，身子倾斜，好像在寻找最佳进攻角度，与鼬鼠争巢夺穴。

天狮松：位于公园主干道分岔路口中央，其形态好像一位“天狮将军”头西尾东侧身而立，与卧龙松遥相呼应。

龟树：位于陵后林区丁字路口东南，距姊妹树木不到五十米，这株树裸露地面的根部伸出六支，其西南侧如同龟头，西北侧如同龟尾，整个形态有如一只昂首爬行的巨龟，神形兼备，令人称奇。

神树：近据《沈阳日报》记者陈靖报道，昭陵有一棵树龄达三百五十年的古松，势奇异，在距地面一米多高的树干处，均匀地伸出六个十分粗壮的树杈，此树极其健壮，树冠格外丰满，因此被人奉为“神松”，消息不胫而走，前来观瞻者络绎不绝。此树位于公园北门偏东，形态独特，如同“六甲天神”，更奇的是在其北侧树干高约十八米的地方，有一片树皮剥落，留下的纹理酷似手持拂尘的“太上老君”。所以人称此树为“神树”。此树枝繁叶茂、郁郁葱葱，每有轻风吹来六个枝干随风摆动，松涛之声不绝于耳，更增添了它的神秘之感。另据园林专家李作文鉴定，此树树龄已达七百年，比昭陵的历史还早三百年。

凤凰树：位于陵后东西防火道东侧，此树在两人高处斜出一根枝杈，枝杈的中间又析了一下，折处的形态如同凤凰丰满的身形，巧的是其前面的树枝裂开，成为凤眼、凤冠、凤啄，而后边的一片树叶则形如凤尾。其整个形态好似一只小憩在树上的凤鸟。民间对此树有这样一段传说：当年老汗王努尔哈赤打败明军攻占辽东之后，正准备在首府辽阳修建都城，这时沈阳城南陈相屯有位降人前来报告说，他们那里飞来一只大鸟，全身羽毛五光十色煞是好看，而且鸣叫不止，可能是一只凤凰。老汗王当即派人去看，果然如来人所报，常言说：“凤凰不落无宝之地”。于是，老汗王又决定把都城修在陈相屯，而且把修造宫殿用的砖瓦石块也都运到了陈相屯，谁知刚要动工，凤凰鸟长鸣一声向北飞走了，老汗王立即派人去追，只见此鸟飞过浑河落在了沈阳城，老汗王又决定把都城修到沈阳，这棵树就是当年凤凰落的那棵树。其他还有孔雀树、熊猫松、马头树、丑牛树等多种多样神态各异的象形树。

（四）开发建设南部游乐区

如今，沈阳六七十岁以上的老人里有许多人都曾经在20世纪50年代参加过那场挖掘北陵公园人工湖的义务劳动——工地上红旗招展，男女劳动大军人山人海，奋力拼搏无私奉献，高音广播喇叭里歌声与挑战书和捷报“混搭”频传……他（她）们硬是依靠肩膀、双手加汗水，在平地上修起数十万平方米的碧波荡漾的湖泊以及岛屿和假山。此后又经过造园工匠们的精心设计和施工，陆续建起桥梁、凉亭、游乐园、百花园、芳秀园、友谊园、儿童乐园、大清兴迹宫以及第三产业服务区等多处游乐及服务场所。并增设许多游船、游具，投资达百万元以上。前后经过四十多年，终于在20世纪末将公园南部建设成为一座“多功能、综合性的文化休息公园”，每年接待游人达数百万人次。这里为许多人留下青年时代的倩影和一生中最美好的记忆。

（五）文物保护

昭陵不仅建筑宏伟，而且藏有许多珍贵的陈设器皿。有的富有传奇色彩。例如，昭陵曾经藏有乾隆、道光皇帝遗留的龙袍“三袭”，还有传说的“灵芝草”一株，还有数不胜数的金银铜玉制作的精美祭器，等等。不过，这些珍藏大都在近百年历史中消失殆尽。新中国成立后，昭陵管理部门经过仔细查找，整理出一批历史遗物，并予以精心保护。

1. 信 钟

昭陵东红门外现有钟亭遗址。这是当年总管衙门悬挂报警信钟之处。钟亭虽然几经变迁（详见前文），而信钟完好存在。此钟以铁铸成，高一点二四米，口径一点零八米，厚度为零点零三米，顶部有双螭吊钮，肩部周围有六个圆孔，圆孔四周有凸起的圆点，钟身用横纹间隔出三层，每层又用竖纹间隔出六个方格，上面铸有花纹及铭文。第一层：为葵花纹样。第二层：为满汉文字。汉字是：“大清国盛京奉天府、工部理事官商金纳、副理事官格勒布、督造官刘可观、拨什库徐贵、炉头赵应乾。清顺治十五年戊戌，仲夏夷则吉旦成造，一千斤”（一侧为满文，从略）。第三层：铸行龙、葵花纹。口沿为曲口，共有八曲，每个波纹口正中有一凸起点。曲口波纹上部铸有八卦文。

此钟是现存昭陵最早的一件历史遗物，其历史价值弥足珍贵。然而，目前国家各级博物馆的藏品均有文物级别，昭陵遗物却无级别。此钟应属一级文物，应妥为珍藏。

2. 釜

铜制，锅形，口径一点五米，深零点五六米。四面有兽纹环（提手，已失）。大约是宰牲厅加工祭牲所用之物。

3. 鬵

铁制，约高零点七米，口径近一米。系由铁板铆接而成。其做法如同制作木桶：其下部为圆形底，其上用十六块铁板铆成圆沿，再上又用铁板十六块接铆。口沿之外围以约零点零七米宽的边沿，亦用铆钉加固，四面有铁环做提手。此物亦为加工祭品所用器具，而且工艺很古，肯定是昭陵早期遗物。

4. 鼎

形制同鼐，只是稍小而深。也为加工祭品之器具。

5. 俎

以木制成。长约零点九米，宽约零点五米，高约零点八米。外面涂漆。周身用铁扒钩子加固。此物为大祭盛羹用器。《左传》桓公二年四月载："大羹不致"。郑玄注曰：大羹"煮肉之汁也"。说明此物是大祭供奉肉汤的祭器。

6. 木　柜

高约一点一米，宽约零点八米，长约二点五米。有三门，每门对开两扇，外涂朱漆。十分厚重坚固，是盛装祭器之柜。1930年昭陵监视员苗文华撤出之时，在其移交的器物中曾有多个木柜。此柜可能是仅存者。

7. 账房石

隆恩殿以东、东配殿以北的空地上，原有五块方形石具，大小相同：长、宽约零点四五米，高约零点三八米，顶部有"抠手"。此石为坠帐篷用的石器，早年大祭时，要在此处搭设一座黄色帐篷，以便在祭祀前将制作好的各色祭品抬入此处作为祭祀准备，然后再由拜唐阿等御前执事人将祭器摆到隆恩殿的供案上。支搭帐篷时要将帐篷各角拴在这些石墩上，以防止风大帐篷倒伏。此石在永陵、福陵都有，而且遗留的位置也完全一样。此石可能是"康乾盛世"所制。

（六）"申遗"成功——昭陵历史的巨大跨越

我国自1985年加入联合国《保护文化和自然遗产公约》以来，到1998年被列入《世界遗产名录》的单位已有二十九处之多，成为世界文化遗产的大国。由于《公约》规定：世界遗产在战争情况下不得被列入攻击范围；联合国可提供其本国不具备的专家、技术、仪器等帮助；并且提供必要的资金帮助等保护和发展条件。而且，由此会极大地提高其所在国和自身的知名度，创造可喜的经济效益和社会效益。所以，申报世界文化和自然遗产（简称“申遗”）当今在各国已成潮流。辽宁“一宫三陵”闻名遐迩，辽沈地区一些有识之士自20世纪末以来，就不断通过各种传媒呼吁“申遗”，形成“申遗”舆论。

当沈阳迈入21世纪大门，市环保部门在欧盟组织、世界银行以及联合国科教文组织专家协助下制定“沈阳市文化遗产保护及故宫周边环境改造项目”，向世界银行提请环境改造贷款。沈阳市建委、市城建局、市文化局等部门提出“一宫两陵”改造报告。市长陈政高、省长薄熙来当机立断，决定正式启动“一宫两陵”申报世界文化遗产工作。2002年2月成立“申遗”领导小组，正式启动“申遗”程序。同年3月，国家文物局相关领导及专家来到沈阳，对申遗项目作了实地考察，肯定了沈阳的工作。

昭陵在“申遗”过程中首要工程是改造周边环境，这次会战共拆除包括泰山宾馆、友谊宾馆、乡村俱乐部、松风园、高卡赛车场等大小一百三十四处与北陵环境不协调的占地单位和项目。同时大面积植树造林，从根本上改变了陵园环境。从2003年5月启动第二项工程：对昭陵进行全面修缮。其中，要剔除所有古建筑上的水泥、玻璃钢等现代建筑材料，恢复传统材料和工艺，要做到“时光倒流”“修旧如旧”。经过全体施工人员近三个月的紧张认真施工，于当年8月竣工。这次修缮共剔除墙面、屋面、地面水泥勾缝一万七千七百平方米；更换夹垄屋面瓦三千五百平方米，铺设神道青石三千七百平方米，在一千六百平方米的宝顶上铺设了六千多立方米三合土，为二十一座建筑共三百多根柱子恢复“一麻五灰”地仗。据说仅覆盖宝顶用来调和三合土的糯米就准备了十吨，三口巨型大锅昼夜不停地熬煮糯米粥，在直径三十二米、高八米的宝顶表面覆以厚三十厘米的糯米三合土。又拆除四百二十三延长米的水泥墙帽，全部改换传统建材，可以说这是

图 45　世界文化遗产委员会第 28 次会议会场

昭陵有史以来规模最大、最全面、最彻底的修缮工程。

同年 9 月 11 日，世界遗产委员会派国际古迹遗址理事会专家稻叶信子一行来到昭陵考察，考察组对昭陵给予了很高评价。

2004 年 7 月 1 日联合国世界遗产委员会在我国素有“天堂”美誉的苏州举行第 28 届会议，会议通过全体委员认真评审一致决定：中国沈阳昭陵列入《世界文化遗产名录》。

沈阳昭陵自清崇德八年（1643 年）创建以来，历尽风霜雨雪阴晴圆缺，在三百六十一岁“高龄”荣获世界文化遗产“桂冠”。真可谓沧海桑田抚今追昔，令人感慨万千。

图 46 世界文化遗产标志碑

附　录

一、清太宗皇太极

皇太极姓爱新觉罗氏，生于明万历二十年（1592年）十月二十五日，出生地在今天辽宁省新宾县永陵镇南二道河子村附近的“弗阿拉”城。父亲是清太祖努尔哈赤，母亲是叶赫部酋长杨吉努之女，名孟古姐姐。皇太极是努尔哈赤第八子。

努尔哈赤出身于女真（满族）贵族世家。其祖籍在“三姓”（今黑龙江省依兰县斡朵里），远祖名叫猛哥帖木儿（又称孟特穆，后追封肇祖原皇帝），是元朝的“万户”。元朝灭亡之后，猛哥帖木儿附明。不久，率众迁徙朝鲜北境。被明朝封授为建州左卫都指挥使。猛哥帖木儿死后，由其子董山袭职。董山将其部从朝鲜迁移至苏子河流域烟突山（今辽宁省新宾县永陵镇附近）。不久，董山因为反明而被朝廷处死。继董山之后由福满（努尔哈赤高祖，追封为兴祖直皇帝）、觉昌安（努尔哈赤祖父，追封为景祖翼皇帝）、塔克世（努尔哈赤之父，追封为显祖宣皇帝）先后掌管建州左卫。这时，明朝日益走向衰落，女真族（满族）各部处于四分五裂、相互仇杀、相互吞并的混乱和动荡状态。万历十一年（1583年），努尔哈赤以父祖二人在古勒城被害为口实，以“遗甲十三副”起兵复仇，揭开统一女真大业帷幕。皇太极出生之际其父努尔哈赤已于弗阿拉城“称王”，“定国政”，成为“建州、毛邻”等三十二部的霸主，明朝也因此封他为“都督佥事”。皇太极出生第二年，女真另一强大部落——海西叶赫部，因不满努尔哈赤的崛起，联合九部三万余众攻打弗阿拉，双方在古勒城展开决战，结果，九部兵马尽为努尔哈赤所败。努尔哈赤从此“军威大震，远迩慑服”。万历二十三年（1595年），明朝以他守边有功晋封他为“龙虎将军”，努尔哈赤因而成为女真各部地位最显赫的官长。努尔哈赤充分利用这一优势，继续他的统一大业。万历四十四年（1616年），努尔哈赤在基本完成女真族统一的基础上，于赫图阿拉（今辽宁省新宾县永陵镇老城村）正式称“汗”建国，国号”大金”（史称后金），年号“天命”。从此将长期处于四分五裂的女真民族统一在自己的政权之下。

伴随着女真族统一战争的刀光剑影，皇太极逐渐长大。父亲英勇善战、足智多谋的影响，艰苦卓绝的战争环境的熏陶，培养了皇太极刚毅坚强的性格，并且使他较早地成熟起来。皇太极十几岁时，父亲因出征将家政委托他料理，皇太极不用指点即能把事情办得巨细得体，表现出他过人的才能，成为其父的得力助手。后金建国后，皇太极与其兄代善、阿敏、莽古尔泰被立为“四大贝勒”。皇太极掌握正白、镶白两旗，参与国家重大决策的议定及国家政务的管理，深得努尔哈赤信任。天命三年（1618年）努尔哈赤以“七大恨”告天对明兴师问罪，占领抚顺、清河，引起明朝恐慌。明朝为扼杀后金政权出兵十万分兵四路围剿赫图阿拉。努尔哈赤采取“凭你几路来，我只一路去”，集中兵力个个击破的战术，首先在萨尔浒战场重创西路明军，接着又在尚间崖、阿布达里冈给明北路军以致命打击，四路明军三路被歼，一路溃逃，死伤近半。史称这次战争为“萨尔浒之战”。萨尔浒之战从根本上改变了明、金双方各自的战略地位。不久，努尔哈赤率领八旗军长趋直入势如破竹占据辽沈。皇太极在萨尔浒之战中冲锋陷阵、身先士卒，显露出杰出的军事才华和胆识，成为诸王中的佼佼者，更加受到其父的器重。此后，皇太极在兼并叶赫部以及攻打沈阳、辽阳的多次战斗中屡建功勋，更加令诸王折服。天命十一年（1626年），努尔哈赤因攻打明宁远城失利抑郁成疾，于八月十一日死于沈阳埃鸡堡。皇太极在众王推举下于九月一日登上“汗”位宝座，改年号为“天聪”，成为后金国第二代统治者。

皇太极即位之后，审度后金政权所处的内外形势，在内政方面进行了诸多厘正和改革。例如，努尔哈赤在位期间，由于对广大汉族降民采取高压政策，以至屡屡发生汉人反抗事件，满汉民族矛盾十分激烈。皇太极对此做了更正：他严格制止满族官员擅自勒索汉人财物，违者从严惩处；停止修筑城郭及边墙工程，尽量减少汉人负担，使汉人有更多的时间耕作生产；从前汉人每十三名壮丁编为一庄，分给满官为奴，将其改为每名满族备御只给壮丁八人，牛二头，其余的汉人编为民户，由汉官管理，不与满人杂处。这些措施初步缓解了民族矛盾，使社会趋于安定。

其次，改革八旗贝勒共理国政和四大贝勒按月轮值、执掌政务的旧制。加强“汗”权和中央集权。例如，仿照明朝制度建立吏、户、礼、工、刑、兵六部，具体管理和承办国家政务和军务，使后金政权向封建化进程迈出重要一步；取消三大贝勒代善、阿敏、莽古尔泰按月分值。设立“八大臣”、“十六大臣”与诸王贝勒共同参政议政，从而使三大贝勒及八旗诸贝勒受到削弱和节制；天聪四年（1630 年）及天聪五年（1631 年），皇太极又以二大贝勒阿敏擅自撤离其戍守的永平四城，三大贝勒莽古尔泰“御前露刃”等罪名，先后将阿敏幽禁，将莽古尔泰削去大贝勒名号，并罚银一万两及马匹甲胄。同年十二月，皇太极依据礼部参政李伯龙的建议，将原朝贺时大贝勒与皇太极并列而坐的体制，改成皇太极一人南面中坐，“以昭至尊之体”。

其三，为实现征服明朝、君临天下、定鼎中原的远大抱负，首先对近邻朝鲜和蒙古采取征服行动，以扫除征明后顾之忧及削弱明朝外围势力。朝鲜是后金东部邻国，一直附属于明朝，在后金与明朝的征战中坚定地站在明朝阵营一方摇旗呐喊，鼎力相助。例如，明将毛文龙时常袭击后金，给后金很大干扰，就是因为毛文龙有朝鲜在背后的强有力支持帮助，给其提供各种有利条件。为此，皇太极对朝鲜两度用兵，一次是天聪二年（1628 年）一月，派二贝勒阿敏统兵三万进逼平壤，迫使李氏王朝接受议和条件，订立“兄弟之盟”，开放中江互市，每年两次遣使纳贡。另一次是崇德元年，皇太极统兵十五万亲征，迫使朝鲜国王订立君臣之盟，称臣纳贡，并强制将其世子李溰及王子李㴭为人质带回盛京软禁。漠南蒙古是后金国的西邻，处于明朝与后金国之间，地位十分重要。皇太极常说：“我满洲与尔蒙古，原系一国”，目的是把蒙古作为征明的盟国，共同用兵。漠南蒙古部落分散，各自为政，强弱不一，对后金政权态度也不相同。皇太极对之采取“慑之以兵，怀之以德”的方针，对与后金交好、友善的科尔沁部、喀尔喀部采取通婚、馈赠的笼络方式建立友好关系，而对与之为敌的察哈尔林丹汗部，则采取武力征服。皇太极对蒙古采取的策略取得了巨大成功。其明显标志是天聪九年（1635年）征服林丹汗部获得所谓“元传国玺”，使蒙古十六部全部归顺，皇太极借此良机完成建国大清，去“汗”号改称皇帝的重大历史转折。

其四，征服明朝，取得天下是皇太极既定的政治方针。为此，对明朝用兵从未间断，即使在天聪初年（1627年）与明“讲和”期间也不断进入明境扰掠。例如，天聪二年（1628年）五月，征朝鲜回师沈阳之后，皇太极又亲率大军出征伐明，开始了辽西拉锯战。清军首攻锦州不克，转而攻打宁远，遭到宁远巡抚袁崇焕的坚决抵抗。于是，毁掉大、小凌河二城而还。翌年十月，皇太极力排众议，统兵十万，避开宁远、锦州一线，绕道蒙古直接攻打明朝腹地，攻下蓟州、三河、顺义，逼近通州城。同时，设“反间计”，除掉明将袁崇焕，攻占遵化、永平、迁安、滦州四城。天聪五年（1631年），皇太极得知明军赶修大凌河城，发兵直取大凌河，明将祖大寿投降。后金兵毁弃该城。天聪八年（1634年），发兵入边攻打宣府、大同等明朝腹地。崇德四年（1639年），皇太极不断派兵轮番袭扰锦州、松山、宁远等城，并在义州城驻扎屯田，使明军山海关外宁远、锦州等地不得耕种，以围攻锦州、宁远，并最终打响了明、清“松锦大战”。崇德四年（1639年）二月，皇太极率数十万大军，意图一举攻占松山，以割断宁远、锦州咽喉。明朝调洪承畴总督蓟辽军务，准备与清军决战。皇太极亲临前线指挥，在锦州城外大败洪承畴援军，先后攻克锦州、松山、塔山，洪承畴为清军所俘。明朝十三万大军“覆没殆尽”。这次大战是皇太极为进取中原而发动的一次决战，是双方兵力的较量，具有生死存亡的意义。

其五，积极倡导汉族先进文化，革除满族陋俗。皇太极颇有政治眼光，为适应满族社会发展需要，令文臣达海等人翻译汉文典籍，如《刑部会典》、《素书》、《三略》以及《孟子》、《三国志》、《通鉴》等书。同时，对其本民族长期存在的“婚娶则不择族类，父死子妻其母”等陋俗行令禁止，并且不许娶继母、婶母、弟妇、侄妇以及取消族内通婚现象。

其六，完善八旗制度。努尔哈赤时期，八旗内的蒙古族人及汉人的数量不多，随着疆土日扩，归附日众，皇太极先后建立蒙军八旗和汉军八旗，扩充了八旗组织，使清朝赖以存在的八旗制度更臻完善，由此也标志着清王朝满、蒙、汉地主阶级联合专政的最后确立。

崇德八年（1643 年）八月初九日，皇太极驾崩于清宁宫，终年五十二岁，安奉葬昭陵。庙号“太宗”，谥号“文皇帝”。皇太极在位十七年间，统一了东北全境，促进了东北地区经济的发展，缔造了中国历史上最后一个封建王朝，为大清取代大明，登上中原政治舞台奠定了坚实的基业，成为中国封建社会历史上一位有远见卓识和重大历史贡献的英主。

二、清太宗皇太极后妃表

封　号	姓　氏	所生子女
孝端文皇后	博尔济吉特氏	生二女、三女、八女
孝庄文皇后	博尔济吉特氏	生九子、四女、五女、七女
敏惠恭和元妃	博尔济吉特氏	生八子
懿靖大贵妃	博尔济吉特氏	生十一子、十一女
康惠淑妃	博尔济吉特氏	
元妃	纽祜禄氏	生第三子
继妃	乌拉那拉氏	生长子、次子及长女
侧妃	叶赫那拉氏	生第五子
侧妃	扎鲁特博尔济吉特氏	生六女、九女
庶妃	那拉氏	生六子及十女、十三女
庶妃	奇垒氏	生十四女
庶妃	颜扎氏	生四子
庶妃	伊尔根觉罗氏	生七子
庶妃	（姓氏未详）	生第十子
庶妃	（姓氏未详）	生十二女

三、清太宗皇太极诸子表

排　次	封号名号	出生时间	母　妃
长子	肃亲王豪格	万历三十七年三月十三日	继妃乌拉那拉氏
次子	洛格	万历三十九年	继妃乌拉那拉氏
三子	格博会	万历三十九年	元妃钮祜禄氏
四子	辅国公叶布舒	天聪元年十月十八日	庶妃颜扎氏
五子	承泽裕亲王硕塞	天聪二年十二月二十四日	侧妃叶赫那拉氏
六子	镇国公高塞	崇德二年二月十六日	庶妃那拉氏
七子	辅国公常舒	崇德二年四月	庶妃伊尔根觉罗氏
八子		崇德二年七月八日	宸妃
九子	世祖章皇帝福临	崇德三年正月三十日	庄妃
十子	辅国公韬塞	崇德四年二月	庶妃
十一子	襄昭亲王博木博果尔	崇德六年十二月	懿靖大贵妃

四、清太宗皇太极诸女表

排　次	封　号	出生时间	母　妃
长女	固伦公主	天命六年三月	继妃乌拉那拉氏
次女	固伦温庄公主	天命十年八月	孝端文皇后
三女	固伦端靖长公主	天聪二年七月	孝端文皇后
四女	固伦雍穆公主	天聪三年正月	孝庄文皇后
五女	固伦淑慧长公主	天聪六年二月	孝庄文皇后
六女	固伦公主	天聪七年十一月	侧妃博尔济吉特氏
七女	固伦端献长公主	天聪七年十一月	孝庄文皇后
八女	固伦端贞长公主	天聪八年闰八月	孝端文皇后
九女		天聪九年九月	侧妃博尔济吉特氏
十女	县君	天聪九年十月	庶妃那拉氏
十一女	固伦端顺长公主	崇德元年三月	懿靖大贵妃
十二女	乡君	崇德二年三月	庶妃
十三女		崇德三年七月	庶妃那拉氏
十四女	和硕恪纯长公主	崇德六年十二月	庶妃奇垒氏

五、藏于沈阳故宫的昭陵历史遗物

1. 明楼烫样

所谓“烫样”说白了就是建筑模型。古代修建陵寝或宫殿，不仅用画图，还要用木或纸制成模型，模型按实体比例制作，各个细部、色彩均需与未来建筑相同。烫样如同积木，可拆可装。图纸和烫样经皇帝验看，钦准之后方可施工。修建时只按烫样比例放大即可。所以又有其实用功能。昭陵曾保留一座明楼烫样，其年代不知制于何时。但是，明楼曾于1936年被雷电击毁，1939年重新修复。因此，笔者怀疑这件烫样是这次重修之前为施工需要制作的，并非是清代原物。档案记载，这座烫样于1952年由东北博物馆移交给了沈阳故宫陈列所。此物今已下落不明。

2. 铜火盆

黄铜制成，口面约零点七米，高约零点三米。下有足，周围有沿。是生炭火取暖用的器具，大约清朝末年三陵衙门将其移交给盛京内务府收贮，据档案记载，共“大、小三件”，同时移交的还有铜锅一口，今可能仍藏于沈阳故宫。这也是昭陵早期遗物。

3. 看守昭陵山河关防

看守昭陵山河关防是昭陵总管衙门的印鉴。全高十一点四厘米。板状纽，印体呈长方体，长八点五厘米，宽五点五厘米，重量零点九五千克。上面刻有满、汉两种文字，满文在右，汉文在左。汉文曰：“看守昭陵山河关防”。印体边缘刻有“乾隆十七年四月□日礼部造乾字一万一千二十二号”字样。“关防”是指朝廷派出机关使用的印信。“关防”和“印”有以下区别：印是正方形，关防是长方形；印使用的是红色印泥，关防则用紫色印泥，俗称其“紫花大印”。说起关防的来历，史书有这样一段掌故。相传，明太祖朱元璋在位时，朝廷各驻外布政使司衙门有些官员使用盖有印鉴的空白信件，并用这些信件私吞钱粮和缎匹。朱元璋发现后把这些官员全部诛杀。此后他为防止这类事件再次发生，便将驻外机关用的印改成长方形，称之为“关防”，使用时把关防盖在文件的骑缝当中，再从中撕开，上下机关各执一半，如要核对，再将两纸拼在一起，这叫“勘合”。所以古人又把关防称之为“半印”。这颗昭陵关防大印，可能从清朝逊国不久随着昭陵关防衙门撤销而流落于民间，1958 年沈阳市民曲中桂先生把它捐赠给沈阳故宫，使这件珍贵的昭陵历史文物免于流失，得以完好保存。

后 记

本书由沈阳市北陵公园管理中心江涛主任、刘佳力书记拟定选题，主持编写、审阅全稿。文史研究室赵日鹏科长、梁莹助理研究员协助做了许多事务性工作。辽宁省档案馆、辽宁省图书馆、沈阳市档案馆、沈阳市图书馆为本书提供了许多资料，特别是辽宁省档案馆信息开发利用部里蓉主任、杨英夫主任、张欣悦及李淑娟女士，笔者每次查档，他（她）们都热情接待、不辞辛苦、尽心竭力，其敬业精神令人钦佩。在本书付梓之即，谨向所有关心、帮助本书出版的单位、领导、同志、朋友表示衷心感谢！

本书如有失当，敬祈读者不吝赐正。

作 者

2014 年 5 月